그리스도교 신앙 원천 **13** Fontes Fidei Christianae

IOANNES CASSIANUS
COLLATIONES PATRUM

Translated with notes by Thomas Timpte

그리스도교 신앙 원천 13
담화집(제14-24담화)

2024년 7월 25일 초판 1쇄
2026년 2월 5일 초판 2쇄

지은이 요한 카시아누스
역주 진 토마스
해제 허성석
펴낸이 박현동
펴낸곳 ⓒ 성 베네딕도회 왜관수도원, 분도출판사
찍은곳 분도인쇄소

등록 1962년 5월 7일 라15호
주소 04606 서울 중구 장충단로 188 분도빌딩(분도출판사 편집부)
39889 경북 칠곡군 왜관읍 관문로 61(분도인쇄소)
전화 02-2266-3605(분도출판사) · 054-970-2400(분도인쇄소)
팩스 02-2271-3605(분도출판사) · 054-971-0179(분도인쇄소)
홈페이지 www.bundobook.co.kr

ISBN 978-89-419-2410-4 04230
ISBN 978-89-419-2450-0 (세트)

• 이 책은 한국천주교주교회의 한국천주교중앙협의회가 문화체육관광부의 국고지원을 받아 발간한 고대 그리스도교 문헌 총서(그리스도교 신앙 원천 · 교부들의 가르침)(비매품)를 분도출판사에서 한국천주교중앙협의회의 허락을 받아 독자 보급용으로 제작하였습니다.

이 책의 본문 종이는 FSC® 인증을 받은 친환경 용지를 사용했습니다.

요한 카시아누스

담화집(제14-24담화)

한국교부학연구회
진 토마스 역주 · **허성석** 해제

분도출판사

일러두기

1. 성경 인용은 원칙적으로 『성경』(한국천주교주교회의 2005)을 기준으로 삼았으나, 교부들이 인용한 성경 본문이 『성경』과 차이가 있을 때에는 그리스어나 라틴어 원문을 직역하였다.
2. 성경 본문에 나오는 지명 '유다'는 로마제국의 지방명일 경우 '유대아'로, '유다인'은 '유대인'으로, '유다교'는 '유대교'로 표기했다. 교부 시대의 인명과 지명은 『교부학 인명 · 지명 용례집』(분도출판사 2008)을 따랐다.
3. 작품명은 『교부 문헌 용례집』(수원가톨릭대학교출판부 2014)을 따랐다.
4. 『교부학 인명 · 지명 용례집』과 『교부 문헌 용례집』을 수정 · 보완한 한국교부학연구회 『교부학 사전』(한국성토마스연구소 2021)을 최종 잣대로 삼았다.

차례

담화집(제14-24담화)

제14담화

• 네스테로스 압바의 첫째 담화 •

영적 지식에 관하여[1]

1. 이제 약속한 대로 하면 우리 여행의 순서에 따라 네스테로스 압바의 가르침을 전할 순서다. 모든 면에서 훌륭하고 학식이 뛰어난 그분은 우

1 이 담화에 나오는 어휘를 번역하기란 여간 어려운 일이 아니다. 라틴어 'scientia'는 일반적으로 '앎'이라는 뜻이다. 그러나 일정한 분야에 대한 앎일 경우에는 '지식'이라고 해야 하고, 앎의 체제나 앎에 도달하는 방법을 가리킬 때에는 '학문'이라고 해야 할 것이다. 제14담화에서 카시아누스는 'scientia spiritalis', 곧 영적 지식 내지 학문에 관하여 가르치고 있다. 이것을 현대 말로 간단하게 번역한다면 그저 '영성'이라고 할 수도 있을 것이다. 그러나 담화 안에서 'scientia'라는 말을 경우에 따라 지식이나 학문이라고 번역할 수밖에 없기에 제목을 '영적 지식'이라고 했다. 사실 그 내용을 보면 카시아누스는 여기서 성경에 대한 깊은 이해와 하느님 체험에 이르는 길을 가르친다.

카시아누스의 담화는 두 부분으로 나눌 수 있는데, 그것은 그가 생각하는 영적 지식 또는 학문의 두 차원에 상응한다. 첫째 차원을 카시아누스는 '프락티케'*praktike*, 곧 실천적 또는 활동적이라고 한다. 제7담화까지 둘째 차원은 '테오레티케'*theoretike*라고 한다. 현대에는 '테오리아'*theoria*가 이론을 말하지만, 그 당시에는 관상 또는 영적 체험을 의미했다. 카시아누스에게 이것은 신약성경, 특히 바오로 사도가 '그노시스'*gnosis*라고 하는 것과 같다. 그것은 성령이 주시는 은사로 신앙의 깊은 이해 또는 체험이다(1코린 2,10-15; 12,8 참조). 이 담화에서 그는 성경에 대한 깊은 이해에 집중한다.

카시아누스가 주장하는 것은 '프락티케', 곧 수행으로 마음을 깨끗하게(puritas cordis) 하지 않고서는 하느님에 관한 깊고 올바른 지식에 도달할 수 없다는 것이다. 그 점을 카시아누스는 이미 제1담화, 특히 13항에서 설명했다. 그 가르침에 따르면, 수도승생활의 목표는 관상이고 관상에 나아가는 길과 그것을 얻을 수 있는 조건은 덕을 닦음으로써 얻는 깨끗한 마음, 곧 사랑이다(참조: 『담화집』 1,7-8). 카시아누스는 제14담화에서 네스테로스 압바를 등장시켜, 마음을 정화하여 성경 속의 하느님을 만나 뵐 수 있는 길을 가르치고자 한다.

리가 성경 일부를 암기하고 있으며[2] 그 의미를 배우고 싶어 한다는 것을 아시고는 다음과 같은 말씀을 들려주셨다:

이 세상에는 여러 종류의 학문이 있는데, 이것은 기술과 전문 분야가 다양한 것과 마찬가지다. 그것들 가운데는 전혀 쓸데없거나 오직 현세에만 유익한 것들도 많지만, 학문에는 반드시 그 학문을 배우기 위한 독특한 교수법과 실습 방법이 있어야 한다. 그런 세속 학문을 닦기 위해서도 나름의 특정한 방법이 필요하다면, 하물며 볼 수 없는 신비들을 관상하며 현세의 이익이 아닌 영원한 상급을 바라며 닦는 우리 수도승 생활을 위한 학습과 교수법은 일정한 순서와 방법이 더욱 필요하겠다. 이 학문은 두 차원으로 되어 있다. 첫째는 악습을 없애고 품행을 바로잡는 실천 또는 수행(praktike)의 학문이고, 둘째는 하느님의 것들을 바라보고 가장 성스러운 신비를 알아내는 관상(theoretike)의 학문이다.

2. 관상에 도달하려는 사람은 누구나 먼저 열성과 힘을 다하여 '수행의 학문'을 습득해야 한다. 관상에 대해 잘 모르더라도 수행은 가능하지만, 수행 없이는 관상에 절대 도달할 수 없기 때문이다. 미소한 인간이 높은 데로 올라가기 위해서는 단계들이 정해져 있다. 앞에서 말한 순서대로 올라가면 꼭대기에 도달하게 되지만, 첫째 단계를 생략하고 꼭대기로 날아갈 수는 없는 법이다. 그러니 나쁜 습관에서 벗어나지 않는다면 하느님을 뵈올 길이 없다. "하느님의 영은 거짓을 미워하며, 죄에 얽매인 몸 안에 머무르지 않기 때문이다"(지혜 1,4-5 불가타).

---

2 고대에 책은 대단히 귀한 것이었다. 양피지에 쓴 필사본은 큰 재산이었다. 그래서 일반인들은 성경을 따로 소유하지 못하고 남의 것을 보거나 남에게 들은 본문을 외움으로써 성경을 공부했다.

3. 이제 수행을 완성하는 두 가지 차원에 대해 말해 보자. 첫째는 모든 악습의 성질과 그것을 고치는 방법을 알아야 한다. 둘째는 덕행의 체계를 배우고 덕행을 완수하는 매력을 맛보는 것이다. 그렇게 되어야만 우리가 종처럼 억지로 또는 마지못해 덕을 섬기지 않고 오히려 그 선을 자연스럽게 즐기고 맛보면서 덕에 나아가는 가파르고 비좁은 길을 기쁘게 올라갈 것이다. 그 순서대로 나아가지 않고서는 수행의 둘째 단계인 덕행에 도달할 수 없거니와 더욱 높은 관상의 단계에 속한 영적이며 천상적인 신비에 이를 수가 없다. 다시 말하면 제일 먼저 자기 악습의 성격을 이해하고 그것을 뿌리 뽑도록 애써야 한다. 논리적으로 볼 때 평지를 벗어나지 않고서 높은 데로 올라갈 수 없는 이치와 같다. 마찬가지로 자기 속에 있는 것을 파악하지 못한 사람은 자기 밖의 것을 이해할 수 없다.

그러나 악습을 몰아내는 것은 덕행을 얻는 것보다 두 배의 수고가 필요하다는 것을 잊지 마라. 그것은 내 개인의 의견이 아니라, 우리를 만든 창조주로서 우리의 능력을 가장 잘 아시는 분의 가르침이다. 그분은 (예레미야 예언자에게) "보라, 내가 오늘 민족들과 왕국들을 너에게 맡기니, 뽑고 허물고 없애고 부수며 세우고 심으려는 것이다"(예레 1,10) 라고 말씀하셨다. 나쁜 것을 몰아내려면 뽑아 버리고 무너뜨리며 멸하고 허는 네 가지 과정이 필요하지만, 덕행을 완수하고 정의로움을 얻으려면 세우고 심는 두 가지 과정이 필요하다는 지적이다. 따라서 영혼과 육신의 고착된 악습을 뿌리 뽑는 것이 영적 덕행을 심고 자라게 하는 것보다 더욱 어려운 일이라는 점은 분명하다.

4. 앞에서 말한 대로 수행의 두 가지 방법이 있지만, 그것은 더 많은 분

야와 소명으로 나뉜다. 어떤 이들은 사막의 한적함(은거)과 마음의 순결을 찾으려고 모든 정신적 힘을 모은다. 과거 엘리야와 엘리사가 그런 사람이었고, 우리 시대에는 우리가 아는 바와 같이 복된 안토니우스와 그와 같은 지향을 가진 사람들이 침묵과 고독 속에서 하느님과 깊고 친밀하게 사귀었다. 다른 이들은 형제들을 가르치고 수도공동체를 배려하고 책임 있게 지도하는 일에 온갖 정성을 다했다. 우리가 기억하는 바와 같이 얼마 전 트무이스라는 도시 근처에서 큰 수도원을 이끈 요한 압바를 비롯하여 그와 같은 덕을 지닌 사람들 가운데 사도들처럼 기적을 행하여 빛난 사람들이 있었다. 또 다른 사람들은 나그네를 받아들이는 선한 봉사를 즐겨 했다. 과거에 성조 아브라함과 롯이 그런 일로 주님을 기쁘게 해 드렸고, 얼마 전에는 복된 마카리우스가 그 같은 활동을 했다. 그는 지극히 온유하고 인내가 많은 사람으로 알렉산드리아 근처에서 숙박소를 운영했는데, 한적한 은수생활을 추구하는 어떤 사람에게도 뒤떨어지지 않았다고 볼 수 있다. 어떤 이들은 병자를 간호하는 일을 택했고, 어떤 이들은 없는 이들과 억압받는 이들을 변호하는 일을 수행했으며, 또 다른 이들은 교육에 종사하거나 가난한 사람들에게 자선을 베풀었다. 그들은 모두가 열정과 다정한 사랑을 실천한 고귀하고 위대한 사람이었다.

5. 이와 같이 한번 결심한 것과 받은 은총에 따라 자신이 택한 일을 온 힘을 다하여 완성하고자 부지런히 나아가는 것이 각자에게 유익하고 합당한 일이다. 남의 공덕을 찬양하고 감탄하는 일도 좋으나 자신이 택한 역할을 떠나지 말아야 한다. 사도의 말씀대로 교회의 몸은 하나이지만 지체가 많다는 것을 우리는 안다. 따라서 "주어진 은총에 따라 여러

가지 다른 은사를 받았다. 예언하는 이라면 믿음에 맞게 하고 봉사하는 이라면 봉사하는 일에, 가르치는 이라면 가르치는 일에, 격려하는 이라면 격려하는 일에 힘쓰고 자선하는 이라면 사심 없이 너그럽게 하고 지도하는 이라면 열성껏 하며, 자비를 베푸는 이라면 기쁜 마음으로 해야"(로마 12,6-8) 한다. 어떤 지체라도 다른 지체들의 봉사를 가로챌 수 없다. 눈은 손의 역할을 할 수 없고 코는 귀의 노릇을 할 수 없다. 이와 마찬가지로 모두가 사도가 될 수는 없고 모두가 예언자가 될 수도 없으며 모두가 교사가 될 수는 없다. 또 모두가 치유의 은사를 지니지는 못하고 모두가 이상한 언어로 말할 수는 없으며 모두가 해석할 수도 없다(1코린 12,28 참조).

6. 스스로 택한 길에 아직 깊이 뿌리내리지 못한 사람들은 흔히 다른 사람들의 노력과 덕행에 대한 칭찬을 들을 때 너무 감동하여 즉시 그들의 길을 본받으려고 한다. 하지만 인간의 연약함 때문에 그들은 성과를 거두지 못한다. 한 사람이 앞에서 열거한 모든 덕행으로 빛날 수는 없다. 만일 누가 그 모든 덕행을 한꺼번에 추구한다면 결국 한 가지도 옳게 얻어 내지 못하는 결과가 날 것이다. 성장하기는커녕 이런 변덕스러움은 그에게 손실일 뿐이다. 하느님께 나아가는 길은 많다. 그래서 각자는 자신이 한번 들어선 길에서 끝까지 정진해야만 어떤 직분의 완성에 도달할 수 있다.

7. 서로 다른 여러 가지 일을 하려는 변덕스러운 수도승은 우리가 앞에서 말한 그런 손해만 보는 것이 아니다. 어떤 사람들이 옳게 행하는 일을 다른 이가 흉내 내면 잘못될 수도 있고, 어떤 이가 성공적으로 해내

는 일이 다른 이에게는 치명적인 상처가 될 수 있다는 말이다. 그 한 가지 예로서, 모방하기 위한 것이 아니라 오직 경탄하기 위한 것으로 요한 압바가 가끔 언급하는 사람의 덕행을 들 수 있다. 어느 날 세속적인 옷을 입은 어떤 사람이 그 압바에게 와서 과일의 첫 열매 중에 어떤 것을 드렸을 때 그곳에서 대단히 사나운 귀신이 붙은 사람을 만났다. 그는 요한 압바가 하는 엄중한 명령을 무시하면서 압바의 명령으로는 자기가 차지한 몸에서 절대로 떠나지 않는다고 단언했다. 그러나 그 속인이 오는 것을 보고 너무 놀라서 그의 이름을 아주 공손하게 부르면서 달아났다. 원로는 명백히 드러난 그의 은총을 보고 크게 감탄했다. 그 사람이 세속인의 옷을 입고 있는 것을 보고 더욱 놀란 것이었다. 그래서 그의 삶과 신분에 대해 열심히 물어보기 시작했다. 그는 세속인이며 혼인하여 배우자와 매여 있다고 말하니 복된 요한은 그의 뛰어난 덕행과 은총을 고려하여 더욱 상세하게 그의 생활에 대하여 알아보았다. 그 사람은 촌사람으로 날마다 손으로 일해서 생계를 유지한다고 하면서 스스로 선하다는 것을 별로 의식하지 못한다고 증언했다. 다만 아침에 농사일을 하기 위하여 나갈 때나 저녁에 집에 돌아올 때나 언제나 성당에서 매일의 양식을 주시는 하느님께 감사를 드린다고 했다. 그리고 먼저 과일의 첫 열매와 십분의 일을 하느님께 바치기 전에는 아무것도 취하지 않는다고 하고, 이웃이 자기 부주의로 조금이라도 손해를 보지 않게 하기 위하여 자기 소들의 입을 막지 않고서는 한 번도 남의 수확이 있는 곳을 지나지 않는다고 했다. 요한 압바는 이런 것도 그렇게 큰 은총, 자기보다 더 큰 은총을 받기에 부족하다고 느꼈다. 그래서 그만한 은총을 얻게 하는 공로가 무엇인지 궁금해서 샅샅이 살펴보았다. 그 사람은 그렇게 상세한 조사에 당황하여 고백했다. 자기는 본디 수도승이 되려고 했던 사람으로 부모의 권위와 명령에 못 이겨서 열두 해 전에 여자와 혼인했다고 했다. 그러나 지금까지도 아무도 이 사실을 모르고 있지만 자기는 그 여자를 누이처럼 생각해서 동정녀로 지키고 있다고 했다. 이 사실을 들은 원로는 너무 감탄하여 자기를 무시한 악령이 그 사람을 보고 견디지 못한 것이 당연한 일이라고 그이 앞에서 공공연히 고백했다. 자신은 정열을 느꼈던 젊은 나이뿐 아니라 현재에도 정덕에 대한 위험 없이 그런 덕행을 감히 추구할 수 없다고 했다. 요한 압바는 이 일을 지극히 경탄하면서 전했지만 어떤 수도승에게도 이 일을 모방하라고 권하지는 않았다. 그는 어떤 사람이 옳게 끝마친 많은 일을 다른 이가 본받으려고 할 경우 망칠 수 있다는 것과 한 사람이 주님께서 특전으로 내리는 능력으로 행할 수 있는 일을 누구나 다 행할 수는 없다는 사실을 잘 알고 있었다.

8. 이제 이 담화의 주제로 삼았던 학문 이야기로 돌아가자. 이미 말한 대로[3] 수행(praktike)은 수많은 생활양식과 목적으로 나눌 수 있다. 그리고 관상(theoretike)[4]은 두 부분, 곧 역사적 해석과 영적 이해로 나뉜다. 그래서 솔로몬은 교회의 다양한 은총을 열거할 때 "온 식구를 두둑이 입혔다"(잠언 31,21 칠십인역)고 했다. 영적 이해는 다시 세 가지로 나뉜다. 그

---

3 참조: 제14담화 4.

4 여기서부터 카시아누스는 뜻밖에도 관상을 성경에 관한 지식과 동일시한다. 그의 생각에, 성경을 깊이 이해하는 것은 하느님을 체험하는 일이다. 이곳에서 카시아누스는 고대 말기와 중세 해석학의 기본이 되었던 한 본문의 의미의 네 가지 차원을 소개한다. 그는 먼저 자의字意와 영적 이해를 구별하며 자의를 '역사'라고 부르고, 영적 의미를 다시 세 가지, 곧 우의寓意적 의미와 신비적 의미와 도덕적 의미로 나눈다. 현대 성경학자들은 우의적 의미(allegoria)와 예형론(typologia)을 구별하지만 카시아누스는 예형론을 우의적 의미에 포함시킨다.

것은 도덕적 의미(tropologia), 우의적 의미(allegoria), 그리고 신비적 의미(anagoge)다. 이에 대해 잠언에서 "이 세 가지를 네 마음의 판에다 쓰라"(잠언 22,20 칠십인역)고 했다. '역사'는 지난날에 이루어졌던 볼 수 있는 일들에 대한 지식이다. 그 한 예로 사도는 이렇게 적었다. "아브라함에게 두 아들이 있었는데 하나는 여종에게서 났고 하나는 자유인인 부인에게서 났다고 기록되어 있습니다. 그런데 여종에게서 난 아들은 육에 따라 태어났고 자유인에게서 난 아들은 약속에 따라 태어났습니다"(갈라 4,22-23). 그 뒤에 쓰인 말씀은 우의적 해석에 속한다. 다시 말하면 현실상 이루어진 일들이 그 뒤에 올 다른 신비의 예형豫形이었다고 한다. "여기에는 우의적인 뜻이 있습니다. 이 여자들은 두 계약을 가리킵니다. 하나는 시나이산에서 나온 여자로 종살이할 자식을 낳는데, 바로 하가르입니다. 하가르는 아라비아에 있는 시나이산을 가리키는데, 지금의 예루살렘에 해당합니다. 지금의 예루살렘이 그 자녀들과 함께 종살이를 하고 있기 때문입니다"(갈라 4,24-25). 그리고 신비적 의미는 이런 영적 내용으로부터 더욱 높고 거룩한 천상의 신비까지 올라간다. 사도는 이어서 그것을 이렇게 표현한다. "그러나 하늘에 있는 예루살렘은 자유의 몸으로서 우리의 어머니입니다. 성경에 이렇게 기록되어 있습니다. "즐거워하여라, 아이를 낳지 못하는 여인아! 환성을 올려라, 산고를 겪어 보지 못한 여인아! 버림받은 여인의 자녀가 남편 가진 여인의 자녀보다 더 많기 때문이다"(갈라 4,26-27). 도덕적 의미는 생활의 개선과 실천적 가르침을 위한 해석이다. 예를 들어 구약과 신약을 실천과 관상에 관한 가르침으로 이해하는 경우, 또는 "예루살렘아, 주님을 기려라. 시온아, 네 하느님을 찬양하라"(시편 147,12)라는 말처럼 예루살렘이나 시온을 사람의 영혼으로 이해하는 경우다.

우리가 원하면 이 네 가지 차원이 서로 결합될 수 있다. 다시 말해, 같은 예루살렘을 네 가지 의미로 이해할 수 있다. 역사적 의미에서 보면 유대인들의 도시이고, 우의적 의미로 해석하면 그리스도의 교회이며, 신비적 의미로 이해하면 하느님의 천상 도읍이고, 도덕적 의미로 해석할 때는 인간 영혼이다. 사실 하느님께서는 영혼을 이 이름으로 부르시며 책망하시거나 칭찬하시는 경우가 종종 있다. 이 네 가지 해석에 대하여 복된 사도는 이렇게 말한다. "이제 형제 여러분, 내가 여러분에게 가서 신령한 언어로 말한다 한들, 계시나 지식이나 예언이나 가르침을 주는 말을 하지 않으면, 내가 여러분에게 무슨 소용이 있겠습니까?"(1코린 14,6). 계시는 우의적 의미와 관련된다. 그것으로 역사적 이야기에 숨어 있는 것들의 영적인 뜻이 밝혀진다. 예를 들면, 어떻게 "우리 조상들은 모두 구름 아래 있었으며 모두 바다를 건넜습니다. 모두 구름과 바다 속에서 세례를 받아 모세와 하나가 되었는지" 그리고 어떻게 "모두 똑같은 영적 양식을 먹고, 모두 똑같은 영적 음료를 마셨는지" 또 어떻게 "그들은 자기들을 따라오는 영적 바위에서 솟는 물을 마셨는데, 그 바위가 곧 그리스도이셨는지"(1코린 10,1-4)를 해석하려는 경우다. 그것들이 우리가 매일 영하는 그리스도의 몸과 피에 관한 예표라고 설명하면 이것이 우의적 의미에 속한다.

그런데 사도가 말하는 지식은 도덕적 의미에 속한다. 이것으로 우리는 실질적으로 분별해야 하는 모든 것이 유익하고 마땅한 것인지 판단한다. 예를 들어 "여자가 머리를 가리지 않고 하느님께 기도하는 것이 어울리는 일입니까?"(1코린 11,13)를 스스로 판단하라는 경우다. 이 방법은 아까도 말했듯이 도덕적 이해에 속한다. 그리고 사도가 세 번째로 언급하는 예언은 신비적 의미를 말한다. 여기서 단어들은 볼 수 없는 미래의 것들을 가리킨다. 예를 들어 "형제 여러분, 죽은 이들의 문제를 여러분도 알기를 바랍니다. 그리하여 희망을 가지지 못하는 다른 사람들처럼 슬퍼하지 말라는 것입니다. 예수님께서 돌아가셨다가 다시 살아나셨음을 우리는 믿습니다. 이와 같이 하느님께서는 예수님을 통하여 죽은 이들을 그분과 함께 데려가실 것입니다. 우리는 주님의 말씀을 근거로 이 말을 합니다. 주님의 재림 때까지 남아 있게 될 우리 산 이들이 죽은 이들보다 앞서지는 않을 것입니다. 명령의 외침과 대천사의 목소리와 하느님의 나팔 소리가 울리면, 주님께서 친히 하늘에서 내려오실 것입니다. 그러면 먼저 그리스도 안에서 죽은 이들이 다시 살아"(1테살 4,13-16)난다는 훈계는 신비적 의미를 보여 준다.

이제 가르침은 단순히 역사적 순서를 따라간다. 예를 들어서 "나도 전해 받았고 여러분에게 무엇보다 먼저 전해 준 복음은 이렇습니다. 곧 그리스도께서는 성경 말씀대로 우리의 죄 때문에 돌아가시고 묻히셨으며, 성경 말씀대로 사흗날에 되살아나시어, 케파에게 나타나셨습니다"(1코린 15,3-5). 또 "하느님께서 당신의 아드님을 보내시어 여인에게서 태어나 율법 아래 놓이게 하셨습니다. 이는 율법 아래 있는 이들을 속량하시려는 것이었습니다"(갈라 4,4-5). 또는 "이스라엘아, 들어라! 주 우리 하느님은 한 분이신 주님이시다"(신명 6,4)라는 말씀으로 선포된다.

9. 그대들은 영적 지식의 빛을 얻으려고 하는가? 헛된 자랑이 아니라 정화의 은혜로 그 빛에 도달하려면 먼저 "행복하여라, 마음이 깨끗한 사람들! 그들은 하느님을 볼 것이다"(마태 5,8)라고 표현된 행복에 대한 열망으로 불타도록 하라. 그러면 천사가 다니엘에게 말한 그 축복에 그대들도 도달할 수 있다. 그는 "현명한 이들은 창공의 광채처럼, 많은 사

람을 정의로 이끈 이들은 별처럼 영원무궁히 빛나리라"(다니 12,3)라고 했고, 또 다른 예언자는 "시간이 있는 동안에 지식의 빛을 너희를 위해 켜라"(호세 10,12 칠십인역)고 말한 바 있다. 내가 느끼기에는 (성경) 읽기에 대한 그대들의 열성이 대단히 크다. 그 열성을 보존하면서 무엇보다 먼저 현실에 대한 지식, 곧 윤리 도덕을 완벽히 닦도록 하라. 그것 없이는 앞에서 말한 순결한 지식 내지 관상에 도달할 수 없다. 남이 가르쳐서가 아니라 오직 자기 자신의 행동을 통해 완전해진 사람이라야 그 지식에 도달할 수 있다. 그것은 많은 선행과 노고의 값을 치르고 보수처럼 얻어지는 것이다. 법(성경)을 묵상함으로써가 아니라 행동의 열매로 깊은 깨달음을 얻게 된다는 것을 우리는 시편 서사와 함께 이렇게 노래한다. "당신의 규정으로 제가 깨달음을 얻었나이다"(시편 119,104). 또는 모든 욕정을 정화시킨 뒤에 우리는 자신 있게 "제가 노래하리이다. 흠 없는 길을 걷고 …"(시편 101,1-2)라고 할 수 있다. 사실 흠 없는 길을 깨끗한 마음으로 걸어야 자기가 노래하는 시편의 뜻을 깨달을 수 있다.

그러니 마음속에 영적 지식의 거룩한 장막을 마련하고자 한다면 악습의 모든 더러움을 깨끗이 씻고 현세의 걱정을 벗어나라. 마음이 약간이라도 복잡한 세속 일에 관여하면 지식의 은사를 얻을 수 없고 영적 감각을 느끼지 못하며 거룩한 독서에 항구하지 못한다. 그러므로 무엇보다도 입을 다물고 깊은 침묵을 지켜서 성경읽기에 대한 열정과 그리움으로 가득 찬 노고가 헛된 교만으로 무용지물이 되지 않도록 조심하라. 요한[5]은 나이가 젊으니 내가 말할 것을 더욱 명심하여라. 사실 수행의 첫째 단계는 모든 원로의 가르침과 지시를 들을 때, 마음을 기울이

5 담화를 듣고 있는 요한 카시아누스.

고 입을 다문 채 그것을 받아들여 가슴에 쌓아 두는 것이니, 그 내용을 가르치겠다는 생각을 하지 말고 오직 그것을 실행하는 데 힘써라. 가르치겠다는 생각은 치명적인 야망을 부르지만 들음은 영적 지식의 열매를 맺기 때문이다.

그러니 원로들의 담화를 들을 때에 자신이 몰라서는 안 되고 꼭 알아야 할 내용에 대한 질문이 아니면 아예 입을 열지 마라. 자랑하고 싶은 마음으로 자기 지식을 드러내기 위하여 잘 알고 있는 것을 물어보는 척하는 사람도 있다. 그러나 사람들의 칭찬을 들으려고 성경읽기에 열중하는 사람은 참된 지식의 은사를 받을 수 없다. 사실 이런 그릇된 열정에 빠진 사람은 다른 악덕, 그리고 특히 교만의 악덕에도 빠질 수밖에 없다. 그리고 이와 같이 실천과 윤리의 전투에서 쓰러지면 수행의 바탕에서 피어나는 영적 지식을 얻을 길이 전혀 없다.

그러니 모든 일에 "듣기는 빨리 하되, 말하기는 더디"(야고 1,19) 하라. 그래야 솔로몬이 말한 것처럼 "빠르게 입을 놀리는 사람을 보면 그런 사람보다 바보에게 희망이 있다는 것을 알아라"(잠언 29,20 칠십인역)고 하는 경우를 피할 수 있다. 자기가 먼저 실제로 행하지 않은 것은 그 무엇도 남에게 말로 가르치지 말라. 이 순서를 지켜야 한다는 것을 주님께서도 표양으로 가르치셨다. 그것은 "예수께서 행하고 가르치기 시작하신 것"(사도 1,1)이라는 표현으로 알 수 있다.

그러니 행하기 전에 가르치기부터 하지 않도록 주의하라. 그렇지 않으면 복음에서 주님께서 제자들에게 다음과 같이 말한 사람들처럼 될 것이다. "그들이 너희에게 말하는 것은 실행하고 지켜라. 그러나 그들의 행실은 따라 하지 마라. 그들은 말만 하고 실행하지는 않는다. 그들은 무겁고 힘겨운 짐을 묶어 다른 사람들 어깨에 올려놓고, 자기들은 그것을 나르는 일에 손가락 하나 까딱하려고 하지 않는다"(마태 23,3-4). "이 계명들 가운데에서 가장 작은 것 하나라도 어기고 또 사람들을 그렇게 가르치는 자는 하늘 나라에서 가장 작은 자라고 불릴 것이다"(마태 5,19). 그렇다면 큰 계명들을 소홀히 하면서 감히 가르치는 사람은 하늘 나라에서 가장 작은 사람이 아니라 지옥의 형벌을 받는 이들 중 가장 큰 사람이 될 것이다.

그래서 토론에 능숙하고 말주변이 있는 사람들의 표양을 보고 나도 가르치려고 하지 않도록 조심해야 한다. 그런 사람들은 원하는 것은 무엇이나 아름답고 그럴듯한 말로 설명할 수 있기 때문에 영적 지식의 힘과 본실을 분간하지 못하는 이들은 그들이 영적 지식을 가지고 있다고 믿는다. 그러나 입을 쉽게 놀리고 말을 멋지게 하는 것과 거룩한 말씀의 핏줄과 뼛속까지 들어가 가장 깨끗한 마음의 눈으로 깊고 감추어진 신비를 바라보는 것은 다르다. 관상은 세속의 지식과 교양이 아니라 오직 마음의 순결과 성령의 빛으로 얻어진다.

10. 그러니 성경에 대한 참된 지식을 얻으려면 먼저 확고부동한 마음의 겸손을 얻고자 애써야 한다. 그런 겸손만이 그대를 교만하게 하지 않고 사랑의 완성으로 비춰 주는 지식으로 인도할 수 있다. 깨끗하지 않은 마음으로는 결코 영적 지식의 은사를 받을 수 없다. 그러니 마음을 비추고 끝없는 영광에 들어가게 하는 참된 지식을 얻는 대신 오히려 헛된 자만심으로 치명적인 손해를 보지 않도록 성경읽기에 열중할 때 각별히 조심하라.

그다음엔 현세의 모든 걱정과 잡념을 몰아내고 온 힘을 다하여 언제나 거룩한 독서에 몰두하라. 그렇게 하면 끊임없는 묵상이 그대의 마음을 온통 적시어 그 내용으로 변화시킬 것이니, 마음이 계약의 궤를 닮게 될 것이다. 옛 계약의 궤 안에는 돌판과 만나를 담은 금 항아리와 싹이 돋은 아론의 지팡이가 있었다. 이제 두 개의 돌판은 영원하고 견고한 구약과 신약의 판이다. 금 항아리는 자기 안에 담은 만나, 곧 영적 감각과 천사들의 빵이 주는 영원하고 천상적인 달콤함을 언제나 굳건히 보존하는 깨끗하고 진실한 기억이다. 아론의 지팡이는 우리의 가장 높고 참된 대사제 예수 그리스도의 구원 깃발, 불사불멸의 기억으로 항상 푸른 싹이 나오는 깃발이다. 사실 그리스도는 이사이의 뿌리에서 잘린 뒤 죽었다가 더욱 푸르게 다시 살아난 가지다. 이 모든 것을 덮어 주는 것은 역사적 이해와 영적 이해의 충만함을 의미하는 두 커룹이다. 커룹이 의미하는 충만한 이해는 하느님의 속죄판[6]인 그대 가슴의 평화를 언제나 보호하며 악령들의 모든 습격에서 지켜 줄 것이다. 그러면 그대의 마음은 하느님의 계약의 궤로 변할 뿐 아니라 사제의 나라로 올라가 끊임없이 느끼는 순결한 사랑으로 영적 훈련에 잠기게 될 것이다. 이때 그대의 마음은 입법자가 대사제에게 내린 계명, 곧 "그는 성소 밖으로 나가서 자기 하느님의 성소를 더럽혀서는 안 된다"(레위 21,12)라는 계명을 채우게 된다. 여기에서 '성소'는 마음을 말한다. 주님께서는 "나는 그들과 함께 살며 그들 가운데에서 거닐리라"(2코린 6,16)고 하시면서 그 마음에 늘 거하실 것을 약속하셨다.

그러니 우리는 성경을 차례대로 열심히 암기하며 끊임없이 복습해

---

6 그리스어 성경에서는 계약의 궤를 덮은 판을 *hilasterion*, 곧 '속죄판'이라고 부른다(탈출 25,17-22 참조). 그 이유는 대사제가 속죄판에 피를 뿌려서 이스라엘인들의 죄를 속죄하여 하느님의 용서를 얻게 하였기 때문인 것 같다(레위 16,13-16 참조). 로마서 3장 25절에서 바오로는 그리스도를 *hilasterion*이라고 부른다(200주년 번역: '속죄 제물'). 그분의 희생이 하느님의 용서를 얻기 때문이다.

야 한다. 이러한 연속적 묵상은 두 가지 열매를 가져다줄 것이다. 첫째, 성경읽기와 공부에 사로잡힌 우리 정신은 해로운 생각들의 올무에 걸릴 일이 없다. 둘째, 암기하기 위하여 자주 반복하여 읽어도 시간의 여유가 없어 그 내용을 알아듣지 못하는 경우가 있는데, 그 뒤에 해야 할 일들과 눈에 들어오는 영상이 우리 마음을 빼앗지 않는 조용한 때, 특히 밤의 침묵 가운데 되뇔 때 그 내용을 더 밝게 깨달을 수 있다. 깨어 있을 때 막연하게 이해되던 가장 감추어진 뜻이 고요함 속에서 잠에 가까운 상태에 빠질 때 밝혀지는 경우가 있다.

11. 우리 정신이 이런 공부를 통해 점자 변화되면 성경의 모습도 다르게 보이기 시작한다. 우리가 진보함에 따라 더 숭고해진 인식에 의해 성경의 아름다움도 더해 간다. 성경은 인간이 가진 이해력의 정도에 따라 세속적인 사람들에게는 속된 이야기, 영적인 사람들에게는 천상 이야기를 하는 것으로 보인다. 그래서 이전에 짙은 안개에 싸인 듯 보이던 것들이 이제 파악할 수 없는 깊이를 지니게 되며 감당할 수 없는 광채를 발하게 된다.

이 가르침을 더 명확하게 설명하기 위하여 예를 들어 보자. 율법 가운데 하나의 예만 들어도 그것으로 모든 천상 계명이 우리가 도달한 수행의 정도에 따라 각 사람의 수준에 들어맞는다는 것을 입증할 수 있다. 율법에는 "간음하지 마라"는 말이 있다. 아직 음란한 육욕에 시달리는 사람은 이 계명을 단순히 글자 뜻 그대로 지키는 것이 좋다. 그러나 더러운 행위와 욕정을 이미 벗어난 사람은 그것을 영적으로 지켜야 한다. 그 말은 우상 숭배뿐 아니라 이교인들이나 점쟁이들의 미신, 그것과 관련된 전조와 징조, 그리고 그들이 지켜야 한다는 날과 시기를 멀리하고, 우리 신앙의 순수함을 손상시키는 특정한 말이나 이름에 의한 추측까지도 깨끗이 버려야 한다는 것이다. 그런 식으로 예루살렘이 음행을 했다고 "높은 언덕마다 올라가 온갖 푸른 나무 밑에서 불륜을 저질렀다"(예레 3,6)는 말이 나온다. 이 음행을 주님께서 또 다시 예언자를 시켜 다음과 같이 나무라신다. "자, 하늘을 연구하는 자들, 별들을 관찰하는 자들, 너에게 무슨 일이 닥칠지 매달 초에 알려 주는 자들, 그들에게 나서서 너를 구해 보라고 하여라"(이사 47,13). 그 음행에 대하여 주님께서는 다른 곳에서는 그들을 이렇게 책망하신다. "음행의 영이 그들을 기만하여 자기 하느님을 버리고 불륜을 저지르게 하였다"(호세 4,12 칠십인역).

그런데 이 두 가지 음행을 벗어나면 피해야 할 또 다른 음행이 있다. 그것은 율법과 유대주의에 관한 미신이다. 그 점을 사도는 "여러분은 날과 달과 절기와 해를 잘도 지킵니다"(갈라 4,10). 또 "손대지 마라. 맛보지 마라. 만지지 마라"(콜로 2,21)라는 말로 표현한다. 여기서 사도가 율법에 의한 미신에 대하여 말하고 있다는 것을 의심할 수 없는데 이것을 지키는 사람은 틀림없이 그리스도에 대해 간음을 범하게 된다. 그런 경우에 사도가 그에게 "나는 여러분을 순결한 처녀로 한 남자에게, 곧 그리스도께 바치려고 그분과 약혼시켰습니다"라고 하지 않고 오히려 바로 그 뒤에 나오는 말씀, 곧 "하와가 뱀의 간계에 속아 넘어간 것처럼, 여러분도 생각이 미혹되어 그리스도를 향한 성실하고 순수한 마음을 저버리지 않을까 두렵습니다"(2코린 11,2-3)라고 할 것이다. 그런데 누가 이 음행의 더러움을 멀리해도, 또 다시 네 번째 불륜이 있는데 그것은 이단에 의한 간음이다. 같은 사도는 그 점에 대하여 "내가 떠난 뒤에 사나운 이리들이 여러분 가운데로 들어가 양 떼를 해칠 것임을 나는 압니다. 바로 여러분 가운데에서도 진리를 왜곡하는 말을 하며 자기를 따르라고 제자들을 꾀어내는 사람들이 생겨날 것입니다"(사도 20,29-30)라고 말한다. 이런 잘못을 범하지 않더라도 더 미묘한 음행의 죄악에 빠지지 않도록 조심하라. 그것은 이리저리 방랑하는 잡념을 말하는 것이다. 완전한 사람은 더러운 생각만이 아니라 쓸데없고 하느님을 조금이라도 멀리하게 하는 모든 생각을 더러운 음행으로 간주한다.

12. 이 말씀을 듣고 나(카시아누스)는 속으로 큰 충동을 느끼고 곧바로 깊이 탄식하면서 이렇게 말했다. "압바께서 상세하게 다루신 그 모든 내용 때문에 저는 여태까지 당했던 것보다 더욱 큰 실망을 느끼게 되었습니다. 연약한 이들이 누구나 위로부터 받은 영향 때문에 겪게 되어 있는 영혼의 일반적인 포로 상태 말고도 저에게는 구원에 방해되는 특별한 문제가 있습니다. 그것은 제가 적게나마 얻은 문학에 관한 지식 때문에 생기는 것입니다. 저를 가르쳤던 선생의 열성과 끊임없는 성경읽기로 말미암아 저의 정신은 완전히 물들었습니다. 그래서 공부를 처음 시작했던 어린 나이 때부터 배운 시인들의 노래와 시시한 우화와 전쟁들의 역사 같은 것들이 기도 시간에도 떠오릅니다. 시편을 외울 때나 죄 사함을 간청할 때에 음란한 시를 기억하거나 전투하는 영웅들의 모습이 눈앞에 보이는 것입니다. 그런 상상들이 저를 언제나 우롱하여 마음이 천상 것을 관상하도록 허락하지 않습니다. 매일 눈물을 흘려도 그것들을 쫓아낼 수 없습니다."

13. 네스테로스: 그대가 정화에 대하여 크게 낙심하는 바로 그것에서 빠르고 효과적인 치료 방법을 찾을 수 있다. 다만 그대가 저 세속적 공

부에 쏟았다고 한 그 정성과 열성을 성경읽기와 묵상으로 옮겨야 할 것이다. 자기 속에 되새길 자료를 비슷한 열성과 항구심으로 마련하라. 그렇게 하기 전에는 저런 시가들이 그대의 정신을 사로잡을 수밖에 없다. 이제 그 무익하고 지상적인 것들 대신에 마음이 영적이고 신성한 것들을 낳도록 하라. 그 내용을 그 깊이와 높이에 따라 잉태하고 그것으로 양육되면 그 이전의 것들을 점차적으로 쫓아내거나 완전히 없앨 수 있을 것이다.

인간의 정신은 생각이 전혀 없는 빈 상태로 있을 수는 없다. 그래서 영성 공부에 몰두하지 않는 한 옛적에 배운 것들이 머릿속을 차지할 수밖에 없다. 쉬지 않고 움직이는 우리 정신은 새로운 배움이 없다면 어릴 때부터 알게 된 것들로 돌아가고 오랜 습관으로 익숙해진 옛 사고를 되씹을 수밖에 없다.

이 영적 지식이 그대 안에 영원히 자리 잡은 힘 있는 것이 되기 위해서는 자신이 스스로 공부하지 않고 남이 하는 말로 (스쳐 가는 어떤 냄새를 맡은 것과 같이) 한순간 영적 지식을 누리는 사람들처럼 되지 마라. 오히려 그대의 감각 속에 깊이 들어가 보고 만진 것처럼 확실한 것이 될 수 있도록 다음의 원칙을 꼭 지켜라. 담화 시간에 그대가 이미 잘 알고 있는 것들을 들을 때 이미 배웠다는 이유로 그것을 무시하거나 지루해하는 마음으로 대하지 말고 큰 열성으로 그대 마음에 담아라. 구원의 말씀들을 끊임없이 귀 기울여 듣고 입으로 전할 때 그 말씀은 언제나 큰 욕망의 대상이 되어야 한다. 실은 그 거룩한 일들을 아무리 자주 이야기해도 참된 지식을 목말라하는 영혼은 싫증 내지 않고 날마다 그립고 신선한 것으로 받아들일 것이다. 자주 접할수록 더욱 탐이 나고 더욱 열심히 그것에 대해 말할 것이다. 많은 담화를 들어도 물리기는커녕 이미 깨달은 것을 확인하는 복습이 될 것이다. 만일 누가 우리를 구원해 주는 말씀의 약에 싫증이나 무료함을 느낀다면 그것은 냉정하고 교만한 태도의 명백한 증표다. "배부른 자는 꿀도 짓밟아 버리지만 배고픈 자에게는 쓴 것도 모두 달다"(잠언 27,7). 거룩한 말씀을 정성으로 받아들이고 마음 깊숙한 곳에 간직하여 침묵으로 봉하면 그것이 나중에 사람의 마음을 기쁘게 하는 향기로운 포도주와 같이 된다. 오랜 묵상과 큰 인내로 잘 익어서 그것을 마음의 항아리에서 퍼낼 수 있다. 그것은 영원한 샘처럼 경험이라는 핏줄과 덕행이라는 물줄기에서 쏟아져 나오며 마음의 깊은 심연에서 아주 많은 강물처럼 흘러나온다. 그때에는 다음과 같은 잠언의 말씀이 실현될 것이다. "네 우물에서 물을 마셔라. 네 샘에서 솟는 물을 마셔라. 네 샘의 물이 넘쳐흘러 너의 거리로 흐르게 하라"(잠언 5,15-16 칠십인역). 그리고 그때에 그대는 이사야 예언자의 말씀대로 "물이 항상 흐르는 동산이요 물이 끊어지지 않는 샘 줄기"(이사 58,11)가 될 것이다. 그리고 같은 예언자가 약속한 행복을 얻을 것이다. 곧, "너희 스승이신 주님께서는 더 이상 숨어 계시지 않으리니 너희 눈이 너희의 스승을 뵙게 되리라. 그리고 너희가 오른쪽으로 돌거나 왼쪽으로 돌 때 뒤에서 '이것이 바른길이니 이리로 가거라' 하시는 말씀을 너희 귀로 듣게 되리라"(이사 30,20-21). 이와 같이 그대의 마음이 의식적으로 택한 방향과 묵상뿐 아니라 이리저리 돌아다니는 그대의 모든 생각도 하느님의 법에 대한 거룩하고 끊임없는 되새김이 될 것이다.

14. 우리가 조금 전에 말한 대로, 체험하지 않고서는 이것을 알 수도 가르칠 수도 없다. 이것을 파악하지 못한 사람이 과연 어떻게 전할 수 있겠느냐? 그래도 누가 주제넘게 가르치려 든다면 그의 말은 전혀 효과

없는 무익한 소리가 될 것이다. 듣는 사람들의 귀에 들려도 마음에는 들어가지 못할 것이다. 실행하지 않고 열매 없는 허영으로 말하는 사람의 말은 좋은 양심의 보물이 아니라 주제넘은 헛된 자랑의 소산이기 때문이다.

깨끗하지 못한 영혼은 성경읽기에 아무리 열심히 노력하더라도 영적 지식을 얻을 수 없다. 귀한 향수나 최고급의 꿀이나 다른 값비싼 액체를 더럽고 냄새나는 그릇에 담을 사람은 아무도 없다. 아무리 향기가 좋은 향유를 담아도 악취로 못쓰게 된 그릇은 달콤하고 아름다운 향기를 받아들이기는커녕 오히려 그 향유를 더럽힐 것이다. 깨끗한 것들이 더러워지는 것은 더러운 것이 깨끗해지는 것보다 훨씬 더 빠르다. 우리 가슴의 그릇도 모든 더러운 악행의 냄새를 없애 버리지 않고서는 축복의 기름을 받을 수 없으며 영적 지식을 깨달을 수 없고 성경 말씀을 깨끗이 간직할 수 없다. 그 기름은 "향기 짙은 기름이 머리 위에서 수염까지, 아론의 수염 위로 옷깃까지 흘러내리는 기름 같아라"(시편 133,2) 하는 예언자의 말에 나오는 기름이다. 그리고 그 영적 지식과 성경 말씀은 "꿀보다 생청보다 더욱 달다"(시편 19,11)고 한다. 과연 "의로움과 불법이 어떻게 짝을 이룰 수 있겠습니까? 빛이 어떻게 어둠과 사귈 수 있겠습니까? 그리스도께서 어떻게 벨리아르와 화합하실 수 있겠습니까?"(2코린 6,14-15).

15. 게르마누스: 압바의 주장은 진리에 기초를 두거나 합리적으로 뒷받침할 수 있는 것 같지 않습니다. 처음부터 그리스도 신앙을 받아들이지 않는 사람들이나, 고약하고 비뚤어진 교리로 신앙을 변질시키는 사람들의 마음은 불결한 것이 분명하다면, 어째서 많은 유대인들과 이단

자들, 그리고 여러 가지 악습에 걸린 정통 신앙의 신자들도 성경에 대한 완전한 지식을 얻어서 방대한 영적 학식을 자랑하고, 그와 반대로 죄에 전혀 물들지 않은 정화된 마음을 가진 무수한 거룩한 사람들은 단순하고 경건한 신앙생활에 만족을 느껴서 더 심오한 지식의 비밀을 모르는 것입니까? 이런데 어떻게 오직 깨끗한 마음만이 영적 지식을 얻을 수 있다고 주장할 수 있습니까?

16. 네스테로스: 어떤 주장의 낱말 하나하나를 모두 상세하게 검토하지 않으면 그 정의의 뜻을 옳게 살필 수 없다. 앞에서 말한 바와 같이, 지닌 사람들은 오직 토론에 능숙하고 말솜씨를 지니고 있지만 성경의 정맥과 숨어 있는 영적 의미에 들어갈 수는 없다. 하느님을 참되게 경배하는 사람이 아니면 참된 지식을 얻을 수 없다. 다음과 같은 말씀을 듣는 백성은 그런 지식을 지녔을 리 없다. 곧, "어리석고 지각없는 백성아 제발 이 말을 들어라. 눈이 있어도 보지 못하고 귀가 있어도 듣지 못하는구나"(예레 5,21). 그리고 "네가 예지를 배척하니 나도 너를 배척하여 사제직을 수행하지 못하게 하리라"(호세 4,6). 그리스도 "안에 지혜와 지식의 모든 보물이 숨겨져 있다"(콜로 2,3)고 하니, 그리스도를 찾는 것을 멸시하거나 그리스도를 찾아도 이단으로 모독하거나 악한 행동으로 가톨릭 신앙을 더럽히는 사람이라면 어떻게 참지식을 얻었다고 믿을 수 있나? "하느님의 영은 속임을 멀리하고 죄에 얽매인 육신 안에 머무르지 않는다"(지혜 1,4 불가타). 그러므로 "정의를 위해 심어라. 삶의 희망을 거두어라. 지식의 빛을 너희 안에서 켜라"(호세 10,12 칠십인역)라고 예언자가 적절히 표현한 순서를 지키지 않으면 영적 지식을 얻을 수 없다. 다시 말해 먼저 정의를 위하여 씨를 뿌려야 한다. 정의로운 행위

로 우리 완덕을 키워야 한다는 말이다. 그다음에 삶의 희망을 추수해야 한다. 곧, 육신의 악습을 몰아냄으로써 영혼의 덕행이라는 열매를 거두는 것이다. 그래야 우리는 우리 안에서 깨달음의 빛을 켤 수 있을 것이다. 시편 저자도 이런 순서를 지켜야 한다고 다음과 같이 주장하였다. "행복하여라, 주님의 법을 따르는 이들, 그 삶이 깨끗한 이들! 행복하여라, 당신 계약을 탐구하는 이들!"(시편 118,1-2 불가타). 그는 "행복하여라, 당신 계약을 탐구하는 이들!"이라 한 다음에 "행복하여라, 그 삶이 깨끗한 이들!"라고 하지 않고, 먼저 "그 삶이 깨끗한 이들"이라 함으로써 우선 실제 수행으로 그리스도의 길을 깨끗하게 걷지 않는다면 아무도 하느님의 계약을 올바르게 탐구할 수 없다는 것을 명백하게 보여 준다. 그러므로 그대들이 말한 저 사람들은 불결한 이들은 가지지 못하는 이 지식을 소유한 것이 아니라, ψευδώνυμον(pseudonymon), 곧 사이비 지식을 가지고 있다. 이런 지식에 대하여 복된 사도는 이렇게 말한다. "티모테오, 그대가 맡은 것을 잘 지키십시오. 사이비 지식의 속된 망언과 반론들을 멀리하십시오"(1티모 6,20). 어느 정도 지식을 갖추었다는 인상을 주는 사람이나 성경을 열심히 읽거나 따로 외우더라도 육신의 악습을 끊지 않은 사람들에 대해 잠언에 정확하게 표현되어 있다. "예쁘지만 품행이 나쁜 여자는 돼지 코에 금 고리 격이다"(잠언 11,22). 과연 하늘 같은 말재주로 치장하고 성경의 고귀한 아름다움을 차지해도 야비한 행동과 생각을 떠나지 않는다면 무슨 소용이 있겠느냐? 사실 그런 자는 극히 더러운 흙을 섞어서 그 지식을 망치고 욕정과 쾌락의 진흙탕으로 더럽히는 셈이다. 제대로 사용하는 이에게 지식은 아름다운 장식이지만 그런 사람들은 그것으로 아름다워지기는커녕 그것을 더욱 더러운 똥물로 만들어 버린다. "죄인의 입에는 찬미가 어울리지 않으니"(집회 15,9) 하니, 예언자는 그에게 "너는 어찌하여 내 계명들을 늘어놓으며 내 계약을 네 입에 올리느냐?"(시편 50,16)고 한다. 하느님에 대한 두려움을 간직하지 않으면서 성경을 자꾸 묵상하여 그 뜻을 습득하려는 자들에 대하여 잠언 가운데 잘 맞는 말이 있다. "미련한 사람은 부유해도 무슨 소용이 있느냐? 어리석은 자는 지혜를 소유할 수 없기 때문이다"(잠언 17,16 칠십인역).

참되며 영적인 지식이 육신의 더러운 악행으로 때 묻기 쉬운 세속적 학문과 얼마나 먼 것인지를 말해 보자. 말주변이 없고 글도 조금밖에 모르는 몇몇 사람이 놀랄 정도로 지식을 지니고 있었던 경우를 우리는 안다. 그 사실을 우리는 사도들과 많은 성인들의 예를 들어 분명하게 증명할 수 있다. 그들은 허망한 잎이 무성한 나무와 같지 않고 오히려 영성의 참된 열매의 무게로 구부러진 나무와 같다. 그런 사람들에 대해 사도행전에 이런 말씀이 나온다. "그들은 베드로와 요한의 담대함을 보고서 이들이 무식하고 평범한 사람임을 알아차리고 놀라워하였다"(사도 4,13). 그러니 그대가 그 지식의 시들지 않는 향기를 얻고자 한다면 먼저 주님으로부터 순결을 얻도록 모든 힘을 다하여 노력하라. 육신의 욕정, 특히 음욕의 지배를 받는 사람은 누구든 영적 지식을 얻을 수 없기 때문이다. "지혜는 슬기로운 마음에 깃들고"(잠언 14,33) "주님을 두려워하는 사람은 지식과 정의를 만난다"(집회 32,20).

바오로 사도도 위와 같은 순서로 영적 지식에 도달하게 된다고 가르쳤다. 그는 다양한 덕행을 열거하면서 그 순서를 짚어 주었다. 곧, 어느 덕행이 어떤 덕행에서 생기는지 설명하면서 이렇게 말했다. "밤샘과 단식으로, 순결과 지식과 인내와 호의와 성령과 거짓 없는 사랑으로"(2코린 6,5-6). 이렇게 그는 덕행을 서로 연결시켜 틀림없이 밤샘과 단식에서 순결로, 순결에서 지식으로, 지식에서 인내로, 인내에서 호의로, 호의에서 성령으로, 성령에서 거짓 없는 사랑의 상급으로 다다르게 된다고 가르치려 했을 것이다. 그대도 이 방법과 이 순서로 영적 인식을 얻게 되면 무익하고 공허한 학식이 아니라 우리가 말한 살아 있고 열매가 풍요로운 가르침을 틀림없이 전할 수 있게 될 것이다. 이처럼 그대가 듣는 이들의 마음에 구원하는 말씀의 씨앗을 심으면 성령의 관대한 비가 그 위에 내려 그 씨앗을 무럭무럭 자라게 할 것이다. 그러면 예언자의 약속대로 "그분께서 너희가 밭에 뿌린 씨앗을 위하여 비를 내리시니 밭에서 나는 곡식이 여물고 기름지리라"(이사 30,23).

17. 그리고 또 한 가지 주의해야 할 것이 있다. 성경읽기로 배웠다기보다 고된 경험으로 배운 것을 나이가 들어 남에게 가르치게 되었을 때 헛된 명예욕에 넘어가 깨끗하지 못한 사람들에게 그대의 지식을 넘기지 마라. 가장 지혜로운 솔로몬이 그 점에 대해 다음과 같이 경고를 내렸다. "악인을 의인의 목장에 데리고 가지 말고 배불러 유혹에 빠지지 마라"(잠언 24,15 칠십인역). "호사하는 것은 우둔한 자에게 어울리지 않는다"(잠언 19,10). "이해력이 없는 데에는 지혜가 필요 없고 어리석음이 더 높이 평가된다"(잠언 18,2 칠십인역). "말로는 완고한 종을 길들이지 못하니 알아들으면서도 따르지 않기 때문이다"(잠언 29,19). "우둔한 자의 귀에는 아무 말도 하지 마라. 식견 높은 너의 말을 업신여길 뿐이다"(잠언 23,9). "거룩한 것을 개들에게 주지 말고, 너희의 진주를 돼지들 앞에 던지지 마라. 그것들이 발로 그것을 짓밟고 돌아서서 너희를 물어뜯을지도 모른다"(마태 7,6). 그러니 그런 사람들에게는 영적 의미의 신비를 감춰 두고 "주님께 죄짓지 않으려고 마음속에 당신 말씀을 간직합니다"

(시편 119,11 불가타)를 실제로 노래하라.

이제 "누구에게 성경의 신비를 나누어 주어야 하느냐?"고 물어본다면 지극히 지혜로운 솔로몬의 교훈을 들어라. "독주는 슬픈 사람에게 주고, 술은 상심한 이에게 주어라. 그것을 마시면 가난을 잊고 괴로움을 더 이상 생각하지 않으리라"(잠언 31,6-7). 다시 말하면, 과거의 행실에 대한 참회로 슬픔에 눌려 있는 사람들에게 " 술을 얻게 하시고 기름으로 얼굴을 윤기 나게 하십니다. 또 인간의 마음에 생기를 돋우는 빵을 주십니다"(시편 104,15)처럼 영적 인식의 즐거움을 넘치게 부어 주고 구원의 말씀으로 배불리 먹여 주라. 그렇게 하면 그들은 계속되는 비관과 깊은 절망에 빠져 "지나친 슬픔에 빠지지 않게"(2코린 2,7) 될 것이다. 그러나 냉담하고 게을러서 마음의 아픔을 전혀 느끼지 못하는 자들에 대하여는 이런 말씀이 있다. "편하고 고통 없이 사는 사람은 궁핍해진다"(잠언 14,23 칠십인역).

그러므로 허영에 잡히지 않도록 극도로 조심하라. 그렇지 않으면 그대는 "이자를 받으려고 돈을 놓지 않는 이"(시편 15,5)에 대한 예언자의 칭찬을 받지 못할 것이다. 하느님의 말씀에 대해 "주님의 말씀은 순수한 말씀, 흙 도가니 속에서 일곱 번이나 정제된 순은이어라"(시편 12,7)라고 말하는 것을 생각한다면, 사람들의 찬양을 들으려고 그 말씀을 나누어 주는 사람은 이자를 받기 위해 돈을 놓는 사람과 같다. 그는 칭찬을 듣지 못하고 오히려 마땅히 벌을 받을 것이다. 그런 사람은 주인의 돈을 낭비하여 현세적 이익을 얻으려고 했을 뿐, 성경 말씀대로, 주인이 와서 "이자와 함께 자기 돈을 돌려받게"(마태 25,27) 할 생각이 없는 사람이다.

18. 두 가지 이유로 영성에 대한 가르침이 무익해질 수 있음이 분명하다. 첫째는 가르치는 사람이 스스로 체험하지 못한 것들을 텅 빈 말소리로 듣는 이에게 전하는 경우이다. 둘째는 듣는 사람이 쓸모없고 악습 투성이인 경우다. 마음이 굳어진 그런 사람은 영성 깊은 사람의 건전하고 거룩한 가르침을 받아들일 수 없다. 이런 이들에 대해 예언자는 다음과 같이 말하고 있다. "이 백성의 마음은 무디어졌고 귀는 어두우며 눈은 감겨 버렸으니 눈으로 보고 귀로 듣고 마음으로 깨달아 돌아오지 못하게 하며 내가 그들을 낫게 하지 않으려 함이로다"(이사 6,10 칠십인역).

19. 그러나 "모든 사람이 구원을 받고 진리를 깨닫게 되기를 원하시는"(1티모 2,4) 또 모든 것을 안배하시는 우리 하느님께서는 때로는 지극히 관대하게도, 흠 없는 수행으로 복음 선포에 합당하게 살지 않던 이에게도 많은 사람들의 구원을 위해 영적 지식의 은총을 베푸신다.

다음에는 주님께서 악령을 쫓아내시기 위해 치유의 은사를 어떤 식으로 베푸시는지 밝히고자 한다. 그러나 지금은 먼저 식사를 하고 그 이야기는 저녁으로 미루기로 하자. 사실 단계적으로, 그리고 육신에 무리 없이 전하는 말씀을 마음은 더 효과적으로 파악하는 법이다.

제15담화

• 네스테로스 압바의 둘째 담화 •

하느님의 은사

1. 저녁기도 후에 우리는 관습대로 돗자리에 앉아서 원로께서 약속하신 담화를 듣기로 했다. 우리는 우선 원로께 대한 존경심에서 얼마 동안 침묵을 지키고 있었다. 그러다가 원로께서 다음과 같은 말씀으로 우리의 조심스러운 침묵을 깨셨다:

지난번 담화에서 나는 영적 은사의 성격에 대하여 조금 설명한 바 있다. 그런데 선배들의 전통에 따르면 은사는 세 가지로 나뉜다.

치유하는 능력의 첫째 원인은 성덕에 따른 공로다. 선택받은 의인들 가운데에는 표징을 행하는 은총을 지닌 이들이 있었다. 사도들과 많은 성인들이 표징과 기적을 행한 것은 명백한 사실이며, 이는 다음과 같은 주님의 지시에 따른 것이다. "앓는 이들을 고쳐 주고 죽은 이들을 일으켜 주어라. 나병 환자들을 깨끗하게 해 주고 마귀들을 쫓아내어라. 너희가 거저 받았으니 거저 주어라"(마태 10,8).

둘째 원인은 다음과 같다. 교회의 건설 때문에, 또는 병자들을 데리고 오는 사람들이나 병자 자신들의 믿음 때문에 죄인들과 자격이 없는 사람들도 치유의 능력을 받는 경우가 있다. 그런 사람들에 대하여 주님께서 복음서에서 이렇게 말씀하신다. "그날에 많은 사람이 나에게, '주님, 주님! 저희가 주님의 이름으로 예언을 하고, 주님의 이름으로 마귀를 쫓아내고, 주님의 이름으로 많은 기적을 일으키지 않았습니까?' 하고 말할 것이다. 그때에 나는 그들에게, '나는 너희를 도무지 알지 못한다. 내게서 물러들 가라, 불법을 일삼는 자들아!' 하고 선언할 것이다"(마태 7,22-23). 또 그와 반대로 병자들을 데리고 오는 이들이나 병자들의 믿음이 없다면 치유의 은사를 가진 사람들도 병을 낫게 하는 능력을 실행할 수 없게 된다. 이에 대하여 루카 복음사가는 '그들이 믿지 않기 때문에 예수님께서는 그들 가운데서 기적을 행하지 않으셨다'(마르 6,5-6 참조)라고 했다. 또 주님께서는 그 일에 대해 이렇게 말씀하셨다. "엘리사 예언자 시대에 이스라엘에는 나병 환자가 많이 있었다. 그러나 그들 가운데 아무도 깨끗해지지 않고, 시리아 사람 나아만만 깨끗해졌다"(루카 4,27).

치유의 셋째 종류는 악령들의 장난과 꾸밈에 의한 것이다. 그런 경우에는 많은 죄를 범한 것이 분명한 사람이 그가 행한 놀라운 표징 때문에 거룩한 하느님의 종으로 여겨진다. 따라서 사람들은 그의 악행도 본받게 되고 이것이 비난의 계기가 되어 종교의 거룩함까지 모욕을 당한다. 아무래도 그런 방법으로 악령들은 치유의 은사를 가졌다고 믿는 그 사람의 마음이 교만해져 깊은 구렁에 빠지게 한다. 악령들은 사람들을 속이려고 성덕과 영적 열매가 없는 사람들의 이름을 부르짖는다. 그리고 그 사람들의 공로를 견디지 못해 귀신 들린 몸에서 도망치는 체한다. 그런 사람들에 대하여 신명기에 이런 말이 나온다. "너희 가운데에서 예언자나 환몽가가 나타나 너희에게 표징이나 기적을 예고하고, 그가 말한 표징이나 기적이 일어나더라도, 너희가 알지 못하는 '다른 신들을 따라가 그들을 섬기자' 하고 그가 말하거든, 너희는 그 예언자나 환몽가의 말을 들어서는 안 된다. 그것은 주 너희 하느님께서, 너희가 마음을 다하고 목숨을 다하여 주 너희 하느님을 사랑하는지 알아보시려고 너희를 시험하시는 것이다"(신명 13,2-4). 복음서에도 "거짓 그리스도들과 거짓 예언자들이 나타나, 할 수만 있으면 선택된 이들까지 속이려고 큰 표징과 이적들을 일으킬 것이다"(마태 24,24)라는 말씀이 있다.

2. 따라서 우리는 이런 능력을 자랑하는 사람들에게 절대 경탄해서는 안 된다. 그보다 그들이 모든 악습을 몰아내고 생활을 개선하여 완전해졌는지 살펴야 할 것이다. 이런 상태에 이르려면 남의 믿음이나 다른 어떤 원인이 소용이 없다. 그것은 오직 각자의 정성에 따라 오는 하느님의 은총의 결과다. 이것은 실천적 학문으로서 사도가 사랑이라고 부르는 것이다. 사도의 가르침에 따르면, 그것은 인간과 천사들의 모든 언어보다도, 산도 옮길 수 있는 완전한 신앙보다도, 모든 지식과 예언보다도, 온 재산을 바치는 것보다도, 심지어 영예로운 순교보다도 나은 것이다(1코린 13,1-3 참조). 사도는 온갖 종류의 은사를 열거하면서 "어떤 이에게는 영을 통하여 지혜의 말씀이, 어떤 이에게는 지식의 말씀이 주어집니다. 어떤 이에게는 믿음이, 어떤 이에게는 병을 고치는 은사가 주어집니다. 어떤 이에게는 기적을 일으키는 은사"(1코린 12,8-10) 등이 주어진다고 하고서 사랑에 대하여 말하기 시작한다. 여기서 그가 사랑을 한마디로 모든 은사보다 높이 평가하는 것에 주의를 기울여야 한다. "내가 이제 여러분에게 더욱 뛰어난 길을 보여 주겠습니다"(1코린 12,31)라는 말씀이다. 이와 같이 최고의 완덕과 행복은 저런 기적을 행함이 아니라 깨끗한 사랑에 있다는 것이 분명하게 증명된다. 거기에는 이유가 있다. 저 다른 모든 것은 사라지고 스러지게 되어 있지만 사랑만은 영원히 남기 때문이다(1코린 13,8 참조). 그래서 우리는 사부들이 기적을

행하는 데에 관심이 없었다는 것을 볼 수 있었다. 오히려 그들은 성령의 은총으로 그런 권능을 지니고 있어도 특별하고 피치 못할 경우가 아니라면 기적을 전혀 행하려 하지 않았다.

3. 우리는 스케티스 사막에 처음 거주한 마카리우스 압바가 죽은 사람을 살린 일을 기억하고 있다. 그것이 그런 경우였다. 에우노미우스 이단[1]을 신봉하는 어떤 이단자가 변증법의 기술로써 참된 정통 신앙을 무너뜨리려 시도했다. 그가 이미 많은 사람을 기만하자 그토록 무서운 파괴를 몹시 걱정하는 정통 신앙의 신자들이 복된 마카리우스에게 도움을 청했다. 그래서 이집트인의 단순성을 불신앙의 파멸에서 구하기 위해 복된 마카리우스가 도착했다. 저 이단자는 변증법을 동원하여 마카리우스를 공격했고 그런 것을 배우지 못한 그를 아리스토텔레스의 가시나무 숲에 끌고 가려고 했다. 복된 마카리우스는 그 사람의 지껄임을 사도께서 하신 것처럼 짧은 말로 중단시켰다. 그는 "하느님의 나라는 말이 아니라 힘에 있다"(1코린 4,20)고 하면서 "묘지에 가서 처음 만나게 될 죽은 이 위에 주님의 이름을 불러 성경 말씀대로 행업으로써 우리 신앙을 증명합시다. 그러면 그 죽은 이의 증언으로 올바른 신앙이 아주 명백하게 입증될 것이고, 헛된 토론이 아니라 표징의 힘과 그르칠 수 없는 분의 판별로 밝은 진리를 증명할 수 있을 것이오"라고 했다.

이단자가 이 말을 듣고는 둘러서 있는 대중 앞에 체면상 우선 그 조건에 찬성하는 체하면서 다음 날 그 자리에 나오겠다고 약속했다. 다음 날 많은 사람이 큰 호기심에 이 구경거리를 보려고 지정된 장소에 모여

---

1 성자의 신성과 성령의 신성을 부인한 4세기 후반기에 활동한 이단자.

서 기다리고 있는데, 이단자는 자기 신앙이 그릇됨을 의식한 나머지 너무 무서워 갑자기 이집트를 아주 떠나 버렸다. 복된 마카리우스는 군중과 함께 오후 세 시까지 기다렸다. 그리고 그 사람이 양심 때문에 이 일을 피한다는 것을 보고 그 사람에게 속았던 무리를 데리고 지정된 묘지에 갔다.

그런데 나일강의 범람 때문에 이집트 사람들에게는 특별한 관습이 있었다. 강물이 넘쳐서 광대한 바다처럼 되어 저 넓은 땅은 매년 상당한 기간 동안 물에 덮여 있기 때문에 그때는 작은 배를 타지 않으면 아무도 그곳을 다닐 수 없다. 그래서 사람들은 죽은 이들의 시신을 향기 나는 염료를 발라 미라로 만들고 조금 솟아 있는 방에다 보관한다. 그곳의 바닥은 항상 물에 젖어 있어서 매장 예식을 치를 수 없다. 시신을 묻어도 홍수가 심해서 땅은 시신을 다시 표면에로 토해 낼 수밖에 없는 형편이다. 이제 마카리우스는 아주 오래된 시신에 다가가서 이렇게 말했다. "이 사람아, 멸망의 아들인 저 이단자가 나와 함께 이리 와서 여기 서 있는 동안 내가 나의 신인 그리스도의 이름을 불렀다면, 그자의 속임수로 무너질 뻔했던 이 사람들 앞에서 당신이 일어났을 것인지 말해 주시오." 죽은 사람은 일어나서 그렇다고 대답했다. 이어서 마카리우스 압바가 그에게 옛날에 살아 있었을 때 어떤 사람이었는지 그리고 어떤 시대에 살았는지, 또 그 당시 그리스도의 이름을 알았는지 물어보았다. 망자는 자기가 가장 오래된 임금들의 시대에 살았었고, 그때에는 그리스도의 이름을 듣지 못했었다고 대답했다. 마카리우스 압바는 다시 이렇게 말했다. "당신과 같은 부류의 사람들과 함께 평화로이 잠을 자다가 모든 시대의 끝 날에 그리스도께서 당신을 일으켜 주실 때까지 쉬시오."

그 지방 전체의 위험을 막아야 할 필요성과 그리스도께 대한 완전한 헌신과 진정한 사랑이 그 기적을 행하도록 마카리우스를 강요하지 않았다면, 마카리우스는 자기가 받은 능력과 은총을 영원히 숨겼을 것이다. 그가 기적을 행한 것은 자기 자랑을 위한 것이 아니라 오직 그리스도께 대한 사랑과 온 백성의 유익 때문에 할 수 없이 행한 것이다. 열왕기에서 읽을 수 있는 대로, 복된 엘리야도 그렇게 했다. 그는 오직 거짓 예언자들의 마술 때문에 흔들리는 온 백성의 신앙을 살리려고 장작더미에 얹은 제물 위로 하늘에서 불이 내려오도록 요청했던 것이다.

4. 아브라함 압바의 업적도 이야기할까? 그의 단순한 성품과 결백함 때문에 그는 하플루스ἁπλους, 곧 '단순한 사람'이라는 별명을 얻었다. 그는 오순절에 사막에서 나와 추수 일을 하려고 이집트로 갔다. 그때 어떤 여인이 젖이 없어서 병들고 반쯤 죽어 가는 아기를 품고서 눈물을 흘리며 그에게 도움을 청했다. 아브라함 압바가 물잔에 십자성호를 그은 후 여자에게 마시라고 했다. 여자가 그것을 마시자마자 기묘하게도 마른 가슴에서 젖이 흘러넘치기 시작했다.

5. 어느 날 아브라함 압바가 어떤 마을로 가고 있는데, 비웃는 사람들의 무리가 그를 둘러쌌다. 그들은 그를 놀리면서 여러 해 전부터 무릎이 오그라들어 걷지 못하고 기어 다닐 수밖에 없는 어떤 장애인을 보여주며 그를 시험하여 이렇게 말했다. "아브라함 압바, 당신이 하느님의 종인지 아닌지 드러내 보이려면 이 사람에게 본래의 건강을 돌려주시오. 그러면 우리는 당신이 신봉하는 그리스도의 이름이 헛되지 않음을 믿겠소." 그러자 아브라함은 그리스도의 이름을 부르고 몸을 굽혀 그

사람의 말라 버린 발을 잡았다. 그러자 구부러진 채 굳어 있던 무릎이 즉시 펴졌다. 그리고 그 장애인은 오랜 병으로 이미 잊었던 걸음걸이를 회복하여 기쁜 마음으로 물러갔다.

6. 이들은 그런 기적을 행할 수 있는 능력에 대해 조금도 자랑하지 않았다. 그들은 이런 것들이 자신의 공덕이 아니라 오직 주님의 자비로써 행해진다고 고백했고, 사람들이 그 표징을 보고 감탄할 때, 그들은 다음과 같은 사도의 말씀으로 인간의 찬사를 거부했다. "형제 여러분, 왜 이 일을 이상히 여깁니까? 또 우리의 힘이나 신심으로 이 사람을 걷게 만들기나 한 것처럼, 왜 우리를 유심히 바라봅니까?"(사도 3,12).

그들은 하느님의 선물과 기적 때문이 아니라 오직 정성과 선행으로 쌓이는 덕행의 열매 때문에 사람을 칭찬해야 한다고 판단했다. 사실 앞에서 이미 말했듯이, 썩은 정신과 그릇된 신앙을 가진 사람들이 주님의 이름으로 악령을 쫓아내고 큰 이적을 행하는 일들은 흔하다. 그런 일에 대해 사도들이 염려해서 "스승님, 어떤 사람이 스승님의 이름으로 마귀를 쫓아내는 것을 저희가 보았습니다. 그런데 그가 저희와 함께 스승님을 따르는 사람이 아니므로, 저희는 그가 그런 일을 못 하게 막았습니다"라고 말했다. 그러자 그리스도께서는 그들에게 "막지 마라. 너희를 반대하지 않는 이는 너희를 지지하는 사람이다"(루카 9,49-50)라고 대답하셨다. 하지만 그런 사람들이 종말에 "주님, 주님! 저희가 주님의 이름으로 예언을 하고, 주님의 이름으로 마귀를 쫓아내고, 주님의 이름으로 많은 기적을 일으키지 않았습니까?" 하고 말할 것이다. 그때에 나는 그들에게, "나는 너희를 도무지 알지 못한다. 내게서 물러들 가라, 불법을 일삼는 자들아!"(마태 7,22-23)고 대답할 것이라고 선언하셨다. 그래서 주님께서 성덕의 공로로 표징과 기적의 영광을 친히 베풀어 주신 사람들도 이에 대해 우쭐하지 말라고 이렇게 훈계하신다. "악령들이 너희에게 복종하는 것을 기뻐하지 말고, 너희 이름이 하늘에 기록된 것을 기뻐하여라"(루카 10,20).

7. 그리고 모든 표징과 기적의 주재자께서는 제자들에게 당신 가르침을 따르라고 당부하실 때 당신을 진정으로 또 뛰어나게 본받기 위하여 어떤 것을 특별히 배워야 하는지를 다음과 같이 명백하게 제시해 주셨다. 그분은 "와서 나에게서 배워라"라고 하셨다. 그렇다면 무엇을 배우라고 하시는 것이겠는가? 천상 능력으로 악령을 쫓아내는 것도 아니고 나병 환자를 깨끗하게 하는 것도 아니며, 눈먼 사람을 다시 보게 하는 것도 아니고 죽은 자를 살리라는 것도 아니다. 나는 그런 것들을 내 종들을 통하여 행할 때도 있지만 이런 경우에 인간의 형편은 하느님 찬양의 어떤 몫을 가지지 못한다. 이것은 오직 하느님의 영광이니 봉사하고 시중드는 자에게 돌아가는 것은 아무것도 없다. 그 대신에 "나는 마음이 온유하고 겸손하니 내 멍에를 메고 나에게 배워라"(마태 11,29)고 하셨다. 과연 모든 이가 보편적으로 배우고 실천할 수 있는 것은 이것이다. 표징이나 기적을 행하는 것은 언제나 필요한 일도 아니고 모든 이에게 유익한 것도 아니며 모든 이에게 허락되지도 않는다.

그러므로 겸손이야말로 모든 덕행의 스승이고 천상 건물의 가장 튼튼한 기초이며 구원자의 독특하고 위대한 선물이다. 탁월한 표징이 아니라 인내와 겸손의 덕으로 온유한 주님을 따르는 사람만이 그리스도께서 행하신 모든 기적을 교만의 위험 없이 실행할 수 있다. 그러나 부정한 영들에게 명하거나 병자들에게 치유의 은혜를 주거나 대중에게 어떤 놀라운 표징을 보여 주려는 욕망을 가진 사람은 그러한 연출을 하면서 그리스도의 이름을 불러도 그리스도와는 연관이 없다. 마음이 교만해서 겸손의 스승을 따르지 않기 때문이다.

그리스도께서는 아버지께로 돌아가실 때 제자들에게 유서처럼 이런 말씀을 남기셨다. "내가 너희에게 새 계명을 준다. 서로 사랑하여라. 내가 너희를 사랑한 것처럼 너희도 서로 사랑하여라." 그리고 즉시 이렇게 덧붙이셨다. "너희가 서로 사랑하면, 모든 사람이 그것을 보고 너희가 내 제자라는 것을 알게 될 것이다"(요한 13,34-35). 그분은 "나처럼 표징과 기적을 행하면"이라고 하시지 않고 "서로 사랑하면"이라고 하시는데, 분명 온유하고 겸손하지 않으면 사랑을 실천할 수 없다. 그래서 우리 선배들은 사람들 앞에서 스스로 구마자로 자처하며 경탄하는 무리 가운데에서 자기의 은사 — 실제 있든 그저 자부하든 — 를 열심히 과시하고 널리 퍼뜨리는 사람들을 허영이 없는 덕성 있는 수도승으로 인정하지 않았다. 그런 것은 헛된 일이다. "거짓에 의지하는 이는 바람을 먹으며 나는 새를 따라다닌다"(잠언 10,4). 또 잠언의 이 말씀도 그들에게 해당된다. "바람과 구름과 비가 환히 드러나는 것처럼 거짓을 자랑하는 자도 그렇다"(잠언 25,14 칠십인역). 그래서 우리 앞에서 저런 일들을 행하는 사람이 있다면, 그는 놀라운 표징이 아니라 아름다운 품행으로 우리의 칭찬을 받을 수 있어야 한다. 우리가 물어야 할 것은, 악령들이 그에게 복종하는지가 아니라 사도가 묘사하는 사랑의 특징들(1코린 13장 참조)을 그가 지니고 있는가 하는 것이다.

8. 사실 자기 몸에서 음행의 불씨를 빼내는 것은 남의 몸에서 더러운 영을 쫓아내는 것보다 더 큰 기적이며 사나운 분노의 충동을 인내의 덕

으로 다스리는 것은 공중의 지배자들(에페 2,2 참조)을 복종시키는 것보다 더 탁월한 덕행의 표시다. 그리고 마음을 몽땅 갉아먹는 근심을 자기로부터 몰아내는 것은 남의 몸에서 쇠약함과 열병을 쫓아내는 것보다 훌륭한 일이다. 끝으로 남의 육신을 낫게 하는 일보다 자기 영혼의 허약함을 치유하는 것이 훨씬 더 위대한 덕행이며 높은 단계의 발전이다. 영혼이 육신보다 더 숭고한 만큼 영혼의 건강이 더 중대한 것이며, 영혼의 본질이 더 고귀하고 뛰어난 만큼 그 몰락은 더 위중하고 치명적인 것이다.

9. 육체의 치유에 대하여 주님께서 복된 사도들에게 "악령들이 너희에게 복종한다고 기뻐하지 말라"(루카 10,20)고 하셨다. 과연 그 일은 자기들의 권능이 아니라 그들이 부른 이름의 힘 덕분이었다. 그래서 주님께서는 오직 하느님의 권능으로 이루어지는 이 일들이 그들에게 행복이나 영광이 된다고 생각하지 말라고 이르셨다. 그들의 행복과 영광은 오직 그들의 이름이 하늘에 적혀 있도록 해 주는 생활과 마음의 깊은 결백에 의한 것이다.

10. 우리가 말한 것을 선배들의 증거와 하느님의 말씀으로 뒷받침하기 위하여 복된 파프누티우스의 이야기를 하겠다. 그분의 기적들이 일으키는 경탄과 순결의 은총에 대하여 생각한 것과 그가 천사의 계시로 알게 된 것에 대해 그분 자신의 말과 경험에 의거하여 아주 정확하게 밝히겠다. 이 원로는 여러 해 동안 엄격하게 극기를 행했기에 스스로 육체의 욕정의 사슬로부터 완전히 해방되었다고 믿었다. 그는 오랫동안 악령들과 공개적으로 투쟁하여 그들이 자기에게 이제 아무런 해도 끼

치지 못한다고 확신했던 것이다. 그런데 어떤 경건한 손님들이 방문했을 때, 그는 불콩죽을 준비하다가 가마에서 갑자기 튀어나오는 불꽃에 손을 데었다. 그 일이 몹시 마음에 걸린 그는 입을 다물고 생각에 빠졌다. 곧, 자신이 불보다 더 모진 싸움에서도 이겼는데 왜 불과 화목하게 지낼 수 없을까 하는 의문이 생겼다. 또한 그는 일시적이고 미소한 이 외적인 불이 자신과 화목하지 않으면 저 무서운 심판의 날에 통과해야 할, 꺼지지 않으며 모든 이의 공과를 따지는 저 불이 자신을 붙들지 않을까 스스로 물어보았다. 그는 이런 슬픈 생각으로 고민하다가 갑자기 잠에 빠졌다. 그때 주님의 천사가 와서 그에게 이렇게 말했다. "파프누티우스, 어째서 이 현세적인 불이 너와 화목하지 않다고 슬픔에 빠지는가? 사실 너의 지체들 안에는 아직도 깨끗이 태워 내지 못한 육체의 욕정이 남아 있지 않은가? 그 뿌리가 아직도 네 골수 속에 살아 있는 동안은 그것이 너를 이 물리적 불과 화목하게 지내지 못하게 한다. 그것이 너를 해치지 못함을 경험하기 위해서는 네 안에 있는 모든 충동이 꺼졌음을 다음과 같은 증표로 알아낼 수밖에 없다. 발가벗은 아름다운 처녀를 데리고 오너라, 만일 네가 그녀를 안아 네 마음이 움직이지 않고 고요하여 육체의 욕정이 일어나지 않는다는 것을 확인할 수 있다면, 볼 수 있는 이 불꽃도 바빌로니아의 저 세 젊은이들의 경우처럼 너를 해치지 않고 너를 부드럽게 감싸 줄 것이다."

원로는 이런 계시를 받고 충격을 받았다. 그는 하느님께서 자기에게 제의하신 위험한 실험을 해 보지는 않았다. 하지만 그는 자기 양심에 물어보고 자기 마음의 순결을 성찰하니 자기 정결이 저런 시험에 합격하지 못할 것으로 판단했다. 그래서 그는 스스로 이렇게 말했다. "더러운 영들과의 싸움에 이겼다 해도 악령들의 모진 습격보다 못하다고 생각했던 불길이 나에게 아직 달려드는 것을 경험하는 일은 결코 놀랍지 않다. 자기 속에 있는 욕정의 불을 끈다는 것은 성호를 긋고 외부에서 습격해 오는 악령들의 행패를 최고의 권세를 가진 분의 힘을 빌려 길들이는 것보다 또 하나님의 이름을 불러서 그들을 귀신 들린 몸에서 쫓아내는 것보다 더 위대한 권능이요 더 고귀한 하나님의 은총이다."

네스테로스 압바는 은사들을 올바르게 실행할 방법에 대한 설명을 이렇게 마쳤다. 그분은 약 10킬로미터 가량 떨어져 있는 요셉 압바의 암자까지 우리와 동행하면서 가르침을 계속하였다.

제16담화

• 요셉 압바의 첫째 담화 •

우정에 관하여

1. 지금부터는 복된 요셉의 가르침과 훈계를 전하고자 한다. 그분에 대해서는 이미 제11담화에서 언급한 바 있다. 그는 트무이스라는 이집트 도시의 고귀한 가문 출신으로 그 도시의 유지이었다. 그래서 그는 콥트어(이집트어)뿐 아니라 그리스어를 철저히 배워서 통역자가 필요했던 다른 수도승들과는 달리 우리처럼 콥트어를 전혀 모르는 사람들에게도 유창한 그리스어로 모든 것을 정확하게 설명할 수 있었다. 그 압바는 우리가 자신의 가르침을 받으려 한다는 사실을 알고서는 우리가 친형제인지 먼저 물어보았다. 우리가 피를 나눈 형제가 아니라 정신적으로 형제가 되어 수도승생활 초기부터 영적 병역에 더 정진하려고 택한 여행에서나 수도원 안에서 하는 수행에서나 늘 서로 마음이 맞는다고 대답했더니, 그는 다음과 같이 담화를 시작했다.

2. 요셉: 여러 가지 방식으로 사람들을 사랑의 유대로 서로 묶어 주는 많은 종류의 우의나 친분이 있다. 어떤 이들은 우선 추천을 통해 서로 알게 된 다음에 우정의 관계를 맺게 된다. 어떤 이들은 계약을 체결하거나 거래를 하다가 사랑으로 결합된다. 또 장사나 군무, 예술이나 공부를 함께함으로써 서로 간에 우의나 유대가 생길 수도 있다. 그러면

성질이 사나운 사람들도 서로 아주 부드럽게 대하게 된다. 예를 들어, 약탈하고 피를 흘리는 일을 즐기는 산속의 강도들도 자기의 범행 동지들은 돌보고 따뜻하게 대한다.

사랑의 또 다른 종류가 있는데 자연의 본능과 혈통의 유대에 의하여 사람들은 동족이나 배우자, 또는 부모와 자식이나 형제를 다른 이보다 더 소중하게 여긴다. 이는 인간들만 아니라 새들도 짐승들도 다 그렇다. 그들은 자연적 본능으로 새끼들을 보호하고 때로는 그들을 지키기 위하여 위험과 죽음마저 무서워하지 않는다. 심지어 지나치게 사납거나 치명적인 독을 지녀서 — 예를 들어 왕뱀(바실리스쿠스), 코뿔소, 그립스 같은 것[1] — 모든 다른 생물과 구별되며, 소문에 따르면 보기만 해도 남을 해칠 수 있어서 아무도 가까이 갈 수 없는 그런 동물들도 동일한 출생에서 생기는 애정으로 자기들끼리는 해치지 않고 계속 화목하게 지낸다.

그런데 이런 애정은 악한 이들에게나 선한 이들에게나 공통될 뿐 아니라 맹수와 뱀들에게도 해당되는 만큼 끝까지 남아 있을 수는 없다. 그것들은 서로 헤어짐으로써 끊길 때도 있고, 오랜 시간 후에는 잊히기도 하며, 말로써 이루어진 합의나 정식 계약으로 끝날 때도 있다. 이런 유대는 이윤이나 욕정, 혈통이나 여러 관계로 생긴 것과 마찬가지로 갈라지는 이유가 있을 경우 쉽게 깨진다.

3. 그 모든 유대 가운데 끊길 수 없는 애정이 오직 한 가지 있다. 그것은 추천에 의한 것도 아니고 봉사나 은혜에 의한 것도 아니다. 또 계약

1 그립스gryps는 사자의 몸통에다 독수리의 머리와 날개가 달렸다는 전설의 새다.

에 따른 것이거나 본능으로 연결된 것이 아니라 비슷한 덕행을 행하며 생긴 우정이다. 이런 우정은 어떤 사고로도 끊기지 않고 장소나 시간의 간격으로도 단절되거나 없어지지 않을 뿐 아니라 죽음마저도 그것을 떼어 놓을 수 없다. 벗들 사이의 정진과 덕행과 함께 성장하는, 이 참되고 끊어지지 않는 사랑으로 한 번 묶이기만 하면 서로 다른 욕망이나 서로 반대되는 의지로도 갈라질 수 없다.

그런데 수도승생활을 하는 사람들 중에 그리스도에 대한 사랑 때문에 열렬한 우정으로 서로 결합되었다가도 그것을 끝까지 지키지 못하는 사람들을 보았다. 그 우정의 시작은 좋았지만 수도승생활에 대한 열성을 똑같이 간직하지는 못했다. 그들의 우정은 양쪽의 동일한 덕행에 의한 것이 아니라 한쪽의 인내로 유지되었기 때문에 그 애정은 일시적인 것이었다. 한쪽이 아무리 너그럽고 인내심이 커도 다른 쪽이 너무 소심하면 우정이 지탱되지 않는다. 강한 자들이 완덕을 미지근하게 추구하는 자들의 연약함을 아무리 큰 인내로 참아 주어도 약한 자들은 견디지 못한다. 그들은 평화를 찾지 못하게 하는 혼란의 원인을 자신들 속에 지니고 있다. 이와 마찬가지로, 육체의 병을 앓고 있는 이들도 위장이 아프고 메스꺼움을 무성의한 요리사나 간호하는 사람의 소홀함 탓으로 돌리기 쉽다. 아무리 열심히 돌보아도 자기 아픔의 원인을 자기 병에서 찾을 줄 모르고 건강한 사람들의 책임으로 돌리는 것이다.

그래서 아까도 말했듯이, 오직 동일한 덕행으로 맺어진 우정만이 믿음직하고 끊어지지 않는다. "주님께서 품행이 같은 사람들을 한 집에 살게 해 주신다"(시편 67,7 불가타)는 말씀대로다. 그러므로 같은 결심과 같은 의향을 가지고 같은 것을 원하고 같은 것을 거부하는 사람만이 끝없이 서로 사랑할 수 있다. 그대들도 우정을 변함없이 보존하고 싶으면 무엇보다 지체 없이 악습을 버리고 자기 뜻을 끊어야 한다. 그래야 그대들은 동일한 관심과 목표를 두고, "얼마나 좋고 즐거운가, 형제들이 함께 사는 것이!"(시편 133,1)라는 말씀대로 예언자가 그렇게 즐거워하는 일을 힘을 다하여 이룰 수 있을 것이다. 함께 산다는 것은 여기서 공간적으로 이해할 것이 아니라 정신적으로 이해해야 한다. 품행과 목표를 달리하는 사람들은 같은 곳에 거주해도 소용이 없고 그와 반대로 동일한 덕행에 바탕을 두면 서로 먼 거리에 있어도 지장이 없다. 하느님 앞에서 형제들은 동일한 장소에서가 아니라 동일한 품행으로 함께 사는 것이고, 반대로 뜻이 서로 맞지 않는다면 전혀 평화의 일치를 지킬 수 없다.

4. 게르마누스: 그러면 어떻게 하면 됩니까? 한쪽 사람이 하느님의 뜻대로 당연하고 유익하다고 생각되는 일을 하려고 하는데 상대방이 찬성하지 않을 경우 친구의 반대에도 불구하고 실행하는 것이 좋습니까? 아니면 친구를 생각하여 포기하는 것이 좋습니까?

5. 요셉: 그래서 같은 수준의 덕행을 지닌 완전한 사람들이 아니면 완전한 우정의 아름다운 관계를 유지할 수 없다고들 한다. 그들은 같은 뜻과 같은 생활의 설계를 가지고 있기 때문에 서로의 입장이 달라지는 일이나 영적 생활의 진전에 대하여 의견이 갈라지는 일이 전혀 없거나, 있더라도 적어도 매우 드물게 일어난다네. 만일 그들이 격하게 다투기 시작한다면 그들은 처음부터 우리가 말한 기준대로 친분을 맺지 못한 것이 분명하다. 그러나 아무도 완성에서부터 시작하지 못하니, 기초부터 잘 놓아야 하는 법이다. 그대들은 완덕이 얼마나 큰 것인지는 물어

보지 않고 거기로 나아가는 길에 대하여 물어보았다. 그래서 그대들에게 간단히 완덕의 원칙을 가르치고 거기에 도달할 수 있는 길을 알려 주는 것이 좋을 것 같다. 그로써 그대들은 인내와 화목의 덕을 더 쉽게 얻을 수 있을 것이다.

6. 진정한 우정의 첫째 원칙은 이 세상의 재물을 무시하고 우리가 가지고 있는 모든 것을 경시하는 태도다. 사실 누가 세상과 그 안에 있는 온갖 덧없는 것을 포기한 뒤에 형제의 고귀한 사랑보다 자기에게 남은 값싼 집기를 더 소중히 여긴다면, 그 얼마나 불의하고 악한 일인가? 둘째 원칙은 각자가 자기 뜻을 끊어 버려야 한다는 것이다. 그래야 스스로 지혜롭고 똑똑하다고 생각하는 나머지 이웃의 판단보다 자기의 판단을 따르는 일을 피할 수 있다. 셋째 원칙은 모든 것, 자기가 유익하고 필요하다고 생각하는 것을 포함한 모든 것을 사랑과 평화보다 못하게 여기는 것이다. 넷째 원칙은 옳은 이유에서나 옳지 않은 이유에서나 결코 화를 내서는 안 된다는 것을 아는 것이다. 다섯째 원칙은 형제가 자기에게 분개할 때, 이유 없는 분개라도 자기 안에서 일어난 분개와 똑같이 치유하겠다는 마음이 있어야 한다는 것이다. 이는 남의 화는 자기가 남에 대해 가진 분노만큼 자기에게 해롭다는 것을 알기 때문이다. 그래서 그는 힘닿는 한 형제의 마음에서 그것을 없애 주려 해야 한다. 마지막 원칙은 악행을 모조리 사라지게 하는 틀림없는 원칙인데, 언제든 이 세상을 하직할 수 있다는 생각을 날마다 갖는 것이다. 이런 깨달음은 우리 마음속에 어떤 근심도 남지 못하게 할 뿐 아니라 온갖 죄악과 욕정의 모든 충동을 억제한다.

이런 원칙을 지킨다면 분노나 불화 같은 불쾌한 감정을 느끼지도 또 남에게 끼치지도 않을 것이다. 만일 그 원칙을 소홀히 한다면 사랑의 원수[2]가 친구들의 마음에다 조금씩 조금씩 노여움이라는 독약을 부어 넣을 것이다. 그리하여 자주 일어나는 시비로 차츰 애정이 식어 가다가 오랫동안 썩어 들어간 끝에 결국 결별하고 말 것이다. 그런데 앞에서 말한 방향으로 나아가는 사람이라면 어떻게 친구와 대립하는 일이 생길 수 있겠는가? 그는 아무것도 자기 것이라고 주장하지 않음으로써 흔히 작고 보잘것없는 일에서 생기는 분쟁의 첫째 원인을 뿌리째 뽑은 것이다. 이와 같이 그는 우리가 사도행전에서 믿는 이들의 일치에 관하여 읽게 되는 바, 곧 "신자들의 공동체는 한마음 한뜻이 되어, 아무도 자기 소유를 자기 것이라 하지 않고 모든 것을 공동으로 소유하였다"(사도 4,32)는 말씀을 전적으로 지키고 있는 것이다. 또 자기 뜻이 아니라 형제의 뜻을 받드는 사람 안에 어떻게 불화의 씨앗이 생겨날 수 있겠는가? 그는 당신께서 취하신 인성의 입장에서 "나는 내 뜻이 아니라 나를 보내신 분의 뜻을 실천하려고 왔다"(요한 6,38)고 말씀하신 그의 주인이며 창조주를 따르는 사람이니 말이다. 그리고 모든 것을 파악하고 이해하는 일에 있어서 자기 판단보다 형제의 판단을 믿기로 하고, 그 형제의 의견에 따라 자기 자신의 생각에 찬성하거나 반대하는 사람이 어떻게 싸움의 불씨를 붙일 수 있겠는가?

그는 "그러나 제가 원하는 대로 하지 마시고 당신께서 원하시는 대로 하소서"(마태 26,39)라는 복음 말씀을 온순하고 겸손한 마음으로 완수하는 것이다. 또 그 무엇도 평화의 보화보다 귀하게 여기지 않는 사람이 어떻게 형제를 근심케 하는 일을 용납할 수 있겠는가? 그는 "너희가

---

2 수도승 사부들은 악마를 흔히 그냥 '원수', '인류의 원수', '꾀 많은 원수' 등이라고 부른다.

서로 사랑하면, 모든 사람이 그것을 보고 너희가 내 제자라는 것을 알게 될 것이다"(요한 13,35)라는 주님의 말씀을 언제나 기억하고 있다. 그리스도께서는 당신의 양 떼들이 하나의 특별한 표지처럼 이것을 통하여 세상에 알려지고, 또 이런 특징으로 다른 이들과 구별되기를 원하셨다. 그런데 이런 사람이 어떻게 자기 자신의 마음이나 남의 마음에 원한이나 근심을 내버려 둘 수 있겠는가? 그는 해롭고 금지된 노여움을 가질 정당한 이유란 있을 수 없다고 확신하고, 자기가 형제에게 화내는 경우와 똑같이 형제가 자기에게 화내는 경우에도 기도를 할 수 없다고 믿는다. 이처럼 그는 "네가 제단에 예물을 바치려고 하다가, 거기에서 형제가 너에게 원망을 품고 있는 것이 생각나거든, 예물을 거기 제단 앞에 놓아두고 물러가 먼저 그 형제와 화해하여라. 그런 다음에 돌아와서 예물을 바쳐라"(마태 5,23-24)라고 하신 구원자의 말씀을 늘 겸손한 마음에 간직하는 것이다. 사실 그대들이 스스로 화내지 않는다고 주장하면서 "해가 질 때까지 노여움을 품고 있지 마십시오"(에페 4,26)는 계명과 "자기 형제에게 성을 내는 자는 누구나 재판에 넘겨질 것이다"(마태 5,22)는 원칙을 지킨다고 생각해도 그대들의 온유함으로 달랠 수도 있었던 남의 근심을 완고한 마음으로 무시한다면 모든 것이 쓸데없는 짓이다. 그런 경우에도 그대들은 주님의 계명을 어기는 것이다. 남에게 성을 내지 말라고 한 그분께서 남의 근심도 모른 척하지 말라고 하셨기 때문이다. "모든 사람이 구원받기를 원하시는"(1티모 2,4) 하느님께는 그대 자신을 멸망시키는 것과 남을 멸망시키는 것 사이에는 아무런 차이도 없다. 누가 멸망하든지 간에 그분께는 같은 손실이다. 마찬가지로 모든 이의 멸망을 바라는 그놈(악마)은 그대의 죽음으로나 그대 형제의 죽음으로나 똑같은 이익을 본다. 끝으로, 언제든 이 세상을 떠나게 될지 모른다고 나날이 생각하는 사람이라면 어떻게 형제에 대하여 아무리 가벼운 분노라도 품을 수 있겠는가?

7. 그러므로 사랑을 가장 중히 여기고 분노를 가장 경멸해야 한다. 그래서 아무리 유익하거나 필요하다고 생각되는 것이라도 격분의 어지러움을 피하기 위해서는 무시해야 하며, 이와 동시에 사랑의 평화를 고요하게 지키기 위해서는 역경이라고 생각되는 모든 것을 받아들이고 참아야 한다. 왜냐하면 분노나 원한보다 더 해로운 것이 없고 사랑보다 더 유익한 것이 없다고 믿어야 하기 때문이다.

8. 원수는 아직도 세속적으로 생각하는 악한 형제들이 현세의 사소한 천한 일들로 인해 쉽사리 서로 분노하고 불목하게 만든다. 그는 영적인 형제들 사이에서도 인식의 차이로 인한 불화를 일으키는데, 사도가 단죄하는 싸움과 말다툼(갈라 5,20 참조)이 대부분 거기에서 일어난다는 것은 의심할 나위가 없다. 이와 같이 고약하고 시새우는 원수는 한마음이었던 형제들 사이에 분열을 일으킨다. "시비는 미움을 일으키며 우정은 시비하지 않는 모든 이들을 보호한다"(잠언 10,12 칠십인역)라는 지혜로운 솔로몬의 격언은 과연 진실이다.

9. 그래서 하나로 결속시키는 사랑을 끊임없이 유지하기 위해서는, 우리가 덧없는 세속적인 일로 일어나는 불화의 첫째 원인을 잘라 현세의 모든 일을 무시하고 우리에게 필요한 모든 것을 형제들이 차별 없이 사용하게 하는 것만으로는 부족하다. 우리는 둘째 원인, 곧 영적인 감정이라는 겉모습을 띠고 생기는 불화도 끊어 버리고 모든 일에 겸손하게

남의 뜻을 맞추는 마음을 얻어야만 한다.

10. 기억나는 일이 있다. 아직 친구와 같이 사는 것이 좋다고 느끼던 젊었을 때의 일이다. 그때는 우리 각자가 윤리나 성경에 관하여 깨닫게 된 것이 너무 명백해서 그 견해보다 더 참되고 더 합리적인 것이 없다고 생각하곤 했었다. 그러나 우리가 서로 만나서 각자 자기 견해를 말하기 시작하면, 조금 토의하다가는 먼저 한쪽에서 그 견해가 그릇되고 해롭다고 주장하게 되었고, 그런 다음엔 우리가 함께 그 견해를 치명적인 것으로 판단하여 단죄하였다. 그런 주장들은 악마가 주입한 빛처럼 환하게 비쳐서 쉽게 불화를 일으킬 뻔했던 것이나. 그러나 하느님의 신탁처럼 지켰던 원로들의 규칙은 우리를 모든 시비에서 보호해 주었다. 그들이 하나의 법칙으로 엄하게 지시한 것은 이것이다. 곧, 악마의 책략에 절대 넘어가지 않으려면 우리 중 어느 누구도 형제의 판단보다 자신의 판단을 더 신뢰해서는 안 된다는 것이었다.

11. 사실 "사탄도 빛의 천사로 위장합니다"(2코린 11,14)라는 사도의 말대로 악마가 어둡고 흉측한 생각을 참된 지식의 빛처럼 보이게 하는 속임수를 부리는 일들이 자주 일어난다는 경험을 할 수 있었다. 그래서 우리가 생각하게 되는 것을 겸손하고 온유한 마음으로 지극히 성숙한 동지나 경험 많은 선배에게 보고해야 하며, 그들과 함께 그 내용을 꼼꼼히 검토하고서는 그들의 판단에 따라 그 생각을 받아들이거나 버려야 한다. 그렇지 않으면 우리는 틀림없이 우리 생각 속에서 빛의 천사 대신 어둠의 천사를 받들어서 비참하게 멸망할 것이다. 자기만의 판단을 믿는 이는 어느 누구도 그런 불행을 면할 수 없다. 그래서 우리는 오

히려 참겸손을 사랑하고 실천하여서 깊이 참회하는 마음으로 사도가 절실히 권유하는 대로 살아야 한다. "그러므로 여러분이 그리스도 안에서 격려를 받고 사랑에 찬 위로를 받으며 성령 안에서 친교를 나누고 애정과 동정을 나눈다면, 뜻을 같이하고 같은 사랑을 지니고 같은 마음 같은 생각을 이루어, 나의 기쁨을 완전하게 해 주십시오. 무슨 일이든 이기심이나 허영심으로 하지 마십시오. 오히려 겸손한 마음으로 서로 남을 자기보다 낫게 여기십시오"(필리 2,1-3). 그리고 "서로 존경하는 일에 먼저 나서십시오"(로마 12,10). 이와 같이 각자가 동료의 지식과 성덕을 자기보다 더 높이 평가하여 참되고 완전한 분별은 자기 판단에서가 아니라 남의 판단에서 찾아야 함을 믿어야 할 것이다.

12. 육체 안에 사는 사람 가운데 인간의 연약함으로 인해 한 번도 착각에 빠지지 않는 사람은 아무도 없다. 따라서 어떤 때 악마의 기만이나 인간의 자연스러운 오류로 말미암아 더 영리하고 유식한 사람이 그릇된 생각을 가지게 되고, 반면 더 우둔하고 덕이 부족한 사람이 오히려 더 옳고 참된 생각을 가지는 일도 일어난다. 그래서 지식이 아무리 많아도 아무도 공연히 자만심에 부풀어서 남의 의견이 필요 없다고 스스로 자부하지 말아야 한다. 그의 판단이 악마의 속임수로 그르치게 되지 않는다 하더라도, 그는 자만심과 교만의 더욱 무서운 올가미를 면하지 못하게 될 것이다. 자기 안의 그리스도께서 말씀하신다고 스스로 언명한 선택의 그릇(바오로 사도)도 주님의 계시와 협력으로 이방인들에게 선포하는 복음에 대하여 오직 다른 사도들과 은밀히 상의하려고 일부러 예루살렘으로 올라갔다고 설명했다(갈라 2,1-2 참조). 이것을 보면 누가 무서운 멸망의 위험 없이 그런 것을 자부할 수 있겠는가? 이것으로써 위

의 지시를 따를 때는 화목과 일치를 지키게 될 뿐 아니라 우리를 대적하는 악마의 모든 책략과 그가 만드는 기만의 올가미를 두려워할 필요가 없다는 것을 잘 볼 수 있다.

13. 그리고 사랑을 찬양하면서 복된 요한 사도는 사랑이 그저 하느님의 것이라고 하는 정도가 아니라 사랑이 바로 하느님이라고 했다. "하느님은 사랑이십니다. 사랑 안에 머무르는 사람은 하느님 안에 머물러 있고 하느님도 그 사람 안에 머무르십니다"(1요한 4,16)라고 요한은 말한다. 사랑이 하느님의 것이라는 것은 사도의 다음 말씀이 우리 안에 실현된다고 아주 명백히 느낄 때에 알 수 있다. "우리 안에 머무시는 성령을 통하여 하느님의 사랑이 우리 마음에 부어졌기 때문입니다"(로마 5,5). 우리 안에 거주하시는 성령께서는 우리가 어떻게 기도해야 하는지 모를 때, "말로 다할 수 없이 탄식하시며 우리를 대신하여 간구해 주십니다. 마음속까지 살펴보시는 하느님께서는 이러한 성령의 생각이 무엇인지 아십니다. 성령께서 하느님의 뜻에 따라 성도들을 위하여 간구하시기 때문입니다"(로마 8,26-27).

14. 그러므로 '아가페'라 불리는 사랑을 모든 사람에게 베풀 수 있다. 이에 대하여 복된 사도는 "그러므로 기회가 있는 동안 모든 사람에게, 특히 믿음의 가족들에게 좋은 일을 합시다"(갈라 6,10)라고 말했다. 이 사랑을 모든 사람에게 얼마나 보편적으로 주어야 하느냐면 주님께서는 이것을 우리 원수들에게까지 베풀라고 하셨다. 곧, "너희는 원수들을 사랑하라"(마태 5,44)고 하셨다. 그러나 '디아테시스'diathesis, 곧 '애정'(adfectio)은 극소수에게, 곧 같은 품행이나 비슷한 덕행으로 서로 결합된

사람에게만 보여 주게 되어 있다. 그리고 '디아테시스'라도 여러 종류로 나뉜다. 다시 말하면 부모에 대한 사랑과 부부간의 사랑, 형제간의 사랑, 자식에 대한 아버지의 사랑이 각각 다를 뿐 아니라 각 애정의 종류 안에서도 상당한 차이가 난다. 자식에 대한 부모의 사랑이라도 동일한 것이 아니다.

이런 것은 성조 야곱의 예로 잘 알 수 있다. 그는 열두 아들을 두었는데, 그들을 모두 아버지다운 사랑으로 아껴 주었다. 그렇지만 그는 요셉에게 특별한 애정을 쏟았다. 그래서 성경에는 그 점이 분명하게 기록되어 있다. "그의 형들은 아버지가 어느 형제보다 그를 더 사랑하는 것을 보고 그를 시기했다"(창세 37,4). 이것은 그 정의로운 아버지가 나머지 자식들을 많이 사랑하지 않았다는 뜻이 아니라, 다만 요셉이 주님의 예형豫形이었기 때문에 아버지가 그에 대해 더욱 부드럽고 깊은 애정을 느꼈다는 뜻이다. 이와 같은 예는 요한 복음사가의 경우에도 아주 분명히 나타난다. 성경에서는 그를 "예수님이 사랑하시던 제자"(요한 13,23)라고 한다. 그런데 예수님께서 같은 식으로 선택한 나머지 열한 제자도 지극히 사랑하셨다는 사실은 다음의 복음 말씀에서 잘 드러난다. "내가 너희를 사랑한 것처럼 너희도 서로 사랑하여라"(요한 13,34)라고 하신 것이다. 또 다른 데서는 그들에 대하여 "그분께서는 이 세상에서 사랑하신 당신의 사람들을 끝까지 사랑하셨다"(요한 13,1)라고 기록되어 있다. 그러니 한 사람에 대한 그 애정은 나머지 제자들에 대한 사랑이 미지근했음을 의미하는 것이 아니라, 다만 그에게 당신의 사랑을 더욱 많이 쏟아 주셨다는 뜻이다. 그것은 그 제자의 동정성, 곧 육신의 순결함 덕분에 받은 특전이었다. 그 사랑이 미움에 비겨서 더 큰 것이 아니라 많은 사랑을 더욱 넘치게 하는 은총에 의한 것이니 만큼 복음서에서 더욱 고귀한 예외로 내세우고 있는 것이다. 이와 비슷한 신부의 말이 아가에 나온다. 곧, "나에 대한 사랑을 정돈하라"(아가 2,4 칠십인역)고 말한 것이다. 사실 참으로 정돈된 사랑은 아무도 미워하지 않으면서 어떤 이들을 그들의 공덕 때문에 더욱 아끼는 사랑이다. 그렇게 사랑하는 사람은 보편적으로 모든 이를 사랑하면서도 그 가운데서 특별한 애정으로 아껴야 할 사람들을 선별하고, 그렇게 최고의 사랑을 받는 사람들 가운데서도 다시 몇 사람을 골라서 더욱 풍부한 정을 쏟아 준다.

15. 그러나 (차라리 몰랐으면 좋았으련만) 우리가 경험한 바로는 그와 정반대로 대단히 고집이 세고 냉정한 어떤 형제들이 있다. 형제에 대한 자신의 좋지 않은 감정이나 자신에 대한 형제의 감정이 일어나는 것을 느낄 때 그들은 서로 간의 갈등에서 생긴 마음의 불편함을 숨길 작정으로, 겸손하게 사과하거나 대화함으로써 달래야 할 상대방을 내버려 두고 시편 구절을 노래하기 시작한다. 그들은 이런 식으로 앙심을 가라앉힌다고 생각하지만 사실상 무시함으로써 불에 부채질하는 것이다. 그들이 만약 더 세심하고 겸손한 태도를 취했다면 적당한 참회로써 자기 마음도 치유하고 형제의 마음도 어루만져 즉시 그 불을 끌 수 있었을 것이다.

저런 비겁한, 아니 교만한 방법으로 그들은 다툼의 요인을 뽑아 버리기는커녕 악덕을 키우고 가꾸게 된다. 이런 이들은 "자기 형제에게 성을 내는 자는 누구나 재판에 넘겨질 것이다"와 "형제가 너에게 원망을 품고 있는 것이 생각나거든, 예물을 거기 제단 앞에 놓아두고 물러가 먼저 그 형제와 화해하여라. 그런 다음에 돌아와서 예물을 바쳐라"(마태 5,22-24)라는 주님의 계명을 잊어버리고 있다.

16. 우리 주님께서 남의 마음을 무시하지 말아야 할 것을 얼마나 강조하시는지 알겠는가? 우리에게 원망을 품은 형제가 있다면, 주님께서는 우리의 예물을 받아들이지 않으신다. 다시 말하면, 형제의 감정이 정당하든 정당하지 않든지 간에 우리가 서둘러 사과하여 그 마음을 풀어 주기 전에는, 주님께서 우리가 기도드리는 것을 허락하지 않으신다는 것이다. 사실 주님은 "형제가 당신에게 진정으로 불평할 이유가 있다면 예물을 제단 앞에 두고 먼저 그와 화해하라"고 하시는 것이 아니라, "형제가 당신에게 원망을 품고 있는 것이 생각나거든"이라고 하신다. 다시 말하면 형제가 별로 대수롭지 않은 일로 인해 당신에게 나쁜 감정을 품게 되었더라도 당신에게 그 사실이 문득 떠오른다면 무슨 이유로 생긴 것이든 형제의 마음을 부드러운 사과로 풀어 주기 전에는 기도라는 영적 예물을 바치지 말라는 것이다. 이와 같이 복음의 말씀은 사소한 이유로 생긴 옛날의 작은 알력에 대해서도 성난 사람에게 사과하라고 한다. 그렇다면 비참한 우리 같은 사람은 어찌 해야 되겠느냐? 우리는 우리 잘못으로 일어난 최근의 중대한 일들도 완고하게 모르는 체하지 않느냐? 우리는 악마의 자만심으로 부풀어서 우리 스스로를 낮추기 싫은 까닭에 형제의 슬픔이 우리 탓이 아니라고 우긴다. 그리고 반역의 정신으로 주님의 계명에 복종하기를 거절하며 그 계명들을 지킬 필요도 없고 지킬 수도 없다고 주장하지 않느냐? 따라서 우리는 주님께서 불가능하거나 부적합한 법을 내렸다고 판단함으로써 사도의 말씀대로 "법을 실행하는 사람이 아니라 법의 심판자"(야고 4,11)가 된다.

17. 다음과 같은 경우도 계속 눈물을 흘릴 만큼 유감스런 일이다. 어떤 모욕적인 말로 인해 불쑥 화가 났을 때, 다른 사람이 그들을 달래면

서 "자기 형제에게 성을 내는 자는 누구나 재판에 넘겨질 것이다"(마태 5,22)라거나 "해가 질 때까지 노여움을 품고 있지 마십시오"(에페 4,26)는 성경 말씀대로 형제에게 절대 불만을 품거나 간직하지 말아야 한다고 말하면, 그들은 그런 충고를 듣다가 말고 이렇게 떠들어 댄다. "어떤 이교인이나 세속 사람이 그런 짓을 했거나 그런 말을 했다면 마땅히 참아야 했을 것이다. 그러나 형제가 그렇게 큰 잘못을 범하거나 그렇게 뻔뻔스러운 말을 하면 누가 견디겠느냐?"고.

이렇게 말하는 이는 인내를 모든 사람에게 보편적으로 보여 주어야 하는 것이 아니라 비신자와 모독자들에게만 보여 주어야 하는 것으로 아는 것 같다. 또는 이교인에 대한 분노를 해로운 것으로, 형제에 대한 분노를 유익한 것으로 보는 것 같다. 사실은 누구에게 분노를 느끼든지 간에 혼란스러운 마음으로 그 감정을 완강하게 붙잡고 있다면, 그것은 똑같이 해로운 것이다. 그러니 그것이 얼마나 무서운 고집, 아니 정신 나간 짓인가? 그들은 머리가 너무 아둔하여 말뜻도 깨닫지 못하고 있다. 성경에서 만일 "이방인에게 성을 내는 사람은 누구나 재판에 넘겨질 것이다"라고 했다면, 그들이 생각하는 것처럼 같은 신앙과 같은 신분의 동지들을 제외할 수 있을지 모르지만, 복음서는 "형제에게 성을 내는 사람은 누구나 재판에 넘겨질 것이다"라고 분명하게 말하고 있다. 우리가 진리의 법대로 모든 사람을 형제로 대해야 하는 것이 사실이지만 여기서 '형제'라는 단어는 이방인이라기보다 우선 신자와 우리 생활의 동료들을 가리킨다.

18. 우리는 다음과 같은 고약한 태도를 취할 때도 있다. 곧, 우리 감정을 건드리는 상대방을 무시하며 대답도 하지 않는 경우인데, 스스로 인

내심 있다고 생각하면서 불쾌한 침묵이나 비웃는 몸짓으로 화난 형제를 조롱한다. 그러면 독한 욕설을 퍼부었을 때보다 말 없는 우리 얼굴이 그를 더욱 화나게 한다. 이런 경우에 인간의 판단에 의해 우리를 망신시키거나 단죄 판결을 내리게 할 수 있는 말을 전혀 입 밖에 내지 않았다고 해서 우리가 하느님 앞에서도 죄가 없다고 생각할 수 있겠느냐? 하느님께서 우리의 말만 잘못으로 헤아리시겠느냐? 오히려 우리의 의향이 더욱 중요하지 않겠느냐? 그분께서 우리의 뜻과 계획을 보시지 않고 죄의 행위만 생각하시겠느냐? 또는 심판하실 때 각자가 하려고 했던 것을 보시지 않고 실제로 행한 것만 보시겠느냐?

사실 문제는 실제로 일어나는 싸움만이 아니라 그것을 자극하는 사람의 의도다. 그래서 우리의 진실한 심판자께서는 시비의 내용보다도 누구의 탓으로 그것이 싸움으로 발전했는지를 살피실 것이다. 죄를 짓는 방식보다도 그 결과가 더 중요하기 때문이다. 예를 들어 형제를 직접 칼로 죽이거나 어떤 책략으로 그를 죽게 하거나 무슨 차이가 있겠느냐? 기만으로든 폭력으로든 죽이는 것은 마찬가지 아니겠느냐? 또는 눈먼 이를 낭떠러지에 밀쳐 떨어뜨리지 않기만 하면 무죄하겠느냐? 이미 기우뚱해서 막 구덩이에 떨어지려고 하는 눈먼 이를 붙들 수 있는데도 그를 내버려 두는 사람도 죄짓는 것 아니겠느냐? 마찬가지로 자기 손으로 누구를 목메어 죽이는 사람뿐 아니라 올가미를 준비하거나 건네어 준 사람이나 올가미를 치울 수 있는데 치우지 않는 사람도 죄를 짓는 것이다.

이처럼 우리가 욕설로 행할 그 효과를 침묵으로 노린다면 입을 다무는 일이 소용이 없다. 그때 우리는 시치미를 떼는 우리 자세로 말미암아 치유되어야 했을 형제가 더욱 심하게 화를 내도록 불을 붙일 뿐 아니라 거기다 형제의 손해와 멸망을 계기로 하여 칭찬을 들을 것을 노린다. 그러나 형제의 파멸로 영광을 얻으려고 하는 것 자체가 더욱 무서운 죄가 아니겠느냐? 그런 침묵은 양쪽에 똑같이 해로울 수 있다. 그것은 상대를 더욱 슬프게 만드는 동시에 자기 마음의 원한을 없앨 수 없게 만든다. 그런 사람들을 예언자는 아주 합당하게 다음과 같이 저주했다. "불행하여라, 이웃에게 술을 먹이고 독한 술로 취하게 하여 그의 알몸을 바라보는 자! 너는 영광은커녕 능욕이나 실컷 당하리라"(하바 2,15-16). 또 다음 말씀도 그런 사람들을 두고 하는 말이다. "동기들끼리 서로 걸어 넘어뜨리고 친구들끼리 서로 모함하며 몰아치는 세상이 되었다. 참말이라고는 모르는 세상, 서로 속고 서로 속이는 세상이 되었다. 그들은 저희 혀를 활처럼 당겨 진실이 아니라 거짓만 쏜다"(예레 9,2-4).

말보다도 거짓된 인내가 더 무섭게 화를 내게 하는 경우가 많고, 심술궂은 침묵은 가장 포악한 말보다 더 고약하다. 또 조롱하는 사람의 교활한 감언이설보다 원수가 입히는 상처를 더 쉽게 견딜 수 있다. 그런 사람들에 대하여 예언자가 적합하게 이렇게 표현했다. "그의 말은 기름보다 매끄러우나 실은 화살이다"(시편 54,22 불가타). 또 "약은 자들의 말은 부드럽지만 뱃속을 찌른다"(잠언 26,22 칠십인역).

또 다음의 말씀도 여기에 잘 들어맞는다. "제 이웃에게 평화를 말하지만 속으로는 올가미를 씌우려 한다"(예레 9,7). 그러나 이런 경우에는 속이는 자가 오히려 속는다. "친구에게 올가미를 치는 사람은 그것으로 자기 자신의 발을 얽어맨다"(잠언 29,5 칠십인역), "이웃에게 구렁을 파는 자는 제가 그곳에 빠진다"(잠언 26,27)고 하기 때문이다.

그리고 칼과 몽둥이를 든 큰 무리가 주님을 잡으러 왔을 때, 모든 이에 앞서 주님께 거짓된 사랑의 입맞춤으로 인사하여 공경하는 체했던 그 사람보다 우리에게 생명을 내리시는 분을 더 잔인하게 살해한 자가 없었다. 주님께서 그에게 "유다야, 너는 입을 맞추어 사람의 아들을 넘겨주느냐?"(루카 22,48)고 물으셨다. 그것은 '박해와 미움의 가혹함을 감추기 위해 너는 참사랑의 감미로움을 전하는 표시를 택하는구나'라는 뜻이다. 그러나 주님의 고통은 예언자의 다음 말로 더욱 명확하게 드러난다. "원수가 나를 모욕했다면 참아 주었을 것을, 나를 미워하는 자가 맞서 왔다면 그를 피해 숨었을 것을, 그러나 그것은 너, 내 동배 내 벗이며 내 동무인 너. 정답게 서로 같이 사귀던 너, 축제의 모임에서 주님의 집을 함께 거닐던 너였다"(시편 55,13-15).

19. 그리고 언짢음을 표현하는 또 한 가지 나쁜 태도가 있는데 몇몇 형제들이 이런 방식으로 언짢음을 드러내는 습관을 가지고 있다는 것을 알지 못했다면 아예 언급할 필요도 없었을 것이다. 그들은 언짢거나 화가 나면 완강하게 식사를 거부한다. 말하기 부끄럽지만, 마음이 편할 때에 그들은 식사를 제6시(낮 12시)나 제9시(오후 3시)까지 미룰 수 없다고 주장한다. 그러나 근심이 있거나 화가 났을 때는 이틀 동안 굶주려도 아무렇지도 않고, 단식으로 생긴 배고픔을 분노의 배불림으로 채워서 잘도 참는다. 이렇게 해서 그들은 틀림없이 모독죄를 저지르는 것이다. 그들은 마음을 낮추며 악행을 깨끗이 없애기 위해 하느님께만 특별히 드려야 할 단식을 악마 같은 오기로 해내는 것이다. 그런 짓은 기도와 제물을 하느님이 아니라 악령들에게 바치는 것과 마찬가지다. 그런 이들은 모세의 이런 책망을 들어야 할 것이다. "그들은 하느님이 아니라 악령, 자기들이 몰랐던 신들에게 제물을 바쳤다"(신명 32,17).

20. 또 한 가지 이상한 행동을 가끔 볼 수 있다. 그것은 어떤 형제들에게서 볼 수 있는 가짜 인내심인데, 그 사람들은 말다툼을 일으킨 것으로 만족하지 않고 선동적인 말로 상대방을 자극하여 자기를 치도록 한다. 그다음 만일 가볍게나마 맞게 되면 자기 몸의 다른 부분을 때리라고 내민다. 그런 식으로 그들은 "누가 네 오른뺨을 치거든 다른 뺨마저 돌려 대어라"(마태 5,39)라는 완덕의 계명을 지키는 체하지만 성경의 뜻과 의도를 전혀 모르고 있다. 그들은 분노의 악행을 통하여 복음적 인내를 지키고 있다는 망상에 빠져 있다. 그러나 복음서에서는 분노를 뿌리째 없애기 위하여 똑같이 되갚아 주는 법과 다툼을 자극하는 일을 금지할 뿐 아니라 때리는 사람의 격분을 누그러뜨리기 위해 거듭된 폭행이라도 참으라고 지시하고 있다.

21. 게르마누스: 그런데 복음서의 지시대로 똑같이 되갚지 않을뿐더러 곱절로 피해를 입을 준비가 된 사람을 왜 책망하십니까?

22. 요셉: 조금 전에도 말했지만 우리는 이루어진 일만 볼 것이 아니라 행동을 취하는 사람의 마음가짐과 의도를 생각해야 한다. 그래서 그대들이 어떤 사람의 행동이 무슨 마음에서 또 어떤 감정에서 나오는지를 마음속 깊이 살펴본다면 인내와 온유함의 덕행을 그와 반대되는 정신, 곧 성급함과 분노의 정신으로는 실행할 수 없다는 것을 이해할 수 있을 것이다. 우리 구원자께서는 인내와 온유함의 덕행을 입으로만 표현하지 말고 그 덕을 마음의 가장 깊숙한 곳에 간직하라고 가르치셨다. "누가 당신의 오른쪽 뺨을 때리거든 그에게 다른 뺨마저 돌려 대시오"라는 복음적 완덕의 요체를 이르셨을 때, '다른 뺨'이란 틀림없이 '다른 오

른빰'이라는 뜻이다.

다른 오른쪽 빰이란 내적 인간의 얼굴에 있다고 말할 수밖에 없다. 이러한 지시로 주님은 분노의 모든 원인을 마음 깊은 곳에서부터 철저하게 뽑으시려고 했다. 다시 말하면 우리가 외적 오른빰을 맞았을 때 우리의 내적 인간도 똑같이 맞도록 그의 오른빰을 겸손하게 내놓아야 한다는 말씀이다. 그와 같이 굴복한 내적 인간은 외적 인간의 고통에 동참하여 자기 몸을 어느 정도 때리는 이의 모욕에 내어 맡김으로써 외적으로 맞은 사람이 잠잠한데도 내적으로 흥분하지 않도록 조심해야 한다.

이제 그대들은 지금 말한 이러한 사람들이 복음적 완덕에서 얼마나 멀리 떨어져 있는지를 알 수 있을 것이다. 복음서에서는 말이 아니라 마음의 내적 평온으로 인내를 지키라고 가르친다. 그리고 격정을 느끼지 않도록 우리 자신만 지킬 뿐 아니라 자기 탓으로 화를 낸 사람의 폭행을 견뎌 냄으로써 그가 충분히 때린 뒤에 다시 잔잔해지게 만들어야 한다. 그들의 격정을 우리의 온유함으로 극복해 내는 것이다.

그러면 우리는 "악에 굴복당하지 말고 선으로 악을 굴복시키십시오"(로마 12,21)라는 사도의 말씀도 실천하게 된다. 그런데 앞에서 말한 대로 술렁거리는 마음인 채로 온순하고 겸손한 말만 하면 분노의 불을 진정시킬 수 없을뿐더러 오히려 그 불이 자기 마음에서나 흥분한 형제의 마음에서나 더욱 타오르게 된다. 따라서 그렇게 하는 사람들은 사도의 지시를 따를 수 없음은 두말할 나위도 없다. 그런 사람들이 만일 스스로 어느 정도 온유하고 차분한 마음 자세를 유지할 수 있다 해도 그것으로 어떤 공로의 결실을 맺을 수는 없을 것이다. 그들은 이웃의 손실로써 자기를 위해 인내의 영광을 얻으려 하기 때문이다. 그런 자세는 사도가 말하는 "자기 이익을 추구하지 않고"(1코린 13,5) 남의 이익을 찾는 사랑과 전혀 다른 것이다. 사랑을 지닌 사람은 치부하기 위하여 이웃의 피해로 말미암은 이익을 노리지 않으며 남을 털어서 무엇을 얻으려고 하지도 않는다.

23. 꼭 알아 둘 것이 있다. 일반적으로 자기 뜻보다 형제의 뜻을 따르는 사람이 더 강한 사람이고, 자기 입장을 변호하고 완고하게 고집하는 사람은 더 약한 사람이다. 이웃을 참아 견디는 사람은 튼튼하고 건전한 사람이지만, 그렇지 못하는 사람은 약하고 병든 사람이라고 할 수 있다. 그런 사람을 따뜻하게 보살피지 않을 수 없으니, 그의 평정을 생각해서 가끔 필요한 일에도 양보하는 것이 좋을 수가 있다. 그런 경우에 아무도 자기 완덕의 손실을 본다고 생각하지 말아야 한다. 오히려 그럴 때 우리는 아량과 인내의 공로로 더 많은 것을 얻었음을 알아야 한다. 이것은 "여러분은 강한 사람들로서 약한 사람들의 약점을 참으십시오"(로마 15,1). 그리고 "서로 남의 짐을 져 주시오. 그리하여 그리스도의 법을 채우십시오"(갈라 6,2)라는 사도의 계명을 지키는 일이다. 사실 약한 사람은 다른 약한 사람을 견디어 내지 못하고 병을 앓고 있는 사람은 병자를 참아 내거나 고칠 수 없다. 병이 없는 사람만이 앓는 이들을 치료할 수 있다. 그렇지 않으면 그는 "의사여, 너 자신부터 고쳐라"(루카 4,23)라는 말을 듣게 마련이다.

24. 이것도 알아야 한다. 약한 사람들은 언제나 성격상 남을 쉽게 모욕하고 빨리 말다툼을 시작한다. 하지만 자기는 불의라고 생각할 수 있는 가장 가벼운 것도 받아들이기 싫어한다. 그들은 함부로 화를 내고 막

욕을 퍼부으면서도 자기는 조금도 참을 생각이 없다. 그래서 앞에서 말한 선배들의 가르침대로, 같은 덕행을 행하며 같은 목적을 지니고 있는 사람들 사이에서가 아니면 끊어지지도 흔들리지도 않는 사랑이 있을 수 없다. 그렇지 않으면 한쪽에서 아무리 성의를 보이더라도 언젠가 헤어질 것이다.

25. 게르마누스: 그런데 약자를 끝까지 참아 내지 못한다면 완전한 사람의 인내를 어째서 칭찬하겠습니까?

26. 요셉: 나도 굳세고 강한 사람의 덕행과 인내심이 언제나 패해야 된다고 말하지는 않았다. 그보다도 건강한 사람이 약한 사람의 열악한 상태를 생각하여 그를 자주 봐주면 그 상태가 날로 악화되어 갈 수 있다. 그러다가 결국에 가서 강한 사람이 더 이상 양보할 수 없게 되거나 아니면 약한 사람이 스스로 물러가게 된다. 그것은 그가 상대방의 인내 속에서 자기 자신의 성급함으로 인한 수치를 깨닫게 되어 더 이상 남의 아량에 신세지려고 하지 않기 때문이다.

그러므로 친분의 정을 온전하게 간직하려고 한다면 무엇보다 다음과 같은 원칙을 지켜야 한다. 첫째 어떤 수모로 아무리 큰 자극을 받더라도 수도승은 입술뿐 아니라 자기 마음의 깊숙한 곳까지 잠잠하게 지켜야 한다. 그래도 마음이 약간이라도 흥분하는 것을 느낀다면 반드시 침묵을 지켜 시편에 나오는 원칙을 엄연히 따라야 한다. "나는 어지러워도 말을 하지 않았다"(시편 76,5 불가타). "나는 말하였네. 내 혀로 죄짓지 않도록 나는 내 길을 지키리라. 악한 자 내 앞에 있는 동안 내 입에 재갈을 먹였다. 벙어리가 되어 낮추어졌으며 좋은 일에 대해서도 말하지 않았네"(시편 38,2-3 불가타). 그런 경우에 우리가 현재의 상태만 생각해서 그 순간에 어지럽고 격분하는 마음이 부추기는 말을 꺼내서는 안 된다. 오히려 그때 우리는 지난 날 사랑의 아름다움을 기억하거나 전처럼 회복될 평화를 내다보며 화가 나는 순간에도 곧 돌아올 평화를 고대해야 한다. 그러면 우리는 곧 이루어질 달가운 화해를 위하여 자신을 지키게 될 뿐만 아니라 지금 벌어지고 있는 다툼으로 괴로움을 느끼지 않게 될 것이다. 또는 이렇게 할 때 우리는 우리 자신이 후회할 말이나 우의가 회복된 뒤에 형제가 책할 수도 있는 말을 하지 않게 될 것이다. 이와 같이 우리는 "격분하는 가운데 자비를 기억하라"(하바 3,2 칠십인역)는 예언자의 말씀을 실천한다.

27. 그러므로 우리는 분노의 모든 감정을 억누르고 분별의 힘으로 다스려야 한다. 그래야 격분에 넘어가지 않고 솔로몬이 단죄하는 일을 피할 수 있다. 그는 이렇게 말했다. "우둔한 자는 화를 있는 그대로 다 터뜨리지만 지혜로운 사람은 그것을 토막으로 나눈다"(잠언 29,11 칠십인역). 다시 말하면 어리석은 사람은 격분하여 정신없이 복수하려고 하지만 지혜로운 사람은 성숙한 판단과 자제로 감정을 점차 식히다가 그것을 사라지게 한다.

이것은 사도가 말한 것, 곧 "친애하는 여러분, 여러분 스스로 복수하지 말고 분노에 자리를 맡기십시오"(로마 12,19)라는 말과 같은 것이다. 다시 말하면 분노에 넘어가 복수를 노리지 말고 분개에 자리를 마련하라는 것이다. 곧, 그대들 마음이 성급함과 조바심으로 비좁아져서 감정의 격심한 폭풍이 닥칠 때 그것을 감당해 낼 수 없게 되지 않도록 조심하며 오히려 마음을 넓혀서 "모든 것을 참고 모든 것을 견디는"(1코린 13,7 불가타) 사랑의 넓은 공간에 그 격분의 홍수를 수용하도록 하라는 것이다.[3] 이와 같이 그대들 마음이 관대와 인내로 넓어지면 그 안에 지혜롭고 구원에 유익한 생각을 가질 수 있는 그윽한 곳들이 생길 것이므로 분노의 고약한 연기를 거기에다 받아 놓으면 그것이 분산되어 곧장 증발해 버릴 것이다. 또 사도의 말씀을 이렇게 이해할 수도 있겠다. 곧, 우리가 남의 격분에 겸손하고 조용하게 내맡기고 마치 모든 모욕을 받아도 좋다는 사람처럼 성급하게 날뛰는 사람에게 순응하는 것이 "분노에 자리를 맡기는" 일일지도 모른다. 그러나 사도가 가르치는 완덕의 뜻을 또 다르게 이해하는 사람들이 있는데, 그들은 분노에 자리를 맡기는 것이 분노하는 사람으로부터 떠나가는 일이라고 한다. 그렇지만 내가 볼 때 그렇게 하는 것은 불화의 요인을 제거하는 게 아니라 조장하는 것이다. 우리가 이웃의 분노를 그 자리에서 겸손한 사과로 극복하지 않고 도피한다면 그 분노를 가라앉히기는커녕 오히려 도발하게 된다.

솔로몬도 그와 비슷한 교훈을 전했다. "성급하게 화내지 마라. 화는 어리석은 자들의 품에 자리 잡는다"(코헬 7,9)고 하고, "성급하게 논쟁을 하지 마라. 훗날에 후회하지 않도록 조심하라"(잠언 25,8 칠십인역)고 하는데, 분노나 논쟁을 성급하게 하지 말라는 것은 그것을 천천히 해도 좋다는 뜻이 아니다. 다음 말씀도 마찬가지다. "미련한 자는 불쾌함을 바로 드러내지만 영리한 이는 모욕을 덮어 둔다"(잠언 12,16). 이와 같이 솔로몬은 지혜로운 사람이라면 노여움의 수치스러운 감정을 덮어 두라고 말하면서 빨리 화를 내는 것을 금지한다. 그렇다고 해서 천천히 화를 내는 일을 허락하는 것이 아니다. 그러나 사람이 인간의 연약함으로

3 성서학자들은 바오로가 여기서 하느님의 분노(심판)를 언급한다고 한다.

인해 할 수 없이 분노를 느끼게 되면 그것을 우선 덮어 두라고 한다. 일단 지혜롭게 감정을 숨겨 놓으면 다음에 그것을 아주 지워 버릴 수 있다는 것이다. 본질상 분노는 우리가 그것을 뒤로 미루면 약해지다가 사라지지만, 그것을 드러내면 더욱더 불타오르기 때문이다.

그러므로 우리는 우리 가슴을 활짝 넓혀야 한다. 그렇지 않으면 소심으로 비좁아져서 분노의 어지러운 감정이 가슴을 꽉 채우게 될 것이다. 그때 우리는 예언자가 말한 하느님의 너무 넓은 계명을 우리 좁은 마음에 받아들이지 못하여 예언자와 함께 "주님께서 제 마음을 넓혀 주셨기에 당신 계명의 길을 달립니다"(시편 119,32)라고 말할 수 없게 된다. 관대함이 바로 지혜라는 사실을 성경이 가장 명백하게 가르치고 있다. "관대한 사람은 큰 슬기를 지니고 있지만 소심한 사람은 매우 어리석다"(잠언 14,29 칠십인역). 그래서 갸륵하게도 주님에게 지혜의 선물을 요청했던 분에 대하여 이런 말씀이 나온다. "하느님께서 솔로몬에게 지혜와 슬기를 한없이 주셨으므로 그의 넓은 마음은 아무도 셀 수 없는 바닷가의 모래 같았다"(1열왕 5,9).

28. 많은 경험으로 확실히 입증되는 한 가지 사실이 있는데, 우정의 유대를 어떤 개인적 맹세 위에 세운 사람들은 계속 화합을 유지할 수 없다는 것이다. 그 이유는 그런 사람들은 완덕에 대한 열망이나 사도가 가르치는 사랑의 계명이 아니라 세속적 사랑과 약조만 생각해서 우정을 간직하려 하기 때문이다. 또 그런 경우에 약삭빠른 인류의 원수(악마)가 그들로 하여금 자기 맹세를 어기도록 하려고 그들이 될 수 있는 대로 빨리 우정의 유대를 끊도록 몰아 버린다. 그런 점에서 가장 지혜로운 사람들이 정한 원칙이야말로 틀림없는 것이다. 곧, 같은 덕행과

같은 의도를 가진 사람이 아니면 참되고 끊임없는 우정이 불가능하다는 것이다.

이상과 같이 복된 요셉이 우정에 관하여 영적 담화를 해 주어 우리의 마음에 친교의 사랑을 영원히 지키겠다는 더욱 뜨거운 열망을 심어 주었다.

제17담화

• 요셉 압바의 둘째 담화 •

서약 준수에 관하여

1. 담화[1]가 끝나고 밤의 침묵 시간이 와서 거룩한 요셉 압바는 우리를 쉬게 하려고 별도의 방으로 안내하였다. 그런데 우리는 그분의 말씀으로 발미암아 우리 마음속에 타오르는 불 때문에 밤새도록 잘 수가 없었다. 그래서 우리는 방을 나가 백 걸음 정도 떨어진 곳에 앉았다. 밤의 어두움이 우리가 속 깊으면서도 아기자기한 이야기를 나눌 수 있는 기회가 되어 주었다. 우리가 앉자마자 게르마누스가 깊이 탄식하며 이렇게 말했다.

2. "우리가 어찌 하면 좋을까? 진퇴양난일세. 참 비참하게 되었네. 이 거룩한 분들의 신조들과 그들의 생활 자체가 영성생활에서 가장 유익한 것이 무엇인지 효과적으로 가르치고 있는데, 우리가 장상들에게 한 약속 때문에 유익한 것을 택할 수 없네. 우리가 곧바로 수도원[2]으로 돌아가겠다는 약속만 하지 않았더라면 이렇듯 많은 훌륭한 분들의 표양에 의지하여 더욱 완전한 생활을 위한 훈련을 받을 수 있을 텐데, 이제

1 제16담화.

2 카시아누스와 게르마누스는 팔레스티나의 베들레헴 수도원에서 살다가 수도승들의 생활을 견학하러 이집트에 왔다. 당시 팔레스티나는 로마 제국의 시리아 속주에 속했다.

수도원에 돌아가면 다시는 이곳에 올 수 없을 것이다. 그러나 우리가 소원을 풀기 위해 여기 머문다면, 우리가 한 약속은 어떻게 되겠나? 우리는 장상들에게 간단하게 이 지방의 거룩한 분들과 수도원들을 방문하고 가능한 한 빨리 돌아오기로 약속하지 않았는가?" 이런 식으로 고민하면서 우리 구원의 문제에 대해 어떻게 결정해야 할지 도저히 알 수 없어 우리는 그저 탄식함으로써 우리의 딱한 사정을 확인했다. 우리는 단호하지 못한 여린 마음과 타고난 소심함을 후회했다. 우리는 우리 자신의 유익과 의도를 제쳐 놓고 우리를 붙들려고 했던 분들의 요청에 따라 최대한 빠른 시일 내에 돌아오겠다고 약속했던 바였다. 그래서 우리는 잘못된 우리의 부끄러움을 한탄했다. 그런 부끄러움에 대하여 "죄를 짓게 하는 부끄러움이 있다"(잠언 26,11 칠십인역)는 말씀이 있다.

3. 그때 나는 이렇게 말했다. "우리 근심을 끝내기 위하여 그것을 원로의 의견, 아니 그분의 권위에 맡기자. 우리 문제를 그분에게 말씀드리고 그분의 판단이 어떠하든 천상에서 얻은 해답처럼 우리의 모든 고민을 마감하는 것으로 받아들이자. 주님께서 친히 이 거룩한 분의 입을 통해 우리에게 대답하실 것임을 그분의 공덕과 우리의 믿음을 위하여 의심하지 말자. 주님의 은혜로, 믿는 사람들은 자격 없는 사람으로부터, 또는 믿지 않는 사람들은 성인으로부터 가끔 구원에 유익한 말씀을 듣곤 하였네. 주님께서는 대답하는 사람의 공덕이나 물어보는 사람의 믿음 때문에 그런 은혜를 내리신다네." 거룩한 게르마누스는 나의 이 말을 기꺼이 받아들였다. 그는 그것을 내가 혼자서 한 말이 아니라 주님의 영감을 받고 한 말처럼 받아들였다. 그래서 우리는 곧 오실 원로와 곧 시작될 밤기도 시간을 기다렸다. 우리는 원로에게 보통 때와

같이 인사하고 기도와 시편 낭송을 규칙대로 바친 다음 밤에 쉬었던 그 돗자리에 다시금 여느 때처럼 앉았다.

4. 존경스러운 요셉이 실의에 빠진 우리 모습을 쳐다보고는 어떤 이유가 있을 것으로 짐작하여 옛 성조 요셉의 말씀을 빌려 우리에게 "오늘은 어째서 언짢은 얼굴을 하고 있느냐?"(창세 40,7)고 물었다. 그래서 우리는 "저 투옥되었던 파라오의 시종들은 자다가 꿈을 꾸었는데 해몽할 사람이 없었습니다. 그와 달리 저희는 밤새도록 잠을 이루지 못했는데, 저희 고민을 덜어 줄 사람이 없습니다. 하지만 주님께서 원로의 지혜를 빌려 저희 문제를 풀어 주신다면 일이 달라질 것입니다." 이 말을 듣고 요셉 성조의 이름만이 아니라 그의 성덕도 지닌 원로는 이렇게 대답했다. "인간의 생각을 주님의 은혜로 치유할 수 있지 않는가? 터놓고 말해 보게. 인자하신 하느님께서 그대들의 믿음에 따라 우리의 조언으로 약을 마련하실 수 있다."

5. 게르마누스: 저희는 압바를 뵙고 영적 기쁨과 풍요로운 열매를 얻은 다음 저희 수도원에 돌아가 압바에게 배운 것을 조금이라도 실천할 수 있으리라고 생각했었습니다. 저희 장상들을 사랑한 까닭에 저희가 그들에게 그렇게 약속했던 것은 여러분의 뛰어난 생활과 가르침을 저희 수도원에서도 어느 정도 따를 수 있다고 생각했기 때문입니다. 그러나 이제 저희가 큰 기쁨을 얻으리라고 생각했던 것은 오히려 참을 수 없는 고통의 이유가 되었습니다. 그것은 이런 일로 저희는 저희 구원에 유익이 된다고 생각한 이득을 얻지 못하리라 보기 때문입니다. 그래서 저희는 그 둘 사이에 끼어 있습니다. 저희가 만일 우리 주님께서 동정녀 모

태라는 궁정에서 찬란히 나오신 그 동굴[3]에서 그분을 증인으로 하여 모든 형제 앞에서 약속한 것을 지키자니 영성생활에서 엄청난 손해를 봅니다. 하지만 저희가 만일 그 서약을 무시하고 이곳에 살면서 저희 맹세보다 저희 완덕에 유익한 것을 앞세우자니, 거짓 맹세라는 위험한 낭떠러지에 떨어질까 두렵습니다. 빨리 돌아가 맹세의 조건을 채우고 나서 서둘러 이쪽으로 달려 돌아온다고 생각해도 안 됩니다. 사실 영성과 덕행의 진보를 추구하는 사람들에게는 잠시의 지체도 위험하고 해로운 것입니다. 그래도 저희가 갔다가 언젠가는 다시 돌아온다면 저희 서약에 충실할 수는 있지만 한번 돌아가면 저희 장상들의 권한뿐만 아니라 그들에 대한 저희의 사랑을 생각할 때 그것이 저희를 단단히 묶어서 이 지방에 돌아올 가능성이 전혀 없을 것입니다.

6. 잠시 침묵을 지킨 다음에 복된 요셉이 이렇게 대답했다. "이곳에서 영적으로 더 크게 진보할 수 있다고 확신하느냐?"

7. 게르마누스: 그쪽(베들레헴)에서 저희를 가르치신 분들에게도 크게 감사해야 합니다. 그분들은 저희가 어려서부터 큰일을 해 볼 용기를 주셨고 자신들이 누리는 행복의 맛을 엿보게 함으로써 고귀한 완덕에 대한 갈망을 저희 마음에 심어 주셨습니다. 그렇지만 저희 판단을 믿을 수 있다면, 여기서 배운 것은 저쪽에서 받는 교육에 비길 수 없다고 여겨집니다. 그뿐만이 아닙니다. 따라갈 수 없는 여러분의 순결한 생활을 생각하지 않을 수 없는데, 그것은 우선 여러분이 의도한 철저함의 결실

3 베들레헴을 말하는 것이다.

이지만 저희 생각으로는 좋은 환경의 덕도 큽니다. 그래서 여러분이 지닌 탁월한 완덕을 본받으려면 잠시 지나치면서 받는 교훈으로는 부족합니다. 도움을 받기 위해선 이곳에 머물러야 할 것입니다. 오랫동안 매일 교육을 받아야 저희 마음의 무딤을 없앨 수 있을 것입니다.

8. 요셉: 우리가 약속한 바를 이행하는 것은 건전하고 완전하며 우리 신분에 아주 알맞은 것이다. 그래서 수도승은 어떤 것도 급히 결정하지 말아야 한다. 경솔하게 약속한 것을 억지로 수행해야 하거나 더 고상한 것을 발견해서 돌아섬으로 자기 서약을 위반하지 않도록 미리 조심해야 한다. 하지만 지금 우리가 하고 싶은 것은 건전한 상태에 대하여 논의하는 일이 아니고 병든 상태를 치유하는 일이다. 그러므로 그대들이 처음 했어야 했던 일이 아니라 지금 그대들이 이 파선의 위험을 어떻게 벗어날 수 있는지 지혜롭게 살펴보아야 한다. 어떤 사슬에 묶이지 않고 어떤 조건에도 걸리지 않을 때 우리는 여러 가지 유리한 것 가운데 가장 유익한 것을 택할 수 있지만, 불리한 상황을 꼭 피할 수 없다면 양쪽 손해를 비교하면서 더 가벼운 손해를 당할 것을 택해야 한다.

이제 그대들의 말을 들으니 그대들은 경솔한 서약을 해서 무엇을 택해도 양쪽에서 큰 손해를 입지 않을 수 없다. 그래서 이제 더 쉽게 견딜 수 있는 손실이 생기는 부분, 아니면 보속으로 더 쉽게 씻을 수 있는 부분을 택해야 한다. 그러니 저쪽 수도원에 살았을 때보다 여기 머무름으로써 더 큰 영적 이익을 얻을 수 있다고 믿는다면, 또는 그대들의 서약을 지킬 수 없다 해도 큰 손해를 입지 않는다면, 거짓말이나 지키지 않는 약속 때문에 당하는 손해를 택하는 편이 낫다. 그렇게 해도 그것은 한 번으로 지나가는 일이고 그 이상 다른 죄를 짓게 하지는 않을 것이다. 반대로 그대들이 말한 더 미지근한 생활로 돌아가는 것은 그대들에게 끝없이 계속되는 손실이 될 것이다. 구원에 더 유익한 쪽으로 넘어가기 위하여 경솔한 결정을 바꾸는 것은 허용될 뿐 아니라 칭찬할 일이다. 잘못된 약속을 고치는 것은 항구함에 반하는 것이 아니라 함부로 했던 것을 바로잡는 것이다. 이 모든 것을 성경 말씀으로 똑똑히 증명할 수 있다. 성경에서 우리는 정한 것을 완수하느라 죽음을 당한 이들이 많은가 하면, 정한 것을 떠남으로써 이득을 보고 구원을 받은 이들 또한 많다는 것을 볼 수 있다.

9. 그 두 가지 경우를 성 베드로 사도와 헤로데의 예로 뚜렷하게 증명할 수 있다. 베드로는 맹세처럼 굳힌 결심, 곧 "제 발은 절대로 씻지 못하십니다"(요한 13,8)라는 주장을 거둬들임으로써 그리스도와 불사의 일치를 얻게 되었다. 그가 만일 자기 말을 고집했다면 그런 행복의 은혜를 빼앗겼음을 의심할 수 없다. 그러나 헤로데는 함부로 말한 맹세를 끝까지 지킴으로써 주님의 선구자를 죽이는 잔인한 살인자가 되었다. 헛맹세에 대한 쓸데없는 두려움 때문에 그는 단죄를 당해 자기 자신을 영원한 죽음의 형벌에 넘겼다. 하는 일마다 우리는 목표에 따라 우리 길의 방향을 정해야 한다. 그러다가 더 적절한 계획의 가능성이 나타나서 그 길이 나빠지는 것을 보면 맞지 않는 계획을 버리고 더 좋은 계획으로 넘어가는 것이 옳다. 그것이 결정한 일을 완고하게 끝까지 지켜 더 큰 죄를 짓는 것보다 낫다.

10. 게르마누스: 저희가 시작한 의도는 영적 이익을 얻으려는 것이기에 저희는 압바의 도움을 받기 위하여 계속 함께 지내고 싶습니다. 사

실 저희가 저희 수도원으로 돌아간다면 이 고귀한 이상에서 다시 멀어질 뿐 아니라 저쪽의 열등한 생활수준 때문에 많은 불이익을 당할 것입니다. 그러나 한편 "너희는 말할 때에 '예' 할 것은 '예' 하고, '아니요' 할 것은 '아니요'라고만 하여라. 그 이상의 것은 악한 자에게서 나오는 것이다"(마태 5,37)라는 복음의 계명 때문에 저희는 몹시 불안합니다. 그처럼 중요한 계명을 범한다면 어떤 좋은 일로도 다시 벌충할 수 없을 것 같습니다. 한번 나쁘게 시작한 일은 그 뒤에 좋게 끝날 수 없을 것 같습니다.

11. 요셉: 이미 말한 대로 모든 일에 있어서 고려할 할 것은 그 일의 결과가 아니라 행하는 사람이 뜻하는 바다. 누가 무엇을 하는지가 아니라 그것을 하는 그의 지향을 살펴야 한다. 어떤 이들은 나중에 좋은 결과가 난 일에 대하여 단죄를 당했고, 또 어떤 이들은 도리어 비난받을 일을 통해 최고의 의로움에 도달할 수 있었다. 전자가 일이 좋게 끝난 것으로 이득을 받지 못한 이유는 그가 나쁜 의도로 일을 시작하여, 일어난 좋은 결과가 아니라 그와 반대되는 것을 수행하려고 했던 의도 때문이다. 후자가 비난 받을 일을 시작해도 손해 보지 않은 이유는 그가 하느님을 무시하고 죄를 짓겠다는 의도가 아니라 필요하고 거룩한 목적을 두고 하는 수 없이 일을 잘못 시작하였기 때문이다.

12. 이것도 성경 말씀으로 설명할 수 있다. 구원을 이루는 주님의 수난보다 온 세상에 더 유익한 일이 있을 수 있느냐? 그래도 그것은 그 도구가 된 배반자에게는 유익하지 않았다. 오히려 그에 대하여 "차라리 태어나지 않았더라면 자신에게 더 좋았을 것입니다"(마태 26,24)라는 단언

이 나올 만큼 그 일은 그에게 해로운 것이었다. 자기가 한 일의 결실이 아니라 자기가 의도하고 바랐던 결과에 따라 보상을 받게 되어 있다.

그리고 속임수와 거짓말은 얼마나 비난받을 일이냐? 외부인에게 해도 안 되겠지만 형제나 아버지에게 했으면 더욱 나쁘지 않겠느냐? 그렇지만 성조 야곱은 그런 일을 해도 단죄나 비난을 받지 않고 도리어 영원한 유산의 축복을 얻었다.[4] 그것이 옳게 된 일이다. 야곱은 현세의 이익을 탐내서가 아니라 영원한 성화를 얻을 것을 믿어서 맏아들을 위한 축복을 원했기 때문이다. 그와 달리 유다는 인류의 구원을 의도해서가 아니라 돈에 대한 욕심 때문에 모든 이의 구원자를 죽음에 넘겼다. 그래서 이 두 사람은 각자 생각했던 계획과 결심한 뜻에 따라 자기 행동의 대가를 받았다. 전자가 사기를 범하려고 하지 않았던 것처럼 후자는 구원을 지향하지 않았던 것이다.

행동하는 사람의 뜻과 다르게 일어나는 좋고 나쁜 결과가 아니라, 각자가 애초 마음에 두었던 것에 따라 공평하게 대가를 받게 되어 있다. 그래서 가장 정의로운 심판관께서는 그런 거짓을 감행한 야곱의 행동이 용인할 만할 뿐 아니라 칭찬받을 만하다고 여기셨다. 그런 거짓말 없이 그는 맏아들의 축복을 받을 길이 없었기 때문이고 축복에 대한 욕망으로 일어난 일을 범죄로 볼 수 없기 때문이다. 그렇지 않다고 본다면, 다시 말해 그 축복의 은총을 얻어 낼 수 있는 다른 길이 있었는데도 형에게 그렇게 해로운 길을 택한 것이었다면, 성조 야곱은 형에게는 불의했고 아버지에게는 거짓말했으며 신성모독자였을 것이다. 그러니 하느님께서는 행동의 결과가 아니라 마음의 의도를 따지신다는 것을

4 카시아누스의 성경 해석을 받아들일 수 없다. 창세기는 야곱의 속임수를 그저 보고할 뿐 찬성하는 것은 아니다.

알 수 있다. 그러면 이렇게 전제해 놓고 이제 이 모든 것을 미리 설명한 계기가 된 문제로 돌아오자. 그대들은 왜 자신들을 그런 서약에 묶어 두었는지 먼저 그 이유를 밝혀 보라.

13. 게르마누스: 첫째, 저희가 말한 대로 저의 원로들을 슬프게 하거나 그들의 명령을 반대하는 것을 두려워했던 것입니다. 둘째, 저희는 짧은 생각으로 만일 여러분의 생활을 보고 말씀을 들음으로써 훌륭하고 완전한 어떤 것을 배운다면 그것을 수도원에 돌아가서 실천할 수 있으리라고 믿었던 것입니다.

14. 요셉: 이미 말했듯이 사람은 자기 마음의 지향에 따라서 보상을 받거나 단죄를 받는다. 그것은 "그들의 판단이 엇갈려 서로 고발하기도 하고 변호하기도 합니다. … 이러한 사실은 하느님께서 사람들의 숨은 속을 심판하시는 그날에 드러날 것입니다"(로마 2,15-16)라는 말씀과 "나는 모든 민족과 언어들을 그들의 행동과 생각과 함께 모으러 오리라"(이사 66,18 불가타)라는 말씀대로다.

내가 보기로 그대들은 완덕을 얻겠다는 갈망 때문에 그 맹세의 사슬로 자신을 묶은 것이다. 그 방법으로 완덕을 얻을 수 있다고 생각했던 것인데, 지금은 좀 더 잘 판단하게 되어서 바로 그것 때문에 완덕의 산봉우리에 올라갈 수 없다는 것을 깨닫게 되었다. 그러니 본디 의도와 맞지 않는 일만 따라오지 않는다면 결심한 바와 반대되는 일이 생겼다고 생각하지 말게. 기술자가 도구를 바꾼다 해서 그 직업을 버리는 것도 아니고 여행자가 더 곧고 짧은 길을 택한다고 해서 누가 게으르다고 하지 않는다. 이와 같이 이 경우에도 경솔한 계획을 고치는 것은 영적 서원을 위반하는 것이 아니다. 하느님을 사랑하고 "현재와 미래 생명의 약속을 지닌"(1티모 4,8) 경건함을 추구해서 실행하는 모든 일은 시작할 때에 어렵고 거슬리는 것같이 보이더라도 책망을 받을 일이 아니라 오히려 크게 칭찬을 받아야 할 것이다. 그러므로 경솔한 서약은 깨뜨려도 그 목표, 다시 말하면 결심한 신심의 추구를 간직하기만 하면 비난할 일이 없다. 우리가 이 모든 것을 행하는 이유는 오직 하느님께 깨끗한 마음을 드리기 위해서다. 그대들이 그 일을 이 지방에서 더 쉽게 완수할 수 있다고 판단한다면 억지로 했던 약속을 바꾸는 것이 그대들에게 해로울 수 없다. 중요한 것은 처음부터 그대들이 그 서약을 하게 된 그 목표, 곧 완전한 순결이라는 목표를 주님의 뜻에 따라 더 빨리 얻는 것이다.

15. 게르마누스: 압바의 말씀은 참으로 합리적이고 지혜롭습니다. 그 말씀만 듣고도 저희 약속에 대한 걱정을 쉽게 떨쳐 버릴 수 있습니다. 하지만 한 가지 두려운 것이 있습니다. 이런 전례를 볼 때, 다시 말해 경우에 따라 언약을 지키지 않아도 된다는 것을 알게 될 때, 그것은 약한 사람들에게 거짓말을 하는 구실이 될 수 있을 것 같습니다. 그런데 그것을 금지하는 말씀들은 참으로 무겁고 무섭습니다. 예언자는 "당신은 거짓을 말하는 자들을 모두 멸망시키십니다"(시편 5,7)라고 하였고, "거짓을 말하는 입은 영혼을 죽인다"(지혜 1,11)라고도 하셨습니다.

16. 요셉: 멸망할 자들에게 또는 멸망하지 못해 안달하는 자들에게는 멸망할 기회가 얼마든지 있다. 성경에는 이단자들이 그들의 오류를 뒷받침하기에 좋은 말씀도 있고, 유대인들이 믿음을 거부하는 데 도움이

되는 말씀도 있으며, 교만한 비신자에게 걸림돌이 되는 말씀들이 있다. 그렇다고 우리가 그런 성경 구절을 버리거나 삭제할 수 없지 않느냐? 그런 말씀을 경건하게 믿고 확고하게 간직하며 진리의 기준대로 설교해야 한다. 남이 믿지 않는다고 해서 성경이 서술한 예언자와 성인들의 처리방식(oeconomia)을 배척해서는 안 된다. 저들의 연약함에 맞춰야 한다고 생각하다가 거짓말에만 그치지 않고 독성죄까지 범하지 않도록 조심해야 한다. 내가 말한 대로, 성경의 내용을 기록된 그대로 인식하고 성인들의 행동이 옳았다는 것을 설명해야 한다. 게다가 악한 뜻을 가진 자들이 거짓을 말하는 것을 막을 수는 없다. 우리가 말하고자 하는 일들이나 우리가 이미 말한 일들의 진리와 우의적 해석[5]도 그들은 부정한다. 타락한 뜻만으로도 그들은 충분히 죄짓고 있으니 저런 성경 말씀의 권위가 그들에게 무슨 부담이 되겠느냐?

17.[6] 그래서 거짓은 박새[7]의 성질을 지녔음을 감안하고 사용해야 한다. 이 약초는 죽을 위험을 당했을 때 복용하면 건강이 회복되지만 위독하지 않을 때 사용하면 곧바로 죽는다.

거룩한 이들과 하느님께서 인정하신 사람들도 거짓말을 유익하게

---

5 '우의적 해석'은 원문에 allegoria로 나와 있다. 아우구스티누스 같은 교부들은 도덕적 판단을 피하기 위해 예를 들어 야곱과 에사우의 이야기를 우의로 취급하고 그 안에서 그리스도의 신비에 대한 예표를 발견했다.

6 이 부분에서 카시아누스(또는 요셉 압바)는 성경 구절을 묘하게 해석함으로써 때로는 거짓말을 할 수 있거나 해야 된다는 것을 증명하려고 한다. 이것은 성경을 너무 주관적으로 해석하는 것이며, 진실을 요구하는 윤리 도덕에 맞지 않다. 21항에서도 가벼운 거짓말을 권하고 있지만, 아주 세심하지 않으면 그 정도는 거짓말이라고 부를 수 없을 것 같고 일부는 그저 일반 예의에 속한다고 말할 수 있을 것 같다.

7 독 있는 약초로 광증에 사용된다.

이용했다는 것을 우리는 [성경에서] 읽을 수 있다. 그렇게 해서 그들은 죄를 범하지 않을 뿐 아니라 최고의 의로움을 얻었다. 그들은 속임수로 영광을 얻을 수는 있었으나 반대로 진리는 그들에게 단죄를 내리지 않았을까?

예를 들어, 라합과 관련해 성경은 미덕에 대해서는 전혀 언급하지 않고 오히려 음탕함만을 보고한다(여호 2,6 참조). 그러나 정탐꾼들을 드러내는 대신 그들을 숨기기 위하여 선택한 하나의 거짓말 덕분에 하느님의 백성에 드는 영원한 축복을 얻었다. 만일 그녀가 진리를 말하거나 동포들을 보살피기를 택했다면 틀림없이 닥칠 멸망을 그 자신과 온 집안이 피하지 못했을 것이다. 또한 주님의 족보에 들어가 성조들의 족보에 오르지도 못했을 것이며(마태 1,5 참조) 후손들의 승계를 통해서 모든 사람의 구원자를 낳지도 못했을 것이다.

그러나 들릴라는 동포들의 이익을 생각해서 자기가 알아낸 진실을 드러냈다. 그로써 영원한 멸망에 떨어진 그녀는 자기 범죄에 대한 기록만 모든 이에게 남겼을 뿐이다. 그러니 진리를 고백함으로써 큰 불행을 당할 위험이 있다면 거짓말이라는 도피처를 찾아야 한다. 그러면서 겸손하게 양심의 가책을 느끼는 것이 건전하다. 그러나 지극히 절박한 경우가 아니면 거짓말은 치명적인 것이므로 박새를 복용하는 것처럼 아주 조심스럽게 피해야 한다. 이 약은 피할 수 없는 위독한 병의 경우에 먹으면 건강에 좋지만, 온전하고 건강한 사람이 그것을 복용하면 그 약의 치명적인 나쁜 힘이 즉시 생명에 필요한 기관을 차지한다.

예리코의 라합과 야곱 성조의 경우에서 이 사실을 잘 확인할 수 있다. 이 약이 아니면 라합은 죽음을 피할 수 없었고 야곱은 맏아들의 축복을 얻을 수 없었다. 사실 하느님은 우리의 말과 행실을 전부 보시고 분별하실 뿐 아니라 우리의 결심과 목표도 살피신다.

누구든 영원한 구원을 얻기 위해서나 하느님을 관상하기 위하여 무엇을 행하거나 약속하는 것을 하느님께서 보실 때, 그것이 사람들에게 거칠고 부정적으로 보이더라도 하느님께서는 마음에 품은 깊은 성심을 보시고, 말의 소리가 아니라 의도하는 결심을 보시고 판단하신다. 행하는 사람의 목적과 심정을 헤아려야 하기 때문이다. 그래서 앞에서 말한 바와 같이, 어떤 이는 거짓말 덕분에 의롭게 될 수 있고, 어떤 이는 진실을 말함으로써 영원한 죽음의 죄에 빠질 수 있다.[8]

그런 목표를 바라보고 성조 야곱도 털가죽을 싸맴으로써 텁수룩한 형 에사우처럼 가장하기를 마다하지 않고 이 거짓을 부추기는 어머니의 뜻을 따랐다. 왜냐하면 그는 단순함을 지키는 것보다 이 행동으로 더 큰 축복과 의로움이라는 이익을 얻게 됨을 알았기 때문이다. 그는 아버지의 강복의 홍수가 이 거짓말의 때를 즉시 씻어 줄 것이고 그것이 아주 작은 구름처럼 성령의 바람으로 빨리 사라질 것을 의심하지 않았고, 타고난 대로 있기보다 이런 속임수를 써서 자기가 더 큰 공로를 얻을 것을 확신했다.

18. 게르마누스: 구약 시대에는 이런 행동 방식을 취해도 인정을 받았고 거룩한 사람들이 가끔 거짓말을 해도 칭찬을 받거나 용서를 받았다는 것이 이상하지 않습니다. 역사 초기였기 때문에 우리는 그들에게는 나쁜 행동들도 허락되었다는 것을 알겠습니다.

---

8 라합은 거짓말로 의롭게 된 것이 아니라 신앙(히브 11,31 참조)과 정탐자들에게 베푼 은혜 때문이나(야고 2,25 참조). 들릴라가 죽음의 죄에 빠진 이유는 진실을 말해서가 아니라 남편을 필리스티아인들에게 넘겼기 때문이다.

그래서 복된 다윗의 행동도 이상하지 않습니다. 그는 사울로부터 도망갔을 때 "어떻게 아무도 없이 혼자 오십니까?"라고 묻는 아히멜렉 사제에게 "임금님께서 나에게 어떤 일을 맡기시면서 '내가 너에게 맡겨 보내는 이 일을 아무도 눈치채게 해서는 안 된다' 하고 당부하셨습니다. 그래서 제 부하들과 이곳 어느 지점에서 만나기로 약속해 놓은 것입니다"(1사무 21,1-3)라고 대답했고, 조금 있다가는 "혹시 사제님께 창이나 칼이 없으신지요? 임금님께서 맡기신 일이 너무 급해서 칼은 물론 다른 무기도 가져오지 못했습니다"(1사무 21,9)라고 했습니다.

갓 임금 아키스에게 인도되었을 때는 미친 척했습니다. "그들 앞에서 태도를 바꾸고 그들의 손 가운데 쓰러졌다. 성 문짝에 무엇인가를 긁적거리기도 하고, 수염에 침을 흘리기도 하였다"(1사무 21,14 라틴어역).

그리고 옛 성조에게는 아내와 첩을 여럿 거느리는 것이 허락되었고, 이것이 그들에게는 조금도 죄가 되지 않았습니다. 또 그들은 자주 자기 손으로 원수들의 피를 흘려도 그것이 힐책받지 않았을 뿐 아니라 칭찬받을 일로 여겨졌습니다. 이제 복음의 빛이 떠올라 우리는 그런 일들이 철저하게 금지되어 있다는 것과 엄청난 죄와 하느님 모독 없이 그런 일을 받아들일 수 없다는 것을 압니다. 그래서 우리는 그런 식으로 거짓말을 이용하는 것은, 아무리 착한 색칠로 덮어도 인정받지 못할 뿐 아니라 용서받을 수 없다고 생각합니다. 왜냐하면 주님께서는 "너희는 말할 때에 '예' 할 것은 '예' 하고, '아니요' 할 것은 '아니요'라고만 하여라. 그 이상의 것은 악한 자에게서 나오는 것이다"(마태 5,37)라고 하셨기 때문입니다. 사도(바오로)도 "서로 거짓말을 하지 마십시오"(콜로 3,9)라며 같은 뜻을 밝혔습니다.

19. 요셉: 옛날에는 많은 아내와 첩들을 둘 수 있었지만 종말이 가까이 오고 인류가 충분히 증가한 다음에는 그런 자유가 필요 없게 되었으며 복음의 완덕에 의해서도 당연히 금지되었다. 그리스도께서 오실 때까지는 "자식을 많이 낳고 번성하여 땅을 가득 채우라"(창세 1,28)라는 태초의 축복이 효력을 지녔다. 그리고 시대의 섭리에 따라 회당의 시기에 다산의 복을 누렸던 인류의 뿌리에서 천사와 같은 동정의 꽃이 싹트고, 감미로운 향기를 내는 정결의 열매가 교회에서 나오게 된 것은 지극히 마땅한 일이다.

그런데 저 시대에도 거짓말이 단죄되었다는 것을 구약성경 전체의 말씀이 명백히 보여 준다. "거짓을 말하는 자들을 모두 멸망시키십니다"(시편 5,7), "속임수로 뺏은 빵은 달콤하지만 뒷날 그 입은 자갈로 가득 찬다"(잠언 20,17), 그리고 "거짓말을 멀리해야 한다"(탈출 23,7)는 입법자의 말씀도 있다. 다만 꼭 필요한 일이나 유익한 안배 때문에 단죄할 수 없는 경우에는 거짓말이 용인된다고 했다. 그대가 다윗 임금에 대하여 말한 것은 그런 경우이다. 그는 사울의 불의한 박해 앞에 도망치고 아히멜렉 사제에게 거짓말을 했지만, 이는 이익을 얻거나 누구를 해치기 위한 것이 아니라 오직 흉악한 박해로부터 목숨을 구하기 위한 것이었다.

사실 하느님께서는 원수인 임금을 다윗에게 몇 번이나 넘기셨지만 다윗은 임금의 피로 손을 더럽히려고 하지 않고 "주님께서는 내가 주님의 기름부음받은이인 나의 주군에게 손을 대는 그런 짓을 용납하지 않으신다. 어쨌든 그분은 주님의 기름부음받은이가 아니시냐?"(1사무 24,7)고 했다. 그래서 하느님께서 원하셨거나 어떤 신비를 예표하거나 누구를 구하기 위하여 구약 시대의 성인들이 사용한 요법을 우리도 긴급한 일에 몰렸을 때는 포기할 수 없다. 사실, 사도들도 어떤 유익한 일에 필요하면 그런 방법을 피하지 않았다. 이에 대한 설명은 우선 좀 미루겠다.

먼저 구약의 사례에 대하여 다루는 것이 적절할 것 같다. 그래야 거룩하고 의로운 사람들이 신약에서나 구약에서나 이런 방법을 택함에서 완전히 일치했다는 것을 쉽게 증명할 수 있다.

우리는 다윗 임금을 구하기 위하여 압살롬을 속인 후사이의 선한 거짓에 대하여 무어라고 하겠는가? 조언을 구해 온 이의 이익과 상반되게, 선의를 가장하고 속인 이자의 행동은 성경에 나오는 다음 말씀으로 인정을 받는다. "이는 주님께서 압살롬에게 재앙을 끌어들이시려고, 아히토펠의 그 좋은 의견을 좌절시키셨기 때문이다"(2사무 17,14). 정당한 목적과 갸륵한 의도로 의로운 편을 위하여 실행한 일은 비난받을 수 없었다. 과연 그 속임수는 하느님께서 기꺼워하신 신앙심을 가진 사람의 구원과 종교적 승리를 위한 것이었다. 그리고 방금 말한 후사이가 다윗에게 보낸 사람들을 맞이한 여자의 행동에 대해서 우리는 무엇라고 하겠나? 그는 그들을 우물 속에 숨기고 그 어귀에 덮개를 펴서 그 위에 보리쌀을 말리는 체하면서 "물을 조금 마시고 지나갔다"(2사무 17,20 불가타)고 하여 그들을 뒤쫓는 사람들의 손에서 구해 냈다. 그러니 대답해 보게, 그대들이라면 어떻게 했겠나? 지금 복음의 지배를 받는 그대들이 비슷한 상황을 만났을 때 그 사람들을 비슷한 거짓말로 숨겼겠나? 즉 "물을 조금 마시고 지나갔다"고 함으로써 "죽음으로 끌려가는 이들을 구해 내고 학살에 걸려드는 이들을 반드시 빼내어라"(잠언 24,11 라틴어역)라는 계명을 지켰겠는가? 아니면 차라리 진실을 밝힘으로써 숨어 있는 그들을 죽이려 온 자들에게 넘겼겠는가? 사도의 이 말씀에 대해서는 어찌 생각하느냐? "자기 좋은 것을 찾지 말고 남에게 좋은 것을 찾으십시오"(1코린 10,24), "사랑은 자기 이익을 추구하지 않고(1코린 13,5) 남의 것을 찾습니다." 그리고 자기 자신에 대하여는 "나는 많은 사람이 구원을 받을 수 있도록, 내가 아니라 그들에게 유익한 것을 찾습니다"(1코린 10,33)라고 했다.

우리가 우리의 것을 찾고 우리에게 유익한 것을 고집스럽게 지키려고 한다면 우리는 저런 긴박한 경우에도 사실대로 말하여 남의 죽음에 대한 책임을 피할 수 없게 된다. 그러나 남에게 좋은 것을 우리 유익보다 앞세움으로써 사도의 명령을 따른다면 어쩔 수 없이 거짓말을 하게 된다. 그래서 우리의 엄격한 생활과 완덕에 맞는 것들을 조금 느슨히 하여 기꺼이 남의 유익을 위하여 스스로 낮추지 않으면 애덕의 골수를 다 소유할 수도 없고, 사도의 가르침대로 남의 것을 추구할 수도 없을 것이다. 그러니 우리는 약한 이들을 얻기 위하여 약한 이들에게는 사도처럼 약해져야 한다(1코린 9,22 참조).

20. 여기서 말한 본보기를 헤아려 복된 야고보 사도와 초대 교회의 저 모든 중요한 지도자들도 바오로에게 나약한 이들을 위해서 허약한듯 꾸미는 행동으로 스스로 낮추라고 권고했다. 그들은 그에게 율법에 따른 정결 예식과 머리를 깎고 서원을 하게 했다. 그들은 현재의 위선으로 생기는 손해는 전부 무시했다. 그보다 바오로의 오랜 선교 활동으로 생길 이익만 내다본 것이다. 바오로가 원칙을 지킴으로써 얻을 수 있었던 이익보다 그가 일찍 죽었을 경우 이방인들이 당했을 손해가 훨씬 더 컸을 것이다. 만일 이 유익하고 효과적인 위선 덕분에 바오로가 계속해서 복음 선포에 종사하지 못했다면 온 교회가 반드시 큰 손실을 보았을

것이다.[9]

우리가 말한 바와 같이, 진실을 밝힘으로써 입게 될 손실이 크고, 진실이 주는 이익이 그 손실에 맞비기지 않는 경우에 거짓이라는 피해를 감수하는 것은 필요하고 용서받을 일이다. 이 복된 사도는 그런 중용을 어디에서나 항상 지켰다는 사실을 다른 말로 이렇게 표현했다. "유다인들을 얻으려고 유다인들에게는 유다인처럼 되었습니다. 나 자신은 율법 아래에 있는 몸이 아니지만 율법 아래 있는 이들을 얻으려고, 율법 아래 있는 이들에게는 율법 아래 있지 않으면서도 율법 아래 있는 사람처럼 되었습니다. 나는 하느님의 율법 밖에 있지 않고 오히려 그리스도의 율법 안에 있으면서도, 율법 밖에 있는 이들을 얻으려고 율법 밖에 있는 이들에게는 율법 밖에 있는 사람처럼 되었습니다. 약한 이들을 얻으려고 약한 이들에게는 약한 사람처럼 되었습니다. 나는 어떻게 해서든지 몇 사람이라도 구원하려고, 모든 이에게 모든 것이 되었습니다"(1코린 9,20-22). 이렇게 말함으로써 그는 자신이 가르치고 있는 이들의 연약함을 생각하여 항상 그들의 역량에 맞게 자신을 낮추었다는 것, 완덕의 엄격한 수준을 낮추어 원칙이 요구하는 것을 지키지 않고 오히려 약한 이들에게 유익한 것을 우선적으로 택했다는 것을 보여 준다.

이 부분을 좀 더 주의 깊게 살펴보고 사도의 뛰어난 덕행을 개별적으로 전개하자면 이렇게 물어볼 수 있다. 복된 사도가 모든 일에 모든 이에게 자신을 맞추었다는 것을 어떻게 증명할 수 있는가? 어디서 유대

---

9 야고보와 다른 사도들의 행동이나 권고는 전혀 위선이 아니었다. 그들은 유대인이었으므로 율법을 준수하지 말라고 할 이유가 없었다. 바오로도 율법이 구원에 필요하다고 생각하지 않아서 율법에 대한 자유를 선언했지만 유대인들과 같이 있을 때에는 유대인들의 전통을 지켰다. 그리고 바오로가 따른 그 예식은 그를 광신적 유대인들의 미움으로부터 보호하지도 못했다(사도 21,27-31 참조).

인들에게 유대인처럼 되었는가? 그는 "자, 나 바오로가 여러분에게 말합니다. 만일 여러분이 할례를 받는다면 그리스도는 여러분에게 아무 소용이 없을 것입니다"(갈라 5,2)라는 견해를 마음속 깊이 간직하면서도 티모테오에게 할례를 행함으로써 어느 정도 유대인들의 미신을 지키는 모습을 취했다. 그리고 율법 아래 있는 이들에게 언제 율법 아래 있는 것처럼 되었는가? 야고보와 교회의 모든 원로들은 그리스도 신앙을 받아들였지만 아직 율법의 예식을 준수하는 유대계 신자, 곧 유대인처럼 살아야 한다고 생각하는 신자들의 무리가 바오로를 공격할까 걱정했다. 그들은 바오로가 겪을 위험을 생각해서 다음과 같이 권고하며 그를 설득했다. "그러니 우리가 말하는 대로 하십시오. 우리 가운데에 서원을 한 사람이 넷 있습니다. 그 사람들을 데리고 가서 함께 정결 예식을 거행하고, 그들이 머리를 깎을 수 있도록 그 비용을 대십시오. 그러면 당신에 관한 이야기가 아무것도 아닐 뿐만 아니라 오히려 당신도 율법을 정확히 지키며 산다는 것을 모든 사람이 알게 될 것입니다"(사도 21,23-24). 그래서 그는 율법 아래 있는 사람들을 구원하기 위하여 "나는 하느님을 위하여 살려고, 율법과 관련해서는 이미 율법으로 말미암아 죽었습니다"(갈라 2,19)라고 했던 자기의 엄격한 원칙을 잠시 무시했다. 머리를 깎고, 율법에 따른 정결 예식을 치르고 성전에서 모세의 예식에 따라 서원을 하지 않을 수 없었다.

그리고 그가 하느님의 법을 전혀 모르는 사람들의 구원을 위하여 언제 자신도 법이 없는 것처럼 되었는지 알고 싶으냐? 이방인들의 불경이 성행했던 아테네에서 그가 어떤 식으로 설교를 시작했는지 읽어 보라. "여러분의 신전들을 살펴보니 '알지 못하는 신에게'라고 새겨진 제단도 있었다"(사도 17,23)고 했다. 그들의 미신에서부터 시작해서 자기도

법이 없는 것처럼 저 이교인들의 제단에 새겨진 말을 이용해서 그리스도께 대한 신앙을 이렇게 소개했다. “여러분이 알지도 못하고 숭배하는 그 대상을 내가 여러분에게 선포하려고 합니다”(사도 17,23). 그리고 조금 뒤에 하느님의 법을 전혀 모르는 것처럼 모세나 그리스도의 말씀 대신 이방인 시인의 말, 곧 “여러분의 시인 가운데 어떤 이가 ‘우리는 그분의 자녀’라고 한 말”(사도 17,28)을 인용했다.

이처럼 그는 그들이 논박할 수 없는 그들의 글을 인용하여 그들에게 접근하면서 그릇된 것 가운데에 있는 참된 것을 이렇게 확인했다. “이처럼 우리는 하느님의 자녀이므로, 인간의 예술과 상상으로 빚어 만든 금상이나 은상이나 석상을 신과 같다고 여겨서는 안 됩니다”(사도 17,29). 또한 바오로는 약한 이들에게는 약한 이가 되었다. 그것은 명령이 아닌 관대함으로, 절제하지 못하는 이들에게 다시 동거를 허락해 줄 때(1코린 7,5 참조)와 코린토 신자들에게 단단한 음식이 아니라 젖만 먹였을 때(1코린 3,2 참조), 또 자신이 그들에게 갔을 때 약했으며 두렵고 몹시 떨었다고 말했을 때(1코린 2,3 참조)가 그랬다. 그리고 다음과 같은 경우엔 그는 모든 이를 구하기 위하여 모든 이에게 모든 것이 되었다. “아무것이나 먹는 사람은 가려 먹는 사람을 업신여겨서는 안 되고, 가려 먹는 사람은 아무것이나 먹는 사람을 심판해서는 안 됩니다”(로마 14,3). 또는 “혼인하는 사람도 잘하는 것이지만, 혼인하지 않는 사람은 더 잘하는 것입니다”(1코린 7,38). 또 다른 데서는 “누가 약해지면 나도 약해지지 않겠습니까? 누가 다른 사람 때문에 죄를 지으면 나도 분개하지 않겠습니까?”(2코린 11,29)라고 한 것이다.

이런 식으로 그는 코린토 신자들에게 명한 것을 실행했다. 곧 “유다인에게도 그리스인에게도 하느님의 교회에도 방해를 놓는 자가 되지 마십시오. 무슨 일을 하든 모든 사람을 기쁘게 하려고 애쓰는 나처럼 하십시오. 나는 많은 사람이 구원을 받을 수 있도록, 내가 아니라 그들에게 유익한 것을 찾습니다"(1코린 10,32-33)이라고 말했던 것이다. 틀림없이 티모테오에게 할례를 베풀지 않았으면, 머리를 깎지 않았으면, 유대인식 정결 예식을 거행하지 않았으면, 맨발로 다니지 않았으면,[10] 율법에 따른 서원을 하지 않았더라면 (바오로에게) 유익했을 것이다. 그러나 바오로는 자기가 아니라 많은 이에게 유익한 것을 찾았기 때문에 이 모든 일을 행했다. 하느님을 생각하여 한 일이지만 위선이 없었던 것은 아니었다. 하느님을 위하여 살려고 그리스도의 법으로 말미암아 율법에 대하여 죽은(갈라 2,19 참조) 바오로, 흠잡을 데 없이 지켰던 율법의 의로움을 해로운 것으로 생각하고 그리스도를 얻기 위하여 쓰레기로 여긴(필리 3,6-8 참조) 바오로는 율법이 명하는 것을 마음을 다해 진정한 정성으로 바칠 수가 없었다. "내가 헐어 버린 것을 다시 세운다면 나 자신이 범법자임을 증명하는 것입니다"(갈라 2,18)라고 말했던 그가 자신이 단죄한 것에 다시 빠졌다고 믿어서는 안 된다. 행한 일 자체보다 행한 이의 마음이 평가를 받으므로, 어떤 이들에게는 진실이 해로웠고 거짓말이 유익했던 것을 알 수 있다.

사울 임금이 도망간 다윗에 대하여 신하들에게 "이사이의 아들이 너희를 모두 천인대장이나 백인대장으로 삼을 줄 아느냐? 그래서 너희가 모두 나를 거슬러 음모를 꾸민 것이냐? 나에게 알려 준 자가 아무도 없었다"(1사무 22,7-8)라면서 불평을 늘어놓을 때에 에돔 사람 도엑은 진실을 폭로하여 "제가 이사이의 아들을 보았습니다. 그는 놉으로 아히툽

10 나지르 서원 예식에 속한 부분이었던 것 같다.

의 아들 아히멜렉 사제를 찾아온 적이 있습니다. 그때 아히멜렉은 그를 위하여 주님께 여쭈어 본 다음, 그에게 여행 양식을 주고 필리스티아 사람 골리앗의 칼도 내주었습니다"(1사무 22,9-10)라고 했다. 그 진실 때문에 그는 산 이들의 땅에서 뿌리 뽑혀 마땅한 신세가 되었다. 그에 대하여 예언자는 이렇게 말한다. "그러니 주님께서 너를 영영 멸하시며, 너를 천막에서 잡아채고 끌어내시어 생명의 땅에서 너를 없애 버리시리라"(시편 52,7). 그가 진실을 밝혔기 때문에 영원히 뽑혀 버린 그 땅은 창녀 라합이 거짓말을 하여 그 가문과 함께 뿌리내렸던 땅이다. 마찬가지로 우리는 삼손이 거짓말로 오랫동안 숨겨 왔던 진실을 사악한 배우자에게 털어놓음으로써 엄청난 불행을 당한 것을 알고 있다. 그가 대단히 경솔하게 드러낸 진실이 그가 기만에 빠지게 된 원인이었다. 그가 "네 품에 안겨 잠드는 여자에게도 네 입을 조심하여라"(미카 7,5)라는 예언자의 계명을 지키지 않았기 때문이다.

21. 이제 피할 수 없고 우리도 거의 매일 부딪히는 일들을 예로 들겠다. 아무리 신경을 써도 원하든 원치 않든 할 수 없이 만나게 되는 곤란한 경우가 있다. 저녁 식사를 굶기로 했는데 저녁 시간에 어떤 형제가 와서 식사를 했냐고 물어본다고 하자. 단식하고 있는 우리 고행을 숨겨야 되겠는가, 아니면 사실대로 말해서 그 덕행을 드러내야 하겠는가? 주님께서는 "네가 단식한다는 것을 사람들에게 드러내 보이지 말고, 숨어 계신 네 아버지께 보여라"(마태 6,18). 또 "오른손이 하는 일을 왼손이 모르게 하여라"(마태 6,3)라고 하셨는데, 그 명령대로 한다면 우리가 꼭 거짓말을 하게 된다. 그러나 금욕의 덕행을 드러낸다면, "내가 진실로 너희에게 말한다. 그들은 자기들이 받을 상을 이미 받았다"(마태 6,2)라

는 복음 말씀이 우리를 내리친다. 또 다른 경우를 생각해 보자. 어떤 수사가 나에게 음료를 제공하는 경우인데, 그가 내 방문에 대한 기쁨으로 마시라고 간절히 청하는 잔을 절대 마실 수 없다고 단단히 사양했다고 하자. 그 수사가 무릎을 꿇고 땅에 엎드리고, 이런 봉사가 아니면 자기가 사랑을 실천할 수 없다고 믿는 것을 보았을 때, 내가 억지로라도 그에게 양보하는 것이 옳겠나, 아니면 내가 처음부터 말하고 결의한 것을 고집하는 것이 옳겠나?

22. 게르마누스: 첫째 경우엔 물어보는 이에게 우리의 금욕을 밝히는 것보다 감추는 것이 틀림없이 낫다고 믿습니다. 이러한 경우엔 우리도 거짓말을 피할 수 없다고 인정합니다. 그러나 둘째 경우에는 우리가 거짓말을 할 필요가 없습니다. 첫째, 우리는 그런 언명으로 우리를 묶지 않아도 형제가 제공하는 것을 거절할 수 있습니다. 둘째, 한번 거절한 다음에 흔들림 없이 우리 결심을 고수할 수 있습니다.

23. 요셉: 그대들이 말한 대로, 저런 종류의 결심들은 틀림없이 그대들이 수도승생활의 초기 교육을 받은 저 수도원들의 관례를 따른 것이다. 그곳의 지도자들은 자기들의 뜻을 형제의 저녁 식사보다 앞세우고, 한번 결심한 것을 아주 완고하게 관철하는 습관이 있다. 하지만 우리의 선배들은 달랐다. 그들의 믿음은 사도들이 이룬 것과 같은 기적들을 통해 증명되었지만, 그들은 자기 결심을 완고히 고집하기보다는 올바른 판단과 분별의 정신으로 모든 것을 실행했다. 그들은 다른 이들의 연약함에 양보하는 사람이 자기 결심을 고수하는 사람보다 더 풍성한 열매를 거둘 수 있다고 여겼다. 그들은 교만하게 진실을 밝히기보다는 우리

가 말했던 식으로 필요하고 겸손한 거짓말로 금욕을 감추는 것이 더 고결한 미덕이라고 가르쳤다.

24. 피아문 압바는 한 형제가 자기에게 제공한 포도와 포도주를 25년 만에 망설임 없이 즉시 받아들였다. 그는 자신이 아무도 모르게 금욕을 행하고 있음을 밝히기보다 자기 관습을 깨고 그 수사가 가지고 온 것을 맛보는 편이 낫다고 생각했다. 여기에 나는 우리 선배들이 주저하지 않고 했던 또 한 가지 일을 기억한다. 후배들을 가르치기 위하여 담화 중에 자기가 행한 기적이나 업적을 언급해야 할 때 그들은 그 일을 남이 행한 것처럼 전했다. 이것이 뻔한 거짓말이 아니고 무엇이겠나? 우리도 후배들의 신앙을 북돋아 주기 위하여 내놓을 일이 있다면 얼마나 좋겠느냐? 그렇기만 하다면 우리도 그들의 그런 꾸밈을 가책 없이 모방할 것이다. 불합리하게 진실을 지키기 위하여 듣는 이들을 감동시킬 것을 부적당한 침묵으로 덮거나 자기가 한 것으로 사실대로 말하면서 해로운 자랑을 하기보다는 저렇게 다른 색칠을 하여 거짓말을 하는 것이 낫다. 이방인들의 스승(바오로)도 우리에게 명백하게 그런 교훈을 주었다. 그는 자기가 받은 엄청난 계시에 대해 말할 때 마치 다른 사람이 그것을 받은 것처럼 이렇게 표현했다. "나는 그리스도를 믿는 어떤 사람을 알고 있는데, 그 사람은 열네 해 전에 셋째 하늘까지 들어 올려진 일이 있습니다. 나로서는 몸째 그리되었는지 알 길이 없고 몸을 떠나 그리되었는지 알 길이 없지만, 하느님께서는 아십니다. 나는 그 사람을 알고 있습니다. 나로서는 몸째 그리되었는지 몸을 떠나 그리되었는지 알 길이 없지만, 하느님께서는 아십니다. 낙원까지 들어 올려진 그는 발설할 수 없는 말씀을 들었는데, 그 말씀은 어떠한 인간도 누설해서는

안 되는 것이었습니다"(2코린 12,2-4).

25. 짧은 시간 안에 모든 것을 열거할 수는 없다. 성조들과 수없이 많은 성인들은 거의 모두가 어떤 경우에는 거짓말을 했다. 어떤 분들은 목숨을 보호하기 위하여, 어떤 분들은 강복을 받기 위하여, 어떤 분들은 자비를 베풀기 위하여, 어떤 분들은 비밀을 감추기 위하여, 어떤 분들은 하느님께 대한 열성으로, 어떤 분들은 진실을 알아내기 위하여 거짓말에 도움을 구했다고 말할 수 있다. 모두 열거할 수는 없지만 모두 지나쳐서도 안 된다.

예를 들어, 복된 요셉은 아버지에 대한 정에 못 이겨 임금의 생명을 걸고 맹세하면서 형들을 범죄자로 몰았다. 그는 "너희는 염탐꾼들이다. 너희는 이 땅의 약한 곳을 살피러 온 자들이다". 그리고 "너희 가운데 한 사람을 보내어 아우를 데려오너라. 그동안 너희는 옥에 갇혀 있어라. 너희 말이 참말인지 시험해 보아야겠다. 그렇지 않을 때에는 내가 파라오의 생명을 걸고 말하건대, 너희는 정녕 염탐꾼들이다"(창세 42,9.16)라고 했던 것이다. 요셉이 자비로운 거짓말로 그들에게 겁을 주지 않았더라면 그는 아버지와 동생을 다시 보지 못했을 것이고 그 심한 기근 동안에 그들을 먹여 주지 못했을 것이다. 그리고 끝으로 동생을 팔았다는 죄책감을 형들에게서 풀어 주지 못했을 것이다. 그래서 거짓말로 그 형제들에게 겁을 주었다고 책망하기보다 위험을 꾸며 냄으로써, 그를 미워했고 팔아넘긴 형들을 유익한 참회로 인도한 것을 거룩하고 착한 일로 칭찬해야 할 것이다. 형제들은 그 엄중한 고발에 몰렸을 때, 양심에 큰 충격을 받았는데, 그것은 억울하게 뒤집어쓴 죄 때문이 아니라 옛날에 범했던 죄 때문이었다. 그래서 그들은 서로 말했다.

"그래, 우리가 아우의 일로 죗값을 받는 것이 틀림없어. 그 애가 우리에게 살려 달라고 애원할 때, 우리는 그 고통을 보면서도 들어 주지 않았지. 그래서 이제 이런 괴로움이 우리에게 닥친 거야"(창세 42,21). 내 생각에는 이 고백으로 지극히 잔인한 죄로 그들이 괴롭혔던 동생의 용서를 받았을 뿐만 아니라 구원을 얻어 주는 겸손 때문에 하느님에게도 그 엄청난 죄를 용서받았을 것이다.

또 솔로몬을 생각해 보자. 그는 첫 번째로 내린 판결에서 거짓말을 통해 하느님으로부터 받은 지혜의 선물을 드러내지 않았는가? 그는 저 여자가 거짓말로 덮었던 진리를 드러내기 위하여 자기도 매우 현명하게 꾸며 낸 거짓말을 이용했다. "칼을 가져오너라. 그 산 아이를 둘로 나누어 반쪽은 이 여자에게, 또 반쪽은 저 여자에게 주어라"(1열왕 3,24-25)라고 한 것이다. 임금이 짐짓 꾸민 잔혹함에 진짜 어머니는 마음이 흔들렸지만 가짜 어머니는 임금의 해결책에 찬성했다. 그래서 진리가 명백하게 드러났으니 임금은 판결을 내렸다. "산 아기를 죽이지 말고 처음 여자에게 내 주어라. 저 여자가 그 아기의 어머니다"(1열왕 3,27). 이 판단이 하느님의 감도에 의한 것이 아니라고 생각할 사람은 아무도 없었을 것이다.

우리 마음이 고요할 때나 충격을 받을 때나 결정한 모든 것을 수행해야 하지도 않고 수행할 수도 없다는 것을 성경의 다른 증언에서 얼마든지 배울 수 있다. 성경을 보면, 성인이나 천사들, 그리고 전능하신 하느님도 정해 놓은 것을 자주 변경했다. 예를 들어 복된 다윗은 다음과 같은 결정을 맹세로 뒷받침했다. "내가 내일 아침까지 그에게 속한 모든 사람 가운데 벽에 오줌을 누는 자 하나라도 남겨 둔다면, 하느님께서 다윗에게 벌을 내리시고 또 내리셔도 좋다"(1사무 25,22). 그러나 즉시 나발의 부인 아비가일이 중간에 들어와 남편을 위하여 빌자, 그는 그 위협을 취소하고 부드러워졌다. 그는 잔학한 행위로써 자기 언약을 지키기보다 자기 결심을 위반한 자로 보이는 편이 낫다고 생각했던 것이다. 그래서 "살아 계신 주님을 두고 분명히 맹세하지만, 그대가 급히 와서 나를 만나지 않았던들, 나발에게는 내일 아침이 밝을 때까지 벽에 오줌을 누는 자 하나도 남지 못할 뻔했소"(1사무 25,34)라고 했다. 혼란스런 마음의 충동으로 너무 경솔하게 맹세한 다윗의 황급한 행동을 본받지 말아야 한다고 생각하지만, 그가 마음을 누그러뜨리고 결심을 취소한 일은 따라야 한다고 주장하고 싶다.

"선택된 그릇"인 바오로 사도는 코린토 신사들에게 보낸 서간에서 무슨 일이 있어도 그곳으로 돌아가겠다고 약속했다. "나는 마케도니아를 거쳐 여러분에게 가겠습니다. 사실 나는 마케도니아를 거쳐 가려고 합니다. 어쩌면 여러분과 함께 한동안 지내든가 아예 겨울을 나든가 하겠습니다. 그러면 내가 여러분의 도움을 받아 어디로든 떠날 수 있을 것입니다"(1코린 16,5-6). 그리고 둘째 편지에서도 그 일을 다시 언급했다. "이러한 확신이 있었기에, 나는 먼저 여러분에게 가기로 계획하였습니다"(2코린 1,15). 그러나 중간에 더 나은 계획이 생겨 그는 그렇게 할 수 없다는 것을 아주 똑똑하게 고백했다. "그런데 내가 이렇게 계획하면서 변덕이라도 부렸다는 말입니까? 아니면, 내가 계획하는 것이 속된 동기로 하는 것이어서, 내가 '예, 예!' 하면서 '아니요, 아니요!' 한다는 말입니까?"(2코린 1,17). 그런 다음, 그들을 방문하여 그들에게 부담을 주고 그들을 슬프게 하기보다는 차라리 자기 약속을 깨기로 한 이유도 맹세와 함께 설명한다. "나는 목숨을 걸고 하느님을 증인으로 불러 말합니다. 나는 여러분을 아끼기 때문에 아직도 코린토에 가지 않은 것입니다. 그래서 다시는 슬픈 마음으로 여러분에게 가지 않겠다고 결심하였습니다"(2코린 1,23; 2,1).

소돔에서는 천사들이 롯의 집에 들어갈 것을 거부하면서 "아니오, 광장에서 밤을 지내겠소"라고 했으나 조금 후 그들은 롯의 요청에 못 이겨 할 수 없이 정한 계획을 바꿨다. 성경 말씀대로 "롯이 간절히 권하자 그들은 롯의 집에 들어갔다"(창세 19,3). 천사들이 롯의 집에 들어갈 것을 미리 생각했다면 그의 초대를 사양한 것은 꾸민 일이었다. 한편 초대를 진정으로 거절했다면 그들은 결심을 바꾼 것이 분명하다. 내 생각에 성령께서 이런 일들을 성경에 기록하게 하신 유일한 이유는 우리가 이런 선례를 보고 우리 결심에 너무 완고하게 집착하지 않게 하시려는 것이다. 결심한 것은 계속 우리 재량 아래 있어야 하고 우리 판단은 온갖 법의 구속에서 메이지 않아야 한다는 것이다. 그래야 우리가 유익한 판단이 부르는 방향으로 빠르게 나아갈 수 있고 우리가 적합하다고 판단한 것을 미루거나 거부하지 않고 망설임 없이 그쪽으로 넘어갈 수 있다.

더 숭고한 예를 들어 보겠다. 히즈키야 임금이 심한 병이 들어 누워 있었을 때, 이사야 예언자는 하느님의 이름으로 다가가서 "주님께서 이렇게 말씀하십니다. '너의 집안일을 정리하여라. 너는 회복하지 못하고 죽을 것이다'" 하고 말했다. "그러자 히즈키야는 얼굴을 벽 쪽으로 돌리고 주님께 기도하면서 말씀드렸다. '아 주님, 제가 당신 앞에서 성실하고 온전한 마음으로 걸어왔고, 당신 보시기에 좋은 일을 해 온 것을 기억해 주십시오.' 그러고 나서 슬피 통곡하였다"(2열왕 20,1-3). 그 뒤에 그에게 다시 다음과 같은 말씀이 내렸다. "너는 돌아가서 내 백성의 영도자 히즈키야에게 말하여라. '너의 조상 다윗의 하느님인 주님이 이렇게 말한다. 나는 네 기도를 들었고 네 눈물을 보았다. 이제 내가 너를 치유해 주겠다. 사흘 안에 너는 주님의 집에 올라가게 될 것이다. 내가 너의 수명에다 열다섯 해를 더해 주겠다. 그리고 아시리아 임금의 손아귀에서 너와 이 도성을 구해 내고, 나 자신과 다윗을 생각하여 이 도성을 보호해 주겠다'"(2열왕 20,5-6). 이것이 얼마나 명백한 증거인가? 주님께서는 결정을 고수하는 인정 없는 분이 되는 대신 자비와 애정 때문에 차라리 당신 말씀을 취소하시는 길을 택하셨다. 그래서 임금의 청을 들으시고 이미 결정하신 죽음 대신에 그의 수명을 십오 년 더 연장시키신 것이다.

그와 비슷하게 하느님께서 니네베 사람들에게 무서운 선고를 내려 "이제 삼일이 지나면 니네베는 무너진다"(요나 3,4 칠십인역)고 하셨지만 그들의 참회와 단식을 보시고 그 냉정한 언도를 곧 취소하시고 아버지다운 사랑과 자비로 돌아서셨다. 주님께서 그들이 회개하리라는 것을 미리 아시고 그들을 유익한 참회로 부르기 위하여 도시의 멸망을 위협하셨다고 한다면 이런 결론을 내릴 수 있다. 곧, 형제들을 지도하는 사람들이 교정이 필요한 형제들에게 실제 단행할 것보다 더 엄하게 위협할 수 있다는 것이다. 그런데 어떤 이는 하느님께서 그들의 회개를 보시고 나서 저 엄격한 언도를 바꿨다고 말한다면 그것은 에제키엘을 통해 "내가 악인에게 '너는 반드시 죽을 것이다' 하였어도, 그가 자기 죄악을 버리고 돌아서서 공정과 정의를 실천하면, … 그는 죽지 않고 반드시 살 것이다"(에제 33,14-15)라고 말씀하신 것과 같은 것이다. 그렇게 보아도 우리는 같은 교훈을 얻게 된다. 다시 말해, 우리는 한번 결정한 일을 완고하게 고수할 것이 아니라 필요에 의해 위협한 것을 자비롭게 완화해야 한다는 것이다.

주님께서 니네베 사람들만 특별히 너그럽게 대하셨다고 생각하지 말아야 할 것은 예레미야 예언서에서 볼 수 있다. 거기서 주님께서는 보편적으로 모든 사람에게 그런 식으로 대하실 것을 늘 선언하시면서 필요할 때 우리 공로를 보시고 당신 언도를 서슴지 않고 바꿀 것을 다음과 같이 약속하신다. "나는 언제든지 어떤 민족이나 나라든 뽑고 허물고 없애 버리겠다고 선언할 수 있다. 그러나 그 민족이 내가 이른 대로 죄악에서 돌아서면, 나는 마음을 바꾸어 그들에게 내리려고 하였던 재앙을 거두겠다. 나는 언제든지 어떤 민족이나 나라든 세우고 심겠다고 선언할 수 있다. 그러나 그 민족이 내 말을 듣지 않고, 내 눈에 거슬리는 악한 짓을 저지르면 나도 마음을 바꾸어 그들에게 베풀고자 했던 복을 거두겠다"(예레 18,7-10). 또 에제키엘 예언서에서는 "내가 너더러 그들에게 전하라고 명령한 모든 말을 한마디도 빼놓지 말고 전하여라. 그들이 그 말을 듣고서 저마다 제 악한 길에서 돌아설지도 모른다. 그러면 나도 그들의 악행 때문에 그들에게 내리려는 재앙을 거두겠다"(예레 26,2-3).[11]

이런 증언들은 우리가 우리 결심을 완고하게 고집하지 말고 이성과 판단력으로 조절해야 한다는 것을 밝혀 준다. 우리는 항상 더 좋은 것을 선호하고 택해야 하며, 더 유익하다고 판단한 쪽으로 서슴지 않고 넘어가야 한다는 것이다. 여기서 우리는 무엇보다 하느님의 오묘한 안배에서 배울 수 있는 것이 있다. 그분은 누구든지 생기기도 전에 그 끝장을 다 알고 계셔도 일반적 질서와 순서에 따라, 곧 모든 것을 인간 마음의 움직임에 따라 정리하신다고 말할 수 있다. 그래서 그분은 당신

11 여기서 카시아누스는 예레미야를 에제키엘과 혼동한다.

권능과 당신이 가진 형언할 수 없는 선견에 따라서가 아니라 사람들이 현재에 취하는 행동에 따라 모든 것을 판단하신다. 그 기준에 의해 그 분이 사람을 뿌리치시거나 끌어 주시기도 하고 매일 은총을 부어 주시거나 거절하시기도 한다.

이런 사실을 사울을 선택하신 일에서도 명백히 볼 수 있다. 하느님께서는 당신 선견 지식으로 그의 비참한 종말을 모르실 수 없었지만 그를 수만 명의 이스라엘 군사들 가운데에서 택하여 임금으로 기름부으셨다. 하느님께서는 사울의 그 당시 삶의 공로에 보상을 주신 것이지 앞으로 범할 죄를 생각하시지는 않았다. 그래서 사울이 타락하자 하느님께서는 당신 선택을 후회하시는 것처럼 거의 인간적인 말과 감정으로 사울에 대하여 개탄하시며 "나는 사울을 임금으로 삼은 것을 후회한다. 그는 나를 따르지 않고 돌아섰으며 내 말을 이행하지 않았다"(1사무 15,11)고 하셨고 또 "사무엘은 사울을 두고 슬퍼하였다. 주님께서도 사울을 이스라엘 위에 임금으로 세우신 일을 후회하셨다"(1사무 15,35)고 쓰여 있다.

그리고 그 뒤에 하느님께서 이렇게 이행하신 일을 당신 재량대로 일상적으로 모든 사람에게 해 주실 것을 에제키엘 예언자를 통해 이렇게 밝히셨다. "내가 의인에게 반드시 살 것이라고 하였어도, 그가 자기의 의로움만 믿고 불의를 저지르면, 그의 의로운 행위는 하나도 기억되지 않은 채, 자기가 저지른 불의 때문에 죽을 것이다. 그러나 내가 악인에게 '너는 반드시 죽을 것이다' 하였어도, 그가 자기 죄악을 버리고 돌아서서 공정과 정의를 실천하여, 담보로 받은 것을 돌려주고 강도짓으로 빼앗은 것을 배상하고, 생명의 규정들을 따르면서 불의를 저지르지 않으면, 그는 죽지 않고 반드시 살 것이다. 그가 저지른 죄악은 하나도 기억되지 않는다. 그 대신 공정과 정의를 실천하였으니 반드시 살 것이다" (에제 33,13-16).

그리고 당신이 모든 민족 가운데에서 뽑아 주신 백성이 갑자기 큰 죄를 저질렀을 때, 주님께서 당신의 자비로운 눈을 돌리시자, 입법자 모세가 그들을 위하여 전구했다. "'아, 주님, 이 백성이 큰 죄를 지었습니다. 자신들을 위하여 금으로 신을 만들었습니다. 그러나 이제 그들의 죄를 부디 용서해 주시기 바랍니다. 그렇게 하시지 않으려거든 당신께서 기록하신 책에서 제발 저를 지워 주십시오.' 주님께서 모세에게 말씀하셨다. '나는 나에게 죄지은 자만 내 책에서 지운다'"(탈출 32,31-33).

다윗도 예언의 영을 받아 유다와 그리스도를 박해하는 사람들에 대하여 "저들을 생명의 책에서 지워 버리소서"라고 하소연했다. 그리고 그들의 죄가 너무 커서 구원의 회개를 할 수 없음을 "의인들과 함께 기록되지 않게 하소서"(시편 69,29)라는 말을 덧붙여 표현했다. 또 유다에게서 예언자의 저주가 어떻게 이루어졌는지 잘 볼 수 있다. 그는 (예수님을) 팔아넘긴 죄를 저지르고 난 뒤 "목을 매달아 죽었다"(마태 27,5) 했다. 그러므로 자기 이름이 지워진 뒤 다시 회개하여 의인들과 같이 하늘의 명부에 적힐 수 없었다. 그런데 그리스도의 선택에 의해 사도직을 받았을 때 유다의 이름도 생명의 책에 적혀 있었음을 의심할 수 없다. 그도 다른 사도들과 함께 "악령들이 복종한다고 기뻐하지 말고, 너희의 이름이 하늘에 기록된 것을 기뻐하여라"(루카 10,20)라는 말씀을 들었던 것이다. 그러나 돈에 대한 욕심 때문에 타락하여 하늘에 기록된 이는 땅에 던져졌다. 그래서 그와 또 그와 비슷한 사람들에게는 예언자의 다음 말이 잘 들어맞는다. "주님, 당신이 저버린 자는 누구나 수치를 당하고 당신에게서 돌아선 자는 땅에 새겨지리이다. 그들이 생수의 원천이신 주님을 버린 탓입니다"(예레 17,13). 또는 "그들은 내 백성의 모임에 들지 못하고 이스라엘 집안의 명단에 오르지도 못하며 이스라엘 땅으로 들어가지도 못할 것이다"(에제 13,9).

26. 침묵하고 지나칠 수 없는 유익한 원칙이 있다. 수도승에게 절대로 일어나지 말아야 할 일이지만, 만일에 우리가 분노나 다른 감정에 넘어가 자신을 맹세로 묶어 놓았다면, 양쪽의 이치를 맑은 정신으로 견주어 본 다음에 건전히 판단해서 더 적절하다고 여겨지는 쪽으로 지체 없이 넘어가야 한다. 구원과 성덕에 유익한 일을 놓치는 것보다 우리의 말을 어기는 것이 낫다. 우리가 기억하고 있듯이, 생각이 깊고 경험 많은 사부들은 이런 종류의 결심을 절대 취소할 수 없고 완고하게 고수해야 할 것으로 생각하지 않았다. 그들은 밀랍이 열에 물러지듯이 이성으로 물러져서 더 적절한 길이 나타나면 망설임 없이 더 좋은 쪽을 택했다. 우리 경험으로는 이와 달리 자기 결심을 완고하게 지키는 사람들은 모두 이성이 없고 분별력이 없는 사람들이었다.

27. 게르마누스: 압바께서 상세하고 명확하게 설명해 주신 내용에 따른다면 약속을 깨뜨리는 사람이나 완고한 사람이 되지 않기 위해 수도승은 아무것도 정해 두지 말아야 하겠습니다. 그렇다면 "나는 맹세하고 다짐합니다. 당신의 의로운 결정을 지키겠습니다"(시편 118,106 불가타)라는 시편 말씀을 어떻게 생각해야 합니까? 맹세하고 다짐한다는 것이 결정한 것을 흔들림 없이 지키는 것 아니고 무엇입니까?

28. 요셉: 우리가 여기서 다루는 것은 꼭 구원에 필요한 계명에 대한 것

이 아니고 우리가 신분을 거스름 없이 빠뜨릴 수도 있고 지킬 수도 있는 것들이다. 여기서 생각할 수 있는 것은 아주 엄격한 단식을 하는 것이나 포도주나 기름을 전혀 들지 않는 것, 또는 두문불출하는 것이나 끊임없이 성경읽기와 묵상을 하는 것 등이다. 이런 것들은 우리가 원할 때 행할 수도 있고 필요할 때 문제없이 빠뜨릴 수도 있는데, 그것은 우리 서약과 우리가 선택한 삶에 있어서 손실이 아니다. 그러나 주된 계명을 지키기 위해서는 아주 확고한 결심이 있어야 하며 필요하다면 죽음도 마다하지 말아야 한다. 여기서는 흔들림 없이 "맹세하고 다짐하나이다"라고 해야 할 것이다. 사랑을 지키기 위해서는 그렇게 해야 한다. 사랑의 고요하고 귀한 완전성에 때가 묻지 않도록 차라리 다른 모든 것을 무시해야 한다. 이와 비슷하게 정결을 깨끗이 지키기 위해서 맹세가 필요하고, 믿음과 절제, 정의의 경우도 마찬가지다. 이 모든 것을 변함없이 꾸준히 지켜야 하지만 잠시 동안이라도 단념해야 한다. 몸의 단련은 잠시 동안 유익할 수 있다(1티모 4,8 참조)고 하신 말씀이 있듯이 앞에서 말한 금욕 행위의 경우에는 우리가 주장한 것이 맞다.

성덕을 얻을 더 확실한 기회가 생겨 그런 단련을 늦추는 것이 좋을 것 같으면 그것을 빼고 자유롭게 더 유익한 쪽으로 넘어가야 한다. 그런 것들에 대해 우리를 속박하는 법은 없다. 우리가 얼마간 그런 몸의 단련을 빠뜨려도 그것이 위험하지 않다. 그러나 중요한 계명은 잠시라도 벗어나면 죽을 위험에 빠진다.

29. 또 한 가지 조심해야 할 점이 있다. 비밀을 지키려 했던 어떤 말이 우연히 입 밖으로 튀어나오는 경우가 있을 수 있다. 그럴 때 듣게 된 사람에게 그것을 비밀로 하라고 강요하지 마라. 그저 지나가는 말처럼 들

리면 상대방이 그것을 떠벌리고 싶은 충동을 별로 받지 않기 때문이다. 들은 형제는 그것을 그저 이야기 하다가 별 의미 없이 지껄인 말로 보고 또 꼭 침묵을 지켜야 한다고 강조하지 않았기에 가벼운 것으로 생각할 것이다. 이와 달리 그대의 요구에 따라 상대방이 비밀을 지키겠다고 맹세한다고 해도 그 내용을 오히려 더 빨리 털어놓을 것이 틀림없다. 그런 경우 그대를 슬프게 하고 상대방을 헛맹세하는 사람으로 만들기 위하여 악마가 온 힘으로 그를 더욱 무섭게 공격할 것이기 때문이다.

30. 따라서 수도승은 육체의 고행에 관한 한 아무것도 성급하게 약속해서는 안 된다. 만일 그렇게 한다면 자극을 받은 원수가 율법을 지키듯이 실행하는 것을 더욱 빨리 위반하도록 그를 강요할 것이다. 은총의 자유를 누리는 사람이 자기가 지켜야 할 법을 정하면 스스로 치명적인 종살이를 택하는 것이다. 결과적으로 자기가 본래 해도 되는 것, 감사하면서 하면 칭찬마저 받을 수 있는 어떤 것을 이제 부득이 행한다면, 그는 법을 어기는 죄인이 되어 버린다. 그런데 "율법이 없는 곳에는 범법도 없습니다"(로마 4,15).

우리는 복된 요셉의 가르침을 하느님의 신탁처럼 받아들이고 계속 이집트에 머무르기로 했다. 그 후 우리는 우리 약속에 대하여 크게 걱정하지 않았다. 하지만 7년을 다 마치고 나서는 우리 언약을 기꺼이 실행했다. 그런데 빠른 걸음으로 우리 수도원으로 다시 돌아갈 무렵 우리는 이미 사막에 다시 돌아갈 허락을 받을 수 있다는 자신이 있었다. 우리는 우선 우리 선배들에게 마땅한 공경을 드렸다. 우리가 그들에게 자주 죄송한 편지를 보냈지만, 그들은 우리에 대해 너무 따뜻한 사랑을 느꼈기 때문에 안심하지 못했던 것이다. 그러나 이제 우리는 본래의 다정한 관계를 회복할 수 있었다. 우리도 이제 우리 서약 때문에 느꼈던 가책의 가시를 깨끗이 뽑을 수 있었다. 그래서 그분들도 우리를 기쁘게 배웅하는 가운데 우리는 다시 스케티스 사막으로 돌아왔다.

거룩한 형제 여러분,[12] 우리는 부족한 능력으로 고명한 사부들의 지식과 가르침을 여러분을 위하여 저술해 보았습니다. 우리의 서투른 표현이 그들의 가르침을 밝히기보다 오히려 어둡게 만들었는지도 모르겠습니다. 하지만 우리의 촌스러움은 꾸짖어도 그 위대한 분들에 대한 찬양을 아끼지 말기를 부탁합니다. 심판자이신 하느님 앞에서 침묵을 지키기보다 아무리 조야한 말투라도 그들의 훌륭한 가르침을 전하는 것이 더 안전하다고 생각한 것입니다. 독자들이 그 숭고한 뜻을 바라본다면 우리의 설익은 표현법이 방해가 되지는 않을 것입니다. 우리로서는 칭찬보다는 다른 이의 선익만 염려했던 것입니다. 이 글을 손에 쥐게 되는 모든 분이 유념할 것이 하나 있습니다. 곧, 이 안에 좋게 보이는 모든 것은 사부들의 것이고 좋지 않게 보이는 것은 저희의 것이라는 점입니다.

12 호노라투스와 에우케리우스. 참조: 제11-17담화 서언.

복된 헬라디우스 주교와 레온티우스 주교의 요청에 따라 어느 정도 서술해 드린 담화 열 편을 출판한 뒤에 저는 그 이름과 공덕으로 호노라투스[1]라 불리는 복된 주교와 그리스도의 거룩한 종 에우케리우스에게 다른 담화 일곱 편을 바쳤습니다. 이제 같은 수의 담화를 거룩한 형제 요비니아누스와 미네르비우스, 레온티우스, 테오도루스 형제에게 바치는 것이 좋겠다고 생각되었습니다. 네 분 가운데 마지막 분은 거룩하고 뛰어난 옛날의 덕행을 엄격히 지키는 수도원들의 생활양식을 갈리아 지방에 정착시킨 분이십니다. 나머지 분들은 그들의 가르침으로 수도승들이 우선 공동으로 하는 수도승생활을 추구하게 만들었고 나아가 독수도승생활의 숭고함을 갈망하게 만드셨습니다.

사실 위대한 사부들이 담화에서 설명하는 방식을 보면, 그 내용이 모든 면에서 균형이 잡힌 것이니, 그것은 여러분 덕분에 서부 지방[2]뿐 아니라 섬들[3]에서도 큰 무리를 이룬 형제들의 두 가지 생활 방식에 다 맞는 것입니다. 다시 말하면, 공동체 안에서 찬양받을 만한 순종을 실천

1 '호노라투스'는 '존경받는 이'란 뜻이다.

2 갈리아의 서부.

3 프랑스 남쪽 지중해의 섬들.

하며 항구히 머무는 형제들만이 아니라 멀리 떠나지 않고 수도원 근처에서 독수도승생활을 추구하려는 형제들도 여기서 그들이 머무는 장소와 자기 신분에 맞는 더 충만한 가르침을 찾을 수 있을 것입니다.

여러분의 정성과 수고는 이들에게 이미 큰 도움이 되고 있습니다. 그들은 동일한 수행을 지속해 옴으로써 이미 준비되어서 옛 수도승 사부들의 규정과 가르침을 더욱 쉽게 받아들일 수 있습니다. 이제 그들은 담화들이 수록된 책들을 통해 그 담화의 주인공들을 자기 집에 모시게 되어 질문과 응답으로 대화하듯이 그들과 매일같이 사귀게 될 것입니다. 그러면 그들은 이 지방에서는 거의 알려지지 않은 저 가파른 은둔의 길을 혼자 힘으로 찾느라 애쓰지 않아도 될 것입니다. 사실 이 길은 잘 닦여 있는 길이 많고 수많은 분들의 본보기가 있는 지방에서도 위험한 길이지만, 그들은 옛 전통과 오랜 경험으로 모든 것을 배웠던 분들의 규정을 따르며 독수도승생활의 훈련에 익숙해질 것입니다.

제18담화

피아문 압바의 담화

세 부류의 수도승

1. 우리는 앞에서 말한 원로 세 분을 방문하여 그들의 담화를 듣고 우리의 거룩한 동기 에우케리우스의 부탁대로 그 내용을 기록해 전했다. 그 뒤에 우리는 더 멀리 떨어진 이집트 지역에 가려는 강렬한 의욕에 불탔다. 거기에는 성덕이 더 높은 이들이 더 많이 살고 있었다. 그래서 우리는 나일강 어귀 일곱 개 가운데 하나에 자리 잡은 디올쿠스라는 마을로 갔다. 우리 여정에 꼭 들러야 하는 곳은 아니었지만 거기 사는 거룩한 분들을 뵙고 싶었던 것이다.

옛 사부들이 그곳에 유명한 수도원을 여럿 세우셨다는 말을 듣고 우리는 욕심 많은 상인마냥 더 큰 이득을 얻으려는 희망으로 즉시 불확실한 탐구를 위한 항해에 나섰다. 오랫동안 밀려다니면서 높은 덕행으로 우뚝 솟은 산들을 호기심 어린 눈으로 이리저리 바라볼 때에 아주 높은 어떤 등대처럼 우리 눈에 먼저 들어온 분이 피아문 압바였다. 그분은 그곳에 사는 모든 은수자들 중 가장 연로했으며, 그들의 사제였다. 복음서에 나오는 저 고을처럼(마태 5,14 참조) 그는 우리 눈에 높은 산의 정상에 계신 분으로 비쳤다.

우리 계획을 벗어나지 않고 이 책의 한계를 벗어나지 말아야 하니, 이분의 성덕에 대한 증거로써 하느님의 은총으로 우리 눈앞에서 행해진 기적에 대해서는 침묵을 지켜야 할 것 같다. 우리 의도는 하느님의 놀라운 일들을 전하려는 것이 아니라 우리가 기억할 수 있는 한에서 저 성인들의 가르침과 수행에 관한 것들을 전하려는 것이다. 우리가 독자들에게 제공하고 싶은 것은 악습을 고치는 데 무익하고 헛된 감탄만 자아내는 것이 아니라 완전한 생활을 위한 교훈이 되는 것뿐이다. 복된 피아문은 우리를 매우 반갑게 맞이하고 적당히 대접한 후 우리가 타지에서 온 것을 알고는 우리가 어디서 왔으며 왜 이집트를 방문했는지 상세히 물었다. 그리고 우리가 완덕에 대한 욕망으로 시리아의 수도원[1]에서 왔다는 것을 알고는 다음과 같이 말하기 시작했다.

2. 피아문: 나의 아들들이여, 기술을 배우고자 하는 사람은 누구나 큰 정성으로 자기가 알고 싶은 업종에 대해 공부해야 하며, 그 직업이나 학문의 가장 훌륭한 교사들의 지시와 가르침을 따라야 한다. 그렇지 않으면 헛수고만 한다. 스승들의 정성과 근면은 본받지 않으면서 그들과 비슷해지려는 것은 헛된 욕심일 뿐이다. 우리 경험상, 어떤 이들은 그대들의 지방에서 이리로 와서는 오로지 형제들과 사귀려는 마음으로 수도원들을 돌아다녔다. 여행의 목적이었던 규칙과 가르침을 받아들일 생각은 하지 않고, 보았거나 배운 것을 실제로 체험하기 위해 은둔할 암자를 찾을 생각도 없이 본래 몸에 밴 습관과 수행을 고수했다. 그러자 어떤 이들이 그들을 보고 진보하기 위해서가 아니라 궁핍을 피하기 위해서 거주하는 지방을 바꿨다고 나무랐다. 그들은 아무것도 배우지 못했을 뿐 아니라 자기들의 완고한 마음 때문에 이 지방에 오래 머

1 카시아누스와 게르마누스에 관해서는 참조: 제17담화 각주 2.

무를 수 없었다. 그들은 단식의 관례도 시편을 외우는 순서도 옷 입는 방식마저도 바꾸지 않았으니, 이 지방에서 찾는 것은 자기 양식을 확보하는 일뿐이라고 생각할 수밖에 없지 않았겠는가?

3. 따라서 우리가 생각하는 바대로 그대들이 하느님 때문에 우리를 알고 싶은 마음이 들었다면, 그대들은 초보자로서 저쪽에서 배웠던 모든 것을 다 포기해야 한다. 그 대신 우리 원로들이 행하거나 가르치는 모든 것을 보는 그대로 지극히 겸손하게 따라야 한다. 만일 당장은 어떤 일이나 행동의 이유나 뜻을 이해할 수 없더라도 그것을 보고 흔들리거나 그것을 모방하는 일을 그만두어서는 안 된다. 모든 것을 좋고 단순한 마음으로 받아들이고 원로들이 가르치거나 행하는 모든 것을 따지기보다 보는 그대로 충실히 모방하는 사람들은 그 일에 대한 체험과 함께 모든 일에 대한 인식을 얻게 되기 때문이다. 그런데 따지면서 배우기 시작하는 사람은 끝까지 진리의 이치를 깨닫지 못할 것이다. 원수(악마)는 사부들의 판단보다 자기 판단을 믿는 사람을 보면 그를 계속 유인하여 가장 유익하고 구원에 도움이 되는 일도 필요 없고 해로운 것으로 생각하도록 만들 것이다. 그 사람의 선입견을 이용하는 교활한 원수는 그를 속여 그가 불합리한 자기 견해를 완고히 고집하게 한다. 또 꿋꿋이 지키는 자신의 그릇된 입장으로 좋고 옳게 보이는 것만 거룩하다고 생각하게 한다.

4. 그러니 그대들은 제일 먼저 우리 생활양식이 어디서 어떤 경위로 유래했는지 배워야 한다. 어떤 기술을 효과적으로 습득하고 그 기술을 성실히 실행하려면 누구나 그 창시자들의 성품을 알아야 한다는 것이다.

이집트에는 세 부류의 수도승이 있는데, 그중 둘은 훌륭하지만, 셋째는 나태한 이들로 반드시 멀리해야 한다. 첫째 부류는 회수도승(coenobiota)이다. 이들은 공동체를 이루어 함께 살면서 한 원로의 지도를 받는다. 이 부류의 수도승들은 이집트 도처에 매우 많이 거주하고 있다. 둘째 부류는 독수도승(anachoreta)이다. 이들은 먼저 수도원(coenobium)에서 교육을 받아 수행의 완성에 이른 다음 외딴 곳에 가서 홀로 수행한다. 우리는 이 부류에 속하고 싶다. 셋째 부류는 비난받아 마땅한 사라바이타sarabaita다. 순서대로 각 부류에 대해 더 상세히 다루어 보겠다.

우리가 말한 대로 그대들은 먼저 이 세 부류의 창시자들에 대하여 알아야 한다. 그것을 알기만 하면 피해야 할 생활양식에 대한 혐오감이 생기기도 하고 따라야 할 생활양식에 대한 갈망도 생기게 되어 있다. 사실 누가 어떤 길을 택한다면, 그 길은 그것을 따라가는 이를 반드시 창시자가 도달한 그 목표까지 인도할 것이다.

5. 회수도승의 전통은 사도들이 복음을 선포하던 때에 시작되었다. 이것이 예루살렘에 살던 모든 신자들이 했던 생활이었다.[2] 사도행전은 그것을 이렇게 묘사했다. "신자들의 공동체는 한마음 한뜻이 되어, 아무도 자기 소유를 자기 것이라 하지 않고 모든 것을 공동으로 소유하였다. 재산과 재물을 팔아 모든 사람에게 저마다 필요한 대로 나누어 주곤 하였다. 그들 가운데에는 궁핍한 사람이 하나도 없었다. 땅이나 집을 소유한 사람은 그것을 팔아서 받은 돈을 가져다가 사도들의 발 앞에

2 공동 수도생활이 예루살렘 초기 교회에서부터 시작되었다는 가설은 고대 수도승생활 문학에서 가끔 볼 수 있는데 역사적 근거에 바탕을 두었다기보다는 약간 낭만적이라고 할 수 있는 견해다.

놓고, 저마다 필요한 만큼 나누어 받곤 하였다"(사도 4,32; 2,45; 4,34-35). 그 당시 온 교회가 그렇게 살았는데, 지금은 수도원에서도 그렇게 사는 사람들을 찾기가 어려울 정도다. 사도들이 세상을 떠난 뒤에 믿는 이들의 무리가 미지근해진 것이다. 우선 많은 이교 민족 사람들이 그리스도 신앙을 받아들일 때 사도들은 그들이 아직 신앙의 초보자들로서 이교인의 관습을 쉽게 벗어날 수 없다고 생각해서 그들에게 "우상에게 바쳤던 제물과 피와 목 졸라 죽인 짐승의 고기와 음행"(사도 15,29)만 피하라고 요구했다. 그런데 초보자의 약한 신앙 때문에 이방인 출신 신자들에게 허용한 이 자유는 예루살렘 교회의 완덕을 점차 물들이기 시작했다. 그래서 유대인 출신이나 이방인 출신 개종자들의 수가 날로 늘어남에 따라 그리스도를 새로 믿게 된 사람뿐만 아니라 교회를 지도하는 사람들까지 본래의 엄격한 생활이 느슨해졌다. 몇몇 사람들은 나약함 때문에 이방인들에게 허용된 일을 자기들에게도 허락된다고 생각해서 자기 재산을 지킨 채로 그리스도를 믿고 고백해도 아무런 손해도 보지 않을 줄 알았다는 것이다.

그런데 아직도 사도들의 열성을 지닌 사람들은 지난날의 완덕을 기억하여, 살고 있던 도시들을 떠나고 자기 자신이나 하느님의 교회가 좀 더 느즈러진 생활을 해도 좋다고 생각하는 이들과의 교제를 멀리했다. 그들은 도시의 변두리 외딴 곳에 머물면서 사도들이 교회 전체를 위하여 제정했다고 생각한 규정들을 개인적으로 따로 지키기 시작했다. 그리하여 다른 사람들의 느즈러진 생활에 물들지 않은 제자들의 특별한 생활 방식이 구현되었다. 시간이 지나감에 따라 그들은 점차 일반 신자들의 무리와 분리되었다. 그들이 혼인하지 않고 친족들과 거리를 두며 세속생활을 멀리했기 때문에 사람들은 혼자 따로 사는 그들을 '수도승'

(monachi) 또는 '혼자 사는 사람'(monazontes)이라고 불렀다. 다음에 사람들은 함께 공동생활을 하는 이들을 회수도승(coenobiota)이라고 했고, 그들이 사는 집을 수도원(coenobium)[3]이라고 불렀다. 이것이 가장 오래된 수도승들 부류였다. 이 부류는 생긴 연대만이 아니라 은총으로도 제일이다. 이런 생활 방식은 매우 긴 기간 동안 충실히 지켜져 왔으며 파울루스 압바와 안토니우스 압바의 시대까지 계속되었다. 그리고 아직까지도 엄격한 수도원들에서 그 흔적을 찾아볼 수 있다.

6. 앞에서 말한 완전한 분들 가운데서는 마치 어떤 열매가 잘 열리는 뿌리에서처럼 거룩한 독수도승들의 꽃과 열매도 나왔다. 아는 바와 같이 조금 전에 언급한 파울루스와 안토니우스 성인이 그 생활양식의 창시자들이었다. 그들은 다른 사람과 달리 세심하거나 인내심이 부족해서가 아니라 더 숭고한 발전과 하느님 관상을 열망해서 사막의 고독함을 찾았다. 그런데 파울루스 성인은 박해 때 친척의 흉계를 피하기 위해 할 수 없이 사막에 들어갔다고도 한다. 이와 같이 우리가 말한 저 생활양식에서부터 또 다른 종류의 완덕이 나왔다. 그 추종자들은 옳게도 독수도승, 곧 (사막으로) 물러난 이라고 불린다. 그들은 사람들 사이에 살면서 악마의 가려진 흉계를 억눌렀던 그 승리로 만족하지 않고 내놓고 악령들과 싸우려고 과감하게 멀고 황량한 사막[4]으로 나아갔다.

그들은 평생 사막에 살았던 세례자 요한, 엘리야와 엘리사, 그리고 사도가 다음과 같이 언급한 분들을 모방했다. "그들은 궁핍과 고난과

---

3 coenobium, coenobitae: 그리스말 '*koinos*'(= 공동의)과 '*bios*'(= 생활)의 합성어.

4 고대인들은 사막을 악령들의 본거지로 생각했다.

학대를 겪으며 양가죽이나 염소 가죽만 두른 채 돌아다녔습니다. 그들에게는 세상이 가치 없는 곳이었습니다. 그래서 광야와 산과 동굴과 땅굴을 헤매고 다녔습니다"(히브 11,37-38). 그런 사람들에 대하여 주님께서는 욥에게 비유적으로 이렇게 말씀하셨다. "누가 들나귀를 자유롭게 놓아주었느냐? 돌나귀의 굴레를 누가 풀어 주었느냐? 내가 광야를 그의 집으로, 소금 땅을 그의 거처로 삼아 주었다. 그것은 성읍의 소란을 비웃고 몰이꾼의 고함을 듣는 일 없이 제 목초지인 산들을 기웃거리며 온갖 풀을 찾아다닌다"(욥기 39,5-8). 시편에도 이런 말이 나온다. "이렇게 말하여라, 주님께 구원받은 이들 그분께서 원수의 손에서 구원하신 이들"(시편 107,2). 그리고 조금 뒤에 가서는 "그들은 사막과 광야에서 헤매며 사람 사는 성읍으로 가는 길을 찾지 못하였다. 주리고 목까지 말라 목숨이 다하여 갔다. 이 곤경 속에서 그들이 주님께 부르짖자 난관에서 그들을 구해 주셨다"(시편 107,4-6)라고 했다. 예레미야도 그들을 이렇게 묘사한다. "젊은 시절에 멍에를 메는 것이 사나이에게 좋다네. 그는 홀로 말없이 앉아 있어야 하니 그분께서 짐을 지우셨기 때문이네"(애가 3,27-28). 그들은 심정과 행동으로 시편 저자와 함께 이렇게 노래한다. "나는 마치 광야의 펠리컨처럼, 폐허의 부엉이처럼 되었습니다. 저는 잠 못 이루어 지붕 위의 외로운 새처럼 되었습니다"(시편 102,7-8).

7. 수도승들의 이 두 가지 생활양식은 그리스도교의 기쁨이 되었다. 그런데 이 제도 역시 점차 퇴보하다가 아주 고약하고 지조 없는 수도승들의 부류가 생겼다. 더 정확하게 말하면 그것은 하나니아스와 사피라를 통하여 교회의 시초에 돋아났으나 베드로 사도의 엄격한 처치로 잘린 해로운 나무가 새로 싹튼 것이다. 복된 사도가 내린 엄격한 선고에 대

한 무서운 기억이 신자들의 마음에 남아 있는 동안에는 모든 수도승이 그런 생활을 가증스럽고 저주받을 것으로 판단하여 아무도 그렇게 살 생각을 하지 못했다. 사실 복된 사도는 저 새로운 범죄의 창시자들에게 회개의 기회를 주지 않고 보속으로 그들을 치유해 주지도 않은 채 그 치명적인 싹을 빠른 죽음으로 잘라 버렸던 것이다. 그런데 시간이 많이 지나가니 사람들은 사도가 엄격하게 처벌했던 아나니아와 사피라의 죄를 등한시하거나 잊어버리게 되었다. 이와 같이 그 일이 점차 사람들의 기억에서 사라짐에 따라 '사라바이타'라고 하는 부류가 나타났다.

이 사람들은 수도공동체를 벗어나 필요한 것을 자기 스스로 마련하는 사람으로서 이집트 말로 '사라바이타'라고 부르게 되었다. 그들은 복음적 완덕을 실제로는 추구하지 않으면서 그것을 따르는 체만 하는 상기한 사람들 가운데서 나왔다. 그들은 이 세상의 모든 부귀를 버리고 그리스도의 완전한 포기를 택하는 사람들과 같은 영예를 탐내고 그들과 경쟁하려고 했다. 이들은 빼어난 덕행이 필요한 신분을 시도하기에 마음이 너무 약하거나 어떤 피치 못한 상황 때문에 수도승생활을 택해서 수도승들이라는 말을 들으려고 하지만 그 생활을 모방하려고 전혀 노력하지 않는다. 이들은 수도원의 규칙 생활을 찾지도 않고 원로들의 지도를 받거나 그들의 전통을 따라 자기 의지를 극복하는 법을 배우지도 않는다. 이와 같이 그들은 정상적인 교육에 기초한 건전한 분별의 원리를 받아들이지 않고 오직 형식상 또는 체면상 포기를 택한다. 그들은 자기 집에 머무르면서 수도승의 명칭만 누리고 그 전과 같은 일을 계속하는 사람도 있다. 그런가 하면 스스로 암자를 지어 그것을 수도원이라고 부르고 거기서 자기 자신의 법과 재량에 따라 산다. 그래서 그들은 복음의 계명, 곧 매일의 양식을 걱정하지 말고 자신에 대해 신경

쓰지 말라는 계명을 지키지 않는다. 그러나 의심과 망설임 없이 이 계명을 지키는 사람들은 이 세상의 모든 재산을 깨끗이 포기하고 수도원 장상에게 자신을 맡겨 자기 자신의 주인도 아니라고 선언하는 사람들이다. 그러나 우리가 말한 대로 수도원의 엄격한 규칙을 피하고 둘이나 셋이서 암자에 사는 이들은 압바의 배려와 명령을 받기 싫어 무엇보다 원로들의 멍에를 벗어나기를 원한다. 그들은 자기 뜻을 실행하고 어디든지 마음대로 다니며 무엇이든지 하고 싶은 대로 하는 자유를 누리기를 원한다. 따라서 그들은 어떤 때는 수도원에 사는 사람보다 밤낮으로 바쁘게 살지만 그들의 이념과 의도는 다르다. 그들이 일하는 목적은 그 결실을 당가 수사[5]의 재량에 맡기기 위한 것이 아니라 스스로 모을 돈을 벌기 위한 것이다.

진정한 수도승과 사라바이타의 차이가 얼마나 큰지 보라. 참수도승은 내일을 생각하지 않고 자기 땀의 열매를 하느님께 기쁘게 바치는데, 사라바이타는 내일만 생각하는 것이 아니라 불신하는 마음이 커 여러 해 동안 필요한 것을 미리 걱정한다. 그래서 하느님은 거짓말하는 분으로서, 아니면 궁핍한 분으로서 당신이 약속하신 매일의 양식과 필요한 옷을 마련하실 수 없거나 마련하시기 싫어하신다고 믿는다. 참수도승은 온전한 마음으로 사물로부터의 완전한 이탈과 영원한 가난을 추구하는데, 사라바이타는 모든 재화를 넘치게 차지하려고 한다. 참수도승이 매일 배정받은 일거리 이상으로 생산할 때, 그것은 수도원에서 거룩하게 사용하고 남은 것을 압바의 재량대로 감옥이나 숙박소나 병원이나 가난한 사람들에게 나누어 준다. 그러나 사라바이타는 매일 포식한

5 당가: 오늘날 사용하는 용어는 수도승들의 경리 담당자다.

뒤에 남은 것을 낭비하거나 탐욕을 채우기 위하여 모아 놓는다.

끝으로, 그들이 좋은 의도 없이 모아 놓은 것을 우리가 말한 것보다 설령 더 유익하게 나눌 수도 있다고 하더라도, 그들은 회수도승들의 훌륭한 덕행에 미치지 못한다. 회수도승들은 수도원을 위하여 큰 수입을 얻어도 그것을 날마다 포기한다. 그들은 언제든지 순종과 겸손의 태도를 꼭 지키므로 자기 자신에 대한 권리와 마찬가지로 자신들이 땀 흘려 마련한 물건에 대한 권리도 포기한다. 이와 같이 그들은 자기 노고의 결실을 매일 내어놓음으로써 첫 번째 포기의 열성을 끊임없이 새롭게 한다. 그러나 사라바이타들은 가난한 이들에게 무엇을 줄 때도 그 일로 거만해져 매일같이 죄의 낭떠러지에 곤두박질친다. 회수도승들은 인내와 엄격한 생활로 한 번 택한 신분에 헌신적으로 머물러서 한 번도 자기 뜻대로 행하지 않기 때문에 매일같이 이 세상에 대하여 십자가에 못 박힌 사람이요 살아 있는 순교자가 된다. 그와 달리 사라바이타들은 목적을 향한 열성이 미지근하여 지옥에 떨어진다.

이 지역에는 앞서 말한 두 부류 수도승(회수도승과 독수도승)의 숫자가 거의 비슷하다. 그러나 내가 정통 신앙을 살리기 위하여 다녀온 다른 지역에는 셋째 부류인 저 사라바이타들이 아주 많고 거의 판을 치고 있다는 것을 알게 되었다. 발렌스 황제 시대에 아리우스 이단에 속했던 루키우스가 주교로 있을 때부터, 우리는 정통 신앙을 지키기 때문에 이집트와 테베 지방에서 폰투스와 아르메니아의 광산에 보내진 우리 형제들에게 위문금을 전하러 다녔는데, 그때 드물게나마 몇몇 고을에서 회수도원을 이루고 사는 이들을 본 적은 있지만 그 지역에서 독수도승이라는 명칭은 아예 들린 적도 없다는 사실을 알았다.

8. 그런데 얼마 전부터 우리는 넷째 부류라 할 만한 이들이 생겨나는 것을 발견했다. 이들은 독수도승의 모습과 차림새를 하고 으스댄다. 그들은 수도승생활을 시작하는 초기에 잠깐 동안 회수도승들의 완덕을 열심히 추구하는 듯하지만, 그 열성은 너무 빨리 식어 이전의 습관과 결점을 끊을 생각을 하지 않고 겸손과 인내의 멍에를 더 이상 참지 못해 원로들의 지도를 받기 싫어한다. 그래서 그들은 따로 암자를 마련하여 거기서 혼자 살기를 원한다. 이런 식으로 그들은 아무에게도 자극을 받지 않으니, 사람들 눈에 인내롭고 온순하며 겸손한 사람으로 보이기도 한다. 그러나 이런 습관, 아니 이런 나태에 한 번 걸린 사람은 끝까지 완덕에 도달할 수 없다. 이런 방법으로는 결점을 끊을 수 없을 뿐만 아니라, 그 결점이 자꾸 더 굳어지게 된다. 아무도 자극을 주지 않으면 결점은 몸속에 숨어 있는 치명적 독소가 되고, 감출수록 더욱 깊이 기어들어가 환자에게 불치병이 된다. 사람들은 암자에 혼자 사는 수도승을 존경하기에, 그가 고치려 하기보다 무시하기로 한 결점을 아무도 감히 책하지 않기 때문이다. 그런데 덕행은 결점을 숨김으로써가 아니라 오직 그것과 싸움으로 생기는 것이다.

9. 게르마누스: 코이노비움coenobium과 모나스테리움monasterium은 다릅니까? 아니면 둘 다 같은 것입니까?

10. 피아문: 어떤 이들은 이 두 가지 이름을 같은 뜻으로 사용한다. 그러나 '모나스테리움'은 거주하는 집만 가리키는 말로 그저 수도승들이 사는 장소를 가리키지만, '코이노비움'은 그 신분의 성격과 제도를 가리키는 말이다. 한 수도승이 혼자 사는 집도 '모나스테리움'이라고 할

수 있지만, 여러 사람이 함께 공동생활을 하는 집만 '코이노비움'이라고 할 수 있다. 사실 사라바이타들의 단체가 사는 곳도 '모나스테리움'이라고 한다.

11. 이제 보니 그대들은 아주 훌륭한 수도승들의 부류에 들어가서 이 생활의 기초를 배웠고, 지금은 뛰어난 수도원들의 도장으로부터 독수도승들의 빼어난 수행의 정상으로 옮아가려고 하네. 그대들은 그쪽에서 틀림없이 배웠던 겸손과 인내의 덕을 진지한 마음으로 추구해야 한다. 다시 말하면 어떤 사람처럼 사양하는 말로 또는 지나친 예의와 필요 이상으로 몸을 굽힘으로써 꾸미는 거짓 겸손을 피해야 한다.

세라피온 압바가 그런 꾸민 겸손을 재미있게 비웃은 일이 있었다. 그때에 의복과 말로 자기 자신을 극도로 낮추는 사람이 그의 집에 왔는데, 원로는 그에게 관례대로 마침기도를 바치라고 청했다. 그러나 그는 그 요청을 완강히 거절했다. 그는 자기는 너무 많은 악습에 빠진 사람으로 모두가 마시는 이 공기를 들이마시는 것도 부당하다면서 멍석에 앉는 것도 마다하고 땅바닥에 앉았다. 그리고 그의 발을 씻겨 주는 것도 허락하지 않았다. 그런데 식사를 마치고 세라피온 압바가 보통 하는 훈시 중에 그 사람에게 인자하고 부드러운 어조로 충고하기 시작했다. 아무것도 하지 않고 돌아다니지 말라고 하며 이렇게 튼튼한 젊은이는 정처 없이 사방으로 다니지 말고 차라리 원로들의 규칙을 지키면서 암자에 앉아서 남의 자선이 아니라 자기 손으로 일해서 생계를 유지하라고 했다. 또 바오로 사도가 그런 형편을 피하기 위하여 복음 선포를 하는 수고의 대가로 저런 대접을 마땅히 받을 수 있었음에도 오히려 밤낮으로 일했고, 그것으로 자신을 위하여, 그리고 함께 봉사하는 일에 바빠서 스스로 작업을 할 수 없는 사람들을 위하여 날마다 양식을 마련했다고 말했다. 그 말씀을 듣고 그 손님은 마음이 몹시 상해서 마음에서 느끼는 불쾌감을 얼굴 표정으로 감추지 못했다. 그래서 원로가 이렇게 말했다.

"내 아들이여, 조금 전에 그대는 온갖 무거운 죄를 범했다고 스스로 고백하며 그렇게 무서운 죄를 시인함으로 인해 체면을 잃을 것을 두려워하지 않았는데, 지금 이것은 무엇인가? 나는 그대에게 그저 간단하게 주의를 주었을 뿐이고 전혀 모욕을 주지도 않았고 도와주고 싶은 사랑의 정을 보였을 따름이네. 그런데 내가 보기에 지금 그대는 상당히 분개하여 감정을 감추지 못하고 있는데, 어째서 그런 것인가? 혹시 그대가 자기를 낮춘 것은 우리 입에서 '의인은 말하기 시작할 때 먼저 자기 자신을 고발한다'(잠언 18,7 칠십인역)는 말을 듣고 싶었던 것인가?"

그러므로 마음의 참된 겸손을 지켜야 한다. 그런 겸손은 몸이나 말로써 억지로 자기를 낮추는 것이 아니라 마음속 깊이 자신의 비천함을 확신하는 것이다. 그런 겸손을 어떻게 알아볼 수 있을까? 그런 겸손은 아무도 믿지 않을 범죄를 스스로 자랑할 때가 아니라, 오히려 남이 자기에게 무례하게 죄를 뒤집어씌워도 그것을 아무것도 아닌 양 여기고 당한 치욕을 온유하게 참고 마음의 평정을 지킬 때 드러난다. 그런 인내가 참된 겸손을 가장 확실하게 드러내고 빛내 준다.

12. 게르마누스: 저희는 그런 평정을 어떻게 얻을 수 있으며 어떻게 유지할 수 있는지 알고 싶습니다. 저희는 침묵을 지켜야 할 때 입을 다물고 말을 억제하지만 마음을 어떻게 온화하게 지킬 수 있는지 모릅니다. 가끔 말을 다스려도 우리 속마음은 평화롭지 않습니다. 그래서 저희 생

각으론 따로 떨어진 암자에 들어가 혼자 살지 않으면 아무도 온유함의 덕을 얻을 수 없는 것 같습니다.

13. 피아문: 참된 인내와 평정은 마음의 깊은 겸손 없이는 얻을 수도 유지할 수도 없다. 그리고 그것이 [겸손이라는] 이 샘에서 나온다면 암자나 고독의 뒷받침 같은 것도 필요 없다. 인내와 평정이 그 어머니요 보호자인 겸손에게서 안으로부터 힘을 받고 있다면 밖에서 오는 어떤 도움도 찾을 필요가 없다. 그러나 우리가 남의 자극에 격분한다면 그것은 틀림없이 우리 안에 겸손의 기초가 약하다는 증거다. 그래서 소나기가 조금 뿌려도 우리 집은 큰 타격을 받아서 무너지려고 한다. 만일 원수들의 화살을 맞지도 않고 평정을 지킨다면 그것을 칭찬하거나 감탄할 인내라고 할 수 없다. 하지만 유혹의 폭풍이 들이닥쳐도 동요하지 않은 채 꾸준히 지키는 인내는 훌륭하고 자랑스럽다. 이런 인내는 역경을 당하는 순간 흔들리거나 깨지기는커녕 더욱 튼튼해진다. 무뎌진다고 생각하는 바로 그때 더욱 뾰족해진다. 누구나 알듯이, '인내'라는 말은 참고 견딘다는 의미[6]를 지니고 있다. 그래서 자기가 당한 모든 능욕을 화내지 않고 참는 사람이 아니라면 아무도 인내롭다고 할 수 없다는 것만은 확실하다. 그런 사람을 솔로몬은 마땅히 찬양한다. "인내하는 이는 용사보다 낫고 분노를 다스리는 이는 성을 정복한 자보다 낫다"(잠언 16,32). 또 "분노에 더딘 이는 매우 슬기로운 사람이지만 성을 잘 내는 자는 제 미련함만 드러낸다"(잠언 14,29)고도 하였다.

누가 능욕을 이겨 내지 못해 격분한다면, 그는 상대방의 무례한 짓이

---

6 라틴어 patientia(인내)는 pati(견디다, 고통을 당하다)라는 말에서 기인한다.

그 죄의 원인이라고 생각하지 말아야 한다. 무엇보다 그 분노는 자기 약점을 드러낼 뿐이다. 이것은 구원자께서 말씀하신 두 채의 집에 대한 비유와 같다. 그중 하나는 반석 위에 세워졌지만 다른 하나는 모래 위에 세워졌다는 것이다(마태 7,24-27 참조). 비와 강물과 폭풍이 두 집에 똑같이 들이닥쳤는데 단단한 바위 위에 세워진 집은 심한 타격에도 전혀 손상을 입지 않았지만 부실한 모래 위에 세워진 집은 즉시 무너졌다는 것이다. 이 집이 무너진 이유는 무엇이겠냐? 명백하게 보이는 것과 같이 그것은 비와 강물이 들이닥쳤기 때문이 아니라 미련하게도 모래 위에 지었기 때문이다.

죄인과 성인을 구별하는 것은 무엇이겠냐? 성인이라고 해서 같은 방식으로 유혹을 받지 않는다는 것이 아니라 크게 공격을 당해도 지지 않는 반면, 죄인은 작은 유혹에도 넘어간다는 것이다. 아까도 말했듯이, 의인이 유혹을 받지도 않고 이긴다면 그것은 칭찬할 만한 굳셈이 아니다. 사실 역경을 맞아 싸우지도 않는다면 승리라는 것이 있을 수 없다. "시련[7]을 견디어 내는 사람은 행복합니다. 그렇게 시험을 통과하면, 그는 하느님께서 당신을 사랑하는 이들에게 약속하신 생명의 화관을 받을 것입니다"(야고 1,12). 바오로 사도도 능력[8]은 한가함과 향락에서가 아니라 "약한 데에서 완전히 드러난다"(2코린 12,9)고 했다. 그리고 이런 말씀이 있다. "오늘 내가 너를 요새 성읍으로, 쇠기둥과 청동 벽으로 만들어 온 땅에 맞서게 하고, 유다의 임금들과 대신들과 사제들과 나라 백성에게 맞서게 하겠다. 그들이 너와 맞서 싸우겠지만 너를 당해 내지

7 라틴어 temptatio에 관해서는 참조: 제6담화 각주 3.

8 라틴어 virtus는 '능력'도 되고 '덕행'도 된다.

못할 것이다. 내가 너를 구하려고 너와 함께 있기 때문이다. 주님의 말씀이다"(예레 1,18-19).

14. 나는 그대들에게 이런 인내의 본보기를 적어도 두 가지 들려주고 싶다. 첫 번째 이야기는 어떤 신앙심 깊은 여자에 관한 것이다. 그 여인은 인내의 미덕을 대단한 열성으로 추구하느라 시련의 기회를 피하지 않을 뿐 아니라 일부러 귀찮은 일을 찾음으로써 그것을 통해 자극을 받고 시련을 견디기로 했다. 이 여인은 알렉산드리아에 사는 사람으로 이름난 가문 출신이었다. 그는 부모로부터 물려받은 집에서 열심히 주님을 섬겼다. 그러다가 복된 아타나시우스 주교에게 가서 교회에서 부양하는 과부 한 사람을 달라고 했다. 자기가 그녀를 먹여 주고 싶다는 것이었다. 그 여인은 자기 요청을 다음과 같이 표현했다. "자매들 가운데 한 사람을 주십시오. 제가 그를 부양하겠습니다." 주교는 자선에 대한 그 여인의 열성을 보고 그녀를 칭찬하면서 모든 과부 가운데 가장 점잖고 예의 바른 사람을 뽑으라고 명했다. 주교는 너그럽게 주는 사람의 뜻이 잘못 받는 사람의 결점 때문에 실패하지 않기를 원했고, 가난한 사람을 도움으로써 상급을 받기를 바라는 여인이 그 가난한 이의 못된 처신 때문에 오히려 신앙심에 상처를 받지 않기를 바랐던 것이다. 그래서 여인은 그 과부를 자기 집에 데리고 가서 대단한 정성으로 대접했다. 과부는 그것을 지극히 겸손하고 온순하게 받아들였다. 그런데 그 여주인은 자신의 친절한 봉사에 대해 매 순간마다 감사의 말을 듣고서는 며칠 뒤에 다시 주교를 찾아갔다. 그리고 주교에게 "저는 제가 돌보고 고분고분하게 섬길 수 있는 사람을 보내 달라고 했던 것입니다"라고 말했다.

주교는 아직도 그 부인의 뜻과 결심을 깨닫지 못하고 담당자의 실수로 부인의 요청이 무시를 당했다고 생각했다. 이에 약간 분개하여 어째서 이런 일이 미루어졌는지 조사했더니, 그 부인에게 다른 과부들보다 고결한 사람이 보내졌다는 사실을 금세 알게 되었다. 그래서 이제 그에게 가장 고약한 과부를 보내 주라고 몰래 명했다. 다시 말하면 화를 잘 내고 자꾸 싸우고 술을 좋아하며 어떤 수다스러운 여자보다 결점이 많은 사람을 뽑으라고 했다. 그런 여자는 그 전 사람보다 훨씬 더 쉽게 찾을 수 있었다. 부인은 그 사람을 집에 데리고 가서 앞 사람과 같은 정성, 아니 더 큰 정성으로 봉사했다. 그러나 자기의 지극한 친절에 대한 대가는 끊임없는 능욕과 모욕, 책망과 욕설뿐이었다. 저 과부는 자기에게 잘해 주기 위해서가 아니라 자기를 괴롭히고 학대하기 위하여 주교에게 청을 넣었다며 큰 소리로 비난했다. 그래서 자기는 이제 고생 대신에 휴식을 취하게 된 것이 아니라 휴식 대신에 고생하게 되었다는 것이었다. 이런 입씨름을 쉴 새 없이 하다가 염치없는 그 여자는 손찌검까지 할 때가 있었다. 그러나 부인은 오히려 더욱 겸손하고 고분고분하게 봉사하기 시작했다. 그는 저항함으로써가 아니라 더욱 겸손하게 순종함으로써 그 미친 여자를 이기는 법을 배웠다. 이와 같이 그는 온갖 수모로 자극을 받으면서도 친절과 온유함으로 욕하는 이의 발광을 달래 보았다. 이런 수행으로 충분히 단련되어 자기가 원했던 인내의 완전한 덕에 도달하고 나서 앞에서 말한 주교를 다시 찾아갔다. 그는 주교의 지혜로운 선택 덕분에 좋은 수련을 할 수 있은 데 대해 감사를 드리고자 했다. 이제야 주교가 자기에게 가장 적당한 인내의 스승을 보냈다는 것이다. 자기는 그 사람의 끊임없는 욕설을 통하여 경기장에서 쓰는 기름처럼 날마다 튼튼해져서 마음의 가장 높은 인내의 덕을 얻을 수 있었다는 것이다. 그는 "주교님은 마침내 저에게 부양할 사람을 주셨습니다. 그 전 사람은 오히려 저를 존경하고 따르면서 편하게 해 주었습니다"라고 말했다. 여성에 대해 이 정도만 말하겠다. 이런 것을 되새김으로써 우리는 감동할 뿐 아니라 부끄러움을 느끼지 않을 수 없다. 우리는 맹수처럼 암자의 울 속에 갇히지 않으면 인내를 유지할 줄도 모르지 않느냐?

15. 이제는 파프누티우스[9] 압바의 예를 들려주겠다. 그는 누구나 아는 그 이름 높은 스케티스 사막에서 살아왔으며 현재 그곳의 사제다. 그는 큰 열성으로 꾸준히 고독함을 추구해서 다른 독수도승들이 그에게 들소라는 별명을 붙였다. 그가 혼자 사는 것을 마치 타고난 상태처럼 늘 즐겼기 때문이다. 어릴 때부터 덕행과 은총으로 뛰어나 그 시대의 가장 이름 높고 훌륭한 분들도 그의 점잖은 태도와 변함없는 항구성에 감탄했다. 그래서 나이는 어려도 그의 공덕 때문에 수도승들은 그를 어른으로 보고 원로와 같이 대해 주었다.

옛날에 형들이 성조 요셉을 미워하게 만든 그 선망의 감정이 파프누티우스의 동료 수사들 가운데에서도 한 사람을 무서운 질투로 불타게 만들었다. 그는 흉한 얼룩으로 파프누티우스의 아름다움을 망가뜨리려고 모략을 꾸몄다. 파프누티우스가 일요일에 성당에 가기 위해 암자를 떠나 있는 시간을 이용해서 슬쩍 그의 암자에 들어가 그가 야자나무 잎사귀로 엮었던 멍석들 가운데 자기 책 한 권을 숨겨 두었다. 그러고는 일을 잘 꾸몄다고 생각하며 마음을 놓고 깨끗하고 결백한 양심을

9 파프누티우스에 관해서는 참조: 제3담화.

가진 사람처럼 성당에 갔다. 그리고 모든 예절을 관례대로 거행한 다음 모든 형제 앞에서 파프누티우스 이전에 그 지역의 사제였던 이시도루스 성인에게 자기 암자에서 누가 책을 훔쳐 갔다고 주장했다. 그의 이런 불평을 듣고는 모든 형제, 특히 사제는 마음으로 크게 충격을 받았다. 그들은 처음에 이 일을 어떻게 생각하고 해결해야 할지 몰랐다. 한 번도 듣지 못했던 그런 범죄에 대해 모두 대단히 놀랐다. 그런 일이 그 이전에 그 사막에서 일어났던 기억을 가진 사람이 아무도 없었고 그런 일은 그 이후에도 일어나지 않았다. 고발자는 모든 형제를 성당에 머물러 있게 하고 그동안 몇 사람을 뽑아서 모든 형제의 암자를 샅샅이 뒤지게 해야 한다고 주장했다. 이에 이시도루스 사제는 그 일을 세 사람에게 맡겼다. 그들은 모든 사람의 독방을 돌다가 끝으로 파프누티우스의 방에 가서, 음모자가 숨겨 둔 대로 야자나무로 짠 멍석 가운데서 그 책을 발견했다. 조사단이 즉시 성당에 가서 그 책을 모든 이 앞에 내놓았더니, 파프누티우스는 양심에 거리낌이 없었음에도 불구하고 도둑질을 시인하듯이 깊이 사과하고 겸손하게 보속을 청했다. 그는 이렇게 신중하고 조심스러운 입장을 취한 것이다. 다시 말하면 도둑질이라는 얼룩을 말로 씻으려고 하면 오히려 거짓말쟁이로 보인다는 것이다. 누구라도 발견된 것 말고는 믿지 않을 것이기 때문이다. 그런데 곧바로 성당을 나간 파프누티우스는 낙심하기보다도 하느님의 심판을 믿었다. 그는 끊임없이 눈물과 함께 기도하고 단식을 세 배 더 엄격하게 지키면서 마음의 깊은 겸손으로 사람들 앞에서도 자신을 낮추었다. 그는 약 두 주간 영육으로 철저히 참회하며 안식일이나 새벽에 성당에 가서 영성체는 하지 않고 다만 성당 입구에 엎드려 간절히 용서를 청했다. 그러나 숨은 모든 것을 목격하고 아시는 분께서는 그가 자신을 괴롭히고 남이 그를 욕하는 것을 더 이상 허락하시지 않았다.

그러다가 아무도 보지 않을 때 자기 자신의 것을 훔쳐 내 범죄를 꾸미고 남의 명예를 교묘하게 손상시킨 자가 그 사실을 스스로 밝히게 되었다. 그것은 그 죄를 선동했던 악마 덕분이었다. 그 사람은 대단히 잔인한 악령에 사로잡혀 몰래 저지른 자기 모략을 모두 자백했다. 이와 같이 고발과 속임수를 궁리한 그 동일한 자가 그것을 폭로한 자가 되었다. 그런데 저 더러운 영은 그를 오랫동안 혹독하게 괴롭혔다. 그래서 하느님의 은사를 받아 악령들에게 명령할 줄 아는 그곳의 성인들이 기도해도 그는 해방되지 못했다. 심지어 이시도루스 사제의 은총도 부족했다. 사실 그 사제가 주님의 너그러운 선물을 통해 받은 은사는 몹시 뛰어나서 그의 문턱에 도달하기 전에 치유되지 않은 부마자付魔者가 하나도 없었다. 그런데도 이번에는 그조차도 그 잔인하기 짝이 없는 악령을 쫓아낼 수 없었다. 그리스도께서는 그 영광을 젊은 파프누티우스를 위해 남겨 놓으셨다. 범인은 자기 모략의 대상이 되었던 바로 그 사람의 기도로만 치료받아야 했던 것이다. 그는 질투에 불타서 파프누티우스의 명예를 좀 깎아내릴 수 있을 줄 알았는데, 이제 도리어 파프누티우스의 이름을 크게 불러서 자기 죄의 용서와 자기 징벌의 결말을 얻어야 했다. 이처럼 파프누티우스는 젊은 시절부터 앞날에 갖추게 될 성품의 싹이 보였으며, 성숙한 나이에 더욱 성장하게 될 그 완덕의 어떤 선線들을 이미 소년이었을 때 그어 놓았다. 따라서 우리가 높은 탑 같은 그분의 덕행에 도달하고자 한다면 시작부터 그런 기초를 놓아야 한다.

16. 나는 두 가지 이유에서 앞의 사건을 이야기했다. 첫째, 그분의 변함없고 굳센 마음을 바라보자는 것이었다. 우리를 공격하는 원수의 간계

가 더 적을수록 평정과 인내를 더 열심히 추구해야 한다. 둘째, 우리가 우리 인내를 안전하게 지키기 위하여 우리 내적 인간의 힘을 믿지 않고 인간과의 접촉 없는 암자나 외딴 곳에 거주함이나 성인들과의 사귐이나 그 외에 우리 밖에 있는 어떠한 것을 신뢰한다면 악마의 유혹과 습격으로부터 보호를 받을 수 없다는 사실을 꼭 믿어야 한다. "하느님의 나라는 너희 가운데에 있다"(루카 17,21)고 말씀하신 그분께서 당신 힘으로 우리 마음을 보호하며 굳세게 하시지 않는다면 우리는 공중의 원수(에페 2,2 참조)의 간계를 함께 사는 사람의 도움으로 이기거나, 장소[10]를 옮겨서 피하거나, 단단한 지붕[11]을 덮어서 멀리할 수 있다고 믿어서는 안 된다.

파프누티우스에게는 그 모든 것이 다 있었다. 그래도 유혹하는 자는 그를 공격할 기회를 찾을 수 있었다. 쌓아 둔 담벼락이나 사막의 고독함이나 거기에 모인 그 많은 성인들의 공덕, 이 모든 것도 가장 악한 그 영을 막을 수 없었다. 그러나 하느님의 거룩한 종은 대외적인 일에 의지하지 않고 어두운 모든 것을 심판하시는 분께 마음의 희망을 두었기 때문에 술책이 대단한 공격을 받아도 동요되지 않았다. 그리고 시기심으로 그처럼 큰 악행을 저지르게 한 자의 경우를 생각해 보라. 그는 고독을 누리고 멀리 떨어진 집의 보호를 받고 사제 이시도루스 압바를 비롯한 여러 성인들과의 친교 속에 살지 않았더냐? 그래도 악마가 일으킨 폭풍이 모래 위의 그를 만나서 그의 집에 몰아쳤을 뿐 아니라 그 집을 무너뜨렸다.

---

10 사막을 생각함.

11 암자의 봉쇄를 말함.

그러므로 우리 평정을 밖에서 찾지 말자. 그리고 남의 인내가 우리의 부족한 인내를 도와줄 수 있다고 생각하지 말자. 하느님 나라가 우리 안에 있는 것(루카 17,21 참조)처럼 "집안 식구가 바로 원수가 된다"(마태 10,36). 사실 나에게 가장 친밀한 식구인 나의 심정보다 더 무서운 원수가 없다. 그래서 우리가 깨어 있기만 하면 속에 있는 원수들은 우리를 해칠 수 없다. 우리 식구들이 우리를 대적하지 않으면 마음이 평화를 누려 하느님 나라를 차지하게 된다. 똑똑히 생각해 보자. 나 자신의 마음이 불화 중에 있지 않다면 아무리 악의를 품은 사람이라도 나를 해칠 수 없지 않느냐? 그래도 내가 다친다면, 그것은 남이 공박한 탓이 아니라 나의 부족한 인내심 탓이다. 그것은 단단한 음식을 많이 먹는 것이 건강한 사람에게는 유익하지만 병든 사람에게는 해로운 것과 비슷하다. 음식을 먹는 사람의 나약함이 그 음식에게 해치는 힘을 주지 않으면 아무 탈이 없다.

그래서 우리가 형제들 사이에서 그런 시련을 만나게 되더라도 절대 평정을 잃지 말고 세속 사람들 모양으로 악한 욕설을 내뱉지 않도록 조심하라. 그리고 삐뚤어진 흉악한 사람들이 거룩한 사람들 사이에 끼어 숨어 산다는 것에 놀라지 말자. 우리가 이 세상이라는 타작마당에서 밟히고 부서지는 동안, 영원한 불에 넘겨질 지푸라기들이 깨끗한 밀 속에 섞여 있지 않을 수 없다. 그리고 천사들 가운데 악마, 사도들 가운데는 유다, 부제들 가운데는 지극히 사악한 이단을 날조한 니콜라오스 같은 자가 있었다는 것을 기억한다면(참조: 욥 1,6; 마태 10,4; 사도 6,5; 묵시 2,15) 아주 악한 사람들이 성인들의 집단 속에 끼어 있음이 놀랍지 않을 것이다. 저 이단자 니콜라오스가 사도들이 봉사자로 뽑은 사람이 아니라고 주장하는 이들도 있지만, 그래도 그가 그 당시 제자들의 무리, 현재

수도원에서도 찾기 어려울 정도로 모두 완전했던 그 제자들의 무리에 속했다는 것을 부인할 수는 없을 것이다. 그러니 이제 저 사막에서 그렇게 비참하게 넘어진 사람의 처참한 오욕은 생각하지 말자. 사실 그도 그 후에 그 오욕을 속죄의 많은 눈물을 쏟아서 씻었던 것이다. 그보다는 복된 파프누티우스의 표양을 눈앞에 두자. 본래 지녔던 시기라는 악습이 신심을 가장함으로써 더욱 악화된 저자의 죄가 우리에게 걸림돌이 되어서는 안 되겠다. 그 대신에 우리는 파프누티우스의 겸손을 온 힘으로 따라 가자. 그 겸손은 저 사막에서 누리는 고요함으로 갑자기 생긴 것이 아니었다. 오히려 사람들 사이에 살며 얻은 겸손이 고독 가운데서 발전하고 완숙된 것이다.

우리가 알아야 할 것은 다른 악습보다 시기심이라는 병의 치료가 더 어렵다는 것이다. 이 병이라는 독약이 일단 몸에 들어가면 거의 나을 수 없다. 이 역병에 대하여 예언자는 비유적으로 이렇게 말했다. "이제 내가 너희 가운데 주문으로도 길들일 수 없는 뱀과 독사를 보내니 그것들이 너희를 물리라"(예레 8,17). 이처럼 예언자는 치명적인 독을 가진 왕뱀[12]에 물리는 것으로 질투를 적절히 비유하고 있다. 사실 모든 악덕의 첫 번째 창시자와 으뜸도 시기 때문에 망했고 시기 때문에 남을 망하게 했다. 악마는 먼저 자신을 망치고 그다음에 시기의 대상이 된 인간을 멸망시켰다. 인간에게 죽음의 독약을 주입하기 전에 그는 스스로 망한 것이다. 곧, "악마의 시기로 세상에 죽음이 들어와 죽음에 속한 자들은 그것을 맛보게 된다"(지혜 2,24)는 것이다. 처음으로 이 악덕의 병으로 망한 악마가 속죄로나 어떤 다른 약으로 치유될 수 없었던 것처럼, 자원

12 왕뱀에 관해서는 참조: 제7담화 각주 8.

해서 그에게 물린 사람들도 뱀을 부릴 줄 아는 거룩한 요술사를 무력하게 만든다. 그들에게 고통을 주는 것은 시새우는 상대방의 죄가 아니라 그 행복이기 때문이다. 그래서 그들은 진실을 밝히기를 부끄럽게 생각하니, 쓸모없고 하찮은 고발의 구실을 찾는다. 그 내용이 온전히 거짓이기 때문에 밝히기 싫은 그 치명적인 병균이 골수에 숨어 있어 치료가 쓸모없게 된다. 그 일을 인간 중에 가장 지혜로운 이는 이렇게 적절히 표현했다. "뱀이 소리 없이 물면 뱀 부리는 자가 소용이 없다"(집회 10,11 칠십인역). 소리 없이 물리면 지혜로운 이들의 약으로도 고칠 수 없다.

이 해독을 어떻게 치유할 수 있겠는가? 달래면 더 거칠어지고 친절을 베풀면 더 부풀며 선물을 주면 화를 낸다. 과연 솔로몬의 말대로 "질투를 누가 당해 낼 수 있으랴?"(잠언 27,4). 한쪽에서 더 겸손해지고 더욱 큰 인내를 보이며 더욱 풍요로운 선물을 줄수록 시기하는 사람은 더욱 크게 자극을 받는다. 그가 원하는 것은 상대방의 멸망과 죽음뿐이다. 저 선조 야곱의 열한 아들의 경우를 보라. 그들의 질투는 죄 없는 동생의 큰 겸양으로도 가라앉지 않아 그들은 성경 말씀대로, "아버지가 그를 사랑하는 것을 보고 그를 질투하여 그에게 정답게 말을 건넬 수가 없었다"(창세 37,4 칠십인역). 동생이 그렇게 겸손하게 애원해도 그들의 질투는 가라앉지 않았다. 끝으로 그의 죽음을 원했던 형들은 그를 팔아먹음으로써 자신들의 질투를 겨우 만족시킬 수 있었다.

그러므로 시기는 어떤 악습보다 더 해롭고 고치기 어려운 것이 틀림없다. 그 이유는 다른 이들에게는 치료제가 되는 바로 그 약으로 불타오르기 때문이다. 예를 들어 손해를 입어 속상한 사람은 너그러운 보상을 받아 치유되고 또 모욕을 당해 분한 사람은 겸손하게 배상이 주어지면 마음을 가라앉히게 된다. 그렇지만 그대가 더 겸손하고 더 온순해지는 것을 느낄수록 더욱 마음 상하는 사람을 어떻게 하면 좋겠나? 탐욕 때문에 성내는 사람은 선물로 진정시킬 수 있고, 모욕 때문에 마음 상하거나 복수를 좋아하는 사람은 칭찬으로 달랠 수는 있다. 하지만 시기하는 사람은 남의 성공과 행복에 대하여 화를 낼 뿐이다. 그런데 시기하는 사람을 만족시키려고 자기 일이 잘못되거나 소유를 잃거나 불행을 당하기를 원하는 사람이 어디 있겠는가?

그러므로 이 왕뱀이 우리 안에 살아 있어서 성령의 활동으로 생기를 얻은 모든 것을 한꺼번에 죽이는 일이 없도록 우리는 모든 것을 하실 수 있는 하느님께 꾸준히 도움을 청해야 한다. 인간은 나약함 때문에 다른 뱀들의 독, 곧 육체적인 죄나 악습들에 쉽게 걸리기도 하지만 쉽게 덜어 버릴 수도 있다. 그런 동물들은 육체의 상처 같은 자국을 남기므로 몸이 위험할 정도로 부풀어도 하느님의 노래를 부를 줄 아는 숙련된 요술가가 와서 적합한 해독제를 투입하고 성경에 나오는 구원의 말씀을 약으로 사용하면, 그 무서운 독은 영혼이 영원한 죽음에 이르게 하지는 못할 것이다. 그러나 왕뱀이 쏟은 독과 같은 시기라는 독기는 육체에서 상처를 느끼기 전에 종교와 신앙의 생명 자체를 끊어 버린다.

사실 시기하는 사람은 사람에게만 반기를 드는 것이 아니라 하느님을 모독한다. 그는 형제의 행복밖에 탓하지 않으니, 결국 인간의 잘못이 아니라 하느님의 안배를 비난하는 셈이다. 이것이야말로 '위로 솟아난 쓴 뿌리'(히브 12,15 참조)다. 그것은 높이 돋아나서, 인간에게 좋은 것을 베풀어 주시는 창조주를 모욕한다. 그런데 하느님께서 범죄로 당신께 잘못하는 사람들에게 왕뱀을 보내시겠다고 위협하시는 것을 아무도 이상하게 여겨서는 안 된다. 물론 하느님이 시기라는 것을 만드신 분이실 수는 없다. 그러나 하느님께서 겸손한 이들에게는 좋은 것을 주시고 거만하고 악한 이들에게는 주지 않으시는 것은 공정한 처사다. 사도(바오로)의 말씀대로, 분별없는 정신에 빠진(로마 1,28 참조) 사람들이 마치 그분께서 보내신 것 같은 질투로 얻어맞고 파멸하는 것은 옳고 마땅하기 때문이다. "그들은 신도 아닌 것들로 나를 질투하게 하였다. … 나 또한 백성이 아닌 것들로 그들을 질투하게 하리라"(신명 32,21).

이런 담화로 복된 피아문은 회수도승들의 기초 학교에서 더 높은 단계인 독수도승들의 신분으로 올라가고자 하는 우리의 갈망을 더욱 뜨겁게 불타게 하였다. 그 뒤 스케티스에서 은둔생활에 대해 더 자세히 알게 되었지만, 우리에게 처음으로 그 생활의 기초를 가르쳐 준 분은 피아문 압바다.

제19담화

• 요한 압바의 담화 •

회수도승과 독수도승의 목적

1. 바로 며칠이 지나지 않아 우리는 더 많은 것을 배우겠다는 열망으로 또다시 서둘러 파울루스 압바의 수도원을 찾아갔다. 그 수도원에는 본래 이백여 명의 형제들이 살고 있었다. 그러나 우리가 갔을 때 그곳에서 성대한 행사가 있었기 때문에 다른 수도원에서도 수많은 수도승들이 참석해 있었다. 그날은 마침 전임 압바의 기일이었던 것이다.

내가 이 집회를 언급하는 까닭은 그곳에 모인 그 많은 사람 앞에서 조금도 흔들림 없는 온유함으로 자기 인내를 입증한 한 수도승에 대하여 간단히 말하려는 것이다. 사실 이것은 본서의 목적, 곧 사막을 버리고 지극한 겸손으로 그 수도원에 자원해 들어간 요한 압바의 말씀을 전하려는 목적과는 다르지만 내 생각에 불필요한 말은 피하면서 그 젊은 수도승의 이야기를 기술하면 덕행을 추구하는 모든 이에게 큰 감화를 줄 수 있을 것이다.

그 많은 수도승이 식사하기 위해 열두 명씩 조를 짜서 앉아 있을 때, 한 수도승이 자기가 맡은 요리를 좀 늦게 가지고 들어왔다. 봉사하는 형제들의 무리 가운데서 부지런히 왔다 갔다 하는 파울루스 압바가 이것을 보자 손을 내밀어 모든 이가 보는 앞에서 그의 따귀를 때렸다. 그 때리는 소리는 등지고 앉아 있는 사람이나 조금 멀리 있는 사람이나 다들을 수 있었다. 그러나 길이 기억할 만한 인내심을 지닌 그 젊은이는 그것을 지극히 온유하게 받아들였다. 그의 입에서는 어떤 말소리도 나오지 않았고, 어떤 불평을 드러내는 입술의 미약한 움직임도 없었으며 공손하고 평온한 표정과 안색이 조금도 변하지 않았다. 이 일은 단지 며칠 전 시리아의 수도원에서 이리로 와서 놀랄 만한 저런 인내의 본보기를 아직 보지 못했던 우리뿐 아니라 이와 비슷한 수행을 보았던 다른 모든 이도 대단히 경탄하지 않을 수 없었다. 이 사건으로 아주 훌륭한 사람들도 특별한 교훈을 얻을 수 있었다. 다시 말하면 사부의 그러한 징계조차 그 수도승의 인내를 흔들어 놓지 못했고 그 많은 무리의 구경거리가 된 일도 그 얼굴을 전혀 붉히게 하지 못했기 때문이었다.

2. 이 수도원에서 우리는 요한이라는 아주 나이 많은 수도승을 뵈었다. 이분의 말씀과 어느 성인보다 뛰어난 겸손을 기술하지 않고 지나쳐서는 절대로 안 된다고 생각한다. 특히 지극한 겸덕은 모든 덕행의 어머니요 영적 건물 전체의 가장 단단한 기초인데도 그것을 우리 생활 방식에서는 찾아볼 수가 없다. 그래서 우리가 저 사람들과 같이 덕행의 정상에 올라갈 수 없다는 것은 놀라운 일이 아니다. 우리는 아예 고령에 이르기까지 수도원의 규율 속에 머물 줄도 모르고 겨우 이 년간 순종의 멍에를 견디고 나면 외람되게도 해로운 자유를 누리려고 하루 빨리 달아난다. 그리고 그 짧은 기간 동안에도 우리는 저분들과 같은 엄격한 규칙을 지키지 않고 우리의 자유로운 의지에 따라 이럭저럭 장상의 지배를 받는 것이다.

앞에서 말한 원로를 파울루스 압바의 수도원에서 보았을 때 우리는 먼저 그분의 많은 연세와 그분께서 지니신 부드러움에 탄복하였다. 그러고 나서 우리는 고개를 숙이고 그분께 부탁의 말씀을 드렸다. 어째서 사막에서 누리던 자유와, 똑같은 은수생활을 하는 사람들 중에서도 누구보다 뛰어난 덕망으로 유명해진 그 생활양식을 버리고 수도원의 멍에 아래 들어오게 되었는지 그 이유를 말씀해 달라는 것이었다. 그분은 은수생활을 하기에는 자신의 능력이 부족하며 그런 완덕의 수준에 이를 자격이 없다고 대답했다. 그래서 자기는 초보자들의 학원으로 돌아가 그 규정이라도 제대로 채워 보기로 했다는 것이었다. 그러나 우리가 그런 겸손한 대답을 받아들이지 않고 끈질기게 다시 요청을 했더니 그는 결국 다음과 같이 말하기 시작했다.

3. 요한: 그대들은 내가 은수생활을 떠난 것을 의아해 하고 있지만 나는 그 생활을 거부하거나 무시하지는 않는다. 나는 오히려 그 생활을 온 마음으로 긍정하고 받아들인다. 사실 나는 수도공동체에서 30년을 보낸 다음 20년간 은수생활을 하면서 그런 생활을 어느 정도 영위하는 사람들 사이에 다행히 태만하다는 말을 별로 듣지는 않았다. 하지만 그 생활에서 느낄 수 있었던 결백이 가끔 세속적인 일들에 대한 걱정으로 더러워졌기 때문에 나는 수도원으로 돌아가는 것이 더 낫겠다고 판단했다. 좀 더 낮은 목표를 좀 더 쉽게 완수하는 것이 겸손한 고독이라는 더욱 고결한 삶을 감히 시도하는 것보다는 덜 위험하리라 생각했던 것이다. 큰 약속을 해 놓고 소홀한 것보다는 작은 약속을 성실히 이행하는 것이 더 낫다.

그래서 내가 이제 할 이야기 가운데 어떤 말은 좀 거만하거나 함부로 하는 것처럼 들릴지라도 그대들은 그것을 자만심으로 보지 말고 그대들에게 좋은 감화를 주려는 열의에서 나오는 것으로 받아들이기 바란다. 그대들이 그렇게 열심히 배우고 싶다니 나도 진실 그대로 모든 것을 털어놓을 수밖에 없다고 생각한다. 그러니 자랑같이 들리는 이야기가 나오면 과시하는 마음에서가 아니라 사랑하는 마음에서 나오는 것으로 여겨 주기 바란다. 내가 겸손을 조금 제쳐 놓고 내 의도를 전부 사실 그대로 밝히는 것이 그대들에게 유익한 교훈이 되리라고 판단한 것이다. 내가 가리지 않고 말해도 그대들은 나를 뽐내는 사람으로 보지 않을 것이며, 나도 진실을 다 말하지 않은 거짓됨을 행했다는 양심의 가책을 느끼지 않게 되리라고 믿기 때문이다.

4. 사막의 신비를 즐긴 나머지 사람들과의 교제를 잊어버리고 예레미야의 말을 빌려 "주님께서 아시다시피 저는 사람의 날을 원하지 않았나이다"(예레 17,16 참조) 하고 말할 수 있는 사람이 있었을 것이다. 솔직히 말해서 나도 주님의 은총에 힘입어 그 경지에 이르렀거나 적어도 이르려고 노력했다고 할 수 있다. 그래서 주님의 은혜로 나는 허약한 육신이라는 짐을 지고 있다는 것을 깜박 잊어버릴 정도로 황홀 상태에 자주 들어갔음을 기억한다. 그럴 때 내 마음은 한순간 모든 외적인 것을 잊어버리고 모든 물질적인 것에서 온전히 벗어나 내 눈과 귀는 제 기능을 하지 못했다. 내 마음은 하느님께 대한 생각과 영적 관상으로 가득 차서 가끔 저녁이 되면 내가 음식을 먹었는지 안 먹었는지 기억나지 않았고, 다음 날이 되면 전날에 단식을 깼는지 안 깼는지를 몰랐다. 그래서 우리는 토요일에 열네 개의 빵을 칠 일간의 음식으로 작은 바구니에 담아 놓아 끼니를 빠뜨릴 경우 그것을 알 수 있도록 한다. 이 습관은 또 다른 착각의 가능성을 막을 수 있다. 곧, 빵이 모두 떨어지면 은수자는 한 주간이 끝나고 축제의 날이 돌아왔다는 것을 알고 주일의 행사와 성

대한 모임을 빠뜨리지 않게 된다. 그리고 만일 앞에서 말한 탈혼 상태로 말미암아 그런 순서가 좀 뒤바뀌더라도 매일 하는 작업의 분량으로 날수를 알 수 있어서 착오를 피할 수 있다.

지금은 은수생활의 나머지 장점에 대해선 이야기하지 않겠다. 여기서 설명하고 싶은 것은 그 생활의 여러 가지 훌륭한 면이 아니라 독수도승생활과 회수도승생활의 목적이다. 그대들이 알고 싶은 것은 내가 왜 독수도승생활을 떠났느냐 하는 것이니, 내가 그 이유를 간단하게 말해 보겠다. 그리고 방금 말한 고독의 열매를 제쳐 두고 내가 추구하기로 한 더 높은 보람이 어떤 것인지를 짧은 말로 설명하겠다.

5. 사실 옛날에는 사막에 사는 사람의 수가 적어서 엄청나게 넓은 고독의 공간이 우리에게 더 큰 자유를 마련해 주었다. 그때 우리는 아주 멀리 떨어져 있었기 때문에 저 천상적 황홀 상태에 끌려 들어가는 일이 매우 잦았다. 그 당시에는 방문하러 몰려오는 형제들의 무리를 제대로 접대해야 하는 데서 오는 큰 걱정과 분심도 우리의 심정을 억누르지 않았다. 그때 나는 고독으로 꽉 찬 정적의 신비와 천사들의 행복에 비길 만한 저 생활을 한없는 욕망과 마음의 온전한 열정으로 추구했다.

그러나 점차 더 많은 형제가 저 고독의 거주지에 오기 시작하자 넓은 사막의 자유가 좁아졌다. 그래서 하느님을 관상하고자 하는 열기가 점차 식고 우리 마음은 여러 가지 세속적인 일에 얽매이게 되었다. 그래서 나는 육체에 필요한 것들을 채움으로써 그렇게 숭고한 생활양식을 제대로 영위하지 못하는 것보다 차라리 어느 정도 이 공동생활에 열중하기로 선택했다. 여기서는 내가 누리던 저 자유와 황홀경의 체험은 없지만 적어도 나는 내일 걱정을 전부 버리고 복음의 계명(마태 6,34 참조)

을 채울 수 있어서 위로를 받는다. 저 높은 관상을 즐기지 못해 손해를 본다 해도 그것은 순종의 공로로 보상된다. 사실 어떤 기술이나 학문의 명분만 내세우고 그 완성에 전혀 도달하지 못하는 것은 너무도 비참한 일이다.

6. 이제 회수도승생활에서 얻는 유익을 간단히 설명하겠다. 이 유익이 저 고독의 유익과 맞먹을 수 있는지는 내 이야기를 듣고 판단하라. 또한 내 말을 듣고 나면 그대들은 내가 싫증이 나서 사막을 떠났는지 아니면 거기서 찾으려 했던 순수함을 얻으려고 수도원의 좁은 공간을 택했는지 알 수 있을 것이다. 여기서 나는 매일의 노동에 대한 계획이 필요 없고 판매나 구매 걱정도 없다. 일 년 먹을 빵에 대한 불가피한 걱정도, 자기 자신뿐 아니라 찾아오는 많은 손님에게 필요한 것을 장만하려는 세속적 걱정도 없다. 끝으로 여기는 사람들이 하는 칭찬에서 오는 자만심, 다시 말해, 하느님의 눈에는 저 모든 것보다 더 더럽고 아무리 위대한 사막의 고행이라도 가치 없게 만드는 그런 자만심도 없다.

그러나 독수도승들이 빠지기 쉬운 영적 자만심과 치명적 허영심의 위험에 대한 이야기는 일단 미루고 먼저 모든 이의 보편적 부담, 곧 식사를 준비하는 평범한 걱정에 대해 생각해 보자. 사실 지금의 생활수준은 지나치게 높아졌다. 옛날 은수자들은 기름을 전혀 쓰지 않고 매우 엄격하게 살았다. 그 후 우리는 그런 규칙을 완화시켜 기름 세 홉과 불콩 반 말을 준비하여 일 년간 손님 대접까지 다 하였다. 그러나 지금은 사람들이 그것으로 만족하지 않고 그 양을 두세 배로 늘려도 식생활에 필요한 것을 겨우 마련한다고 한다. 어떤 이들은 참으로 심각하게 그 무익한 느즈러짐에 빠져 들었다. 매우 철저한 극기로 은수생활을 한 우리 선배들은 식초와 소금물을 섞은 뒤 다만 자만심을 피하기 위해 그 위에 기름 한 방울 정도 떨어뜨렸다. 그러나 현재 어떤 이들은 입맛을 높이려고 이집트 산産 치즈를 부수어 넣고 거기에다 필요 이상의 기름을 붓는다. 이처럼 그들은 수도승이 서로 다른 시간에 아주 기분 좋게 먹을 수 있는 두 가지 맛있는 음식을 한꺼번에 즐기려고 한다. 그러한 물질의 소유가 어느 정도 불어났는가에 대해서는 얼굴을 붉히지 않고서는 말할 수가 없는데, 손님을 환대한다는 구실로 은수자들이 자기 방에다 담요를 두기 시작했다.

그 외에 영적 관상을 갈망하는 마음에 큰 부담이 되는 다른 일들은 그냥 넘어가겠다. 그 일들 가운데는 형제들이 찾아오는 일, 손님을 접대하고 환송하는 일, 서로 방문하는 일, 대화와 볼일이 끊임없이 계속되는 일 등을 들 수 있다. 그리고 얼마간 그런 방해 자체가 없을 경우에도, 부산하게 지내는 데 습관이 된 마음은 긴장을 벗어나지 못한다. 그 결과로 은수생활의 자유가 그러한 사슬에 얽혀 한 번도 우리가 말한 형언할 길 없는 희열에 올라가지 못하고 따라서 독수도승생활의 열매를 잃게 된다.

지금 나는 공동생활을 하면서 형제들의 무리에 끼어 그러한 열매를 거두지는 못하지만 적어도 마음의 평화와 모든 걱정을 벗어난 평온함을 누리고 있다. 한적한 곳에 머무는 이들도 그 평온한 마음이 없다면, 은수생활의 고생을 겪으면서도 마음의 안정 없이는 얻을 수 없는 그 열매를 잃게 된다. 또 수도원 안에 살아서 사막에 있을 때만큼 마음이 깨끗하지 못하더라도 나는 복음 계명을 지킴으로써 그것을 보충할 수 있을 것이다. 이는 앞에서 말한 사막의 모든 열매 못지않게 중요한 것이다. 곧, 여기서 나는 내일을 전혀 생각할 필요가 없을 뿐 아니라 끝까지 압바의 뜻을 받들어 "당신 자신을 낮추시어 순종하신"(필리 2,8) 주님을 어느 정도 모방할 수 있다. 또 그분의 말씀을 빌려, "나는 내 뜻이 아니라 나를 보내신 분의 뜻을 실천하려고 하늘에서 내려왔다"(요한 6,38)고 겸손하게 말할 수 있을 것이다.

7. 게르마누스: 어르신께서 다른 많은 사람처럼 양쪽 생활양식의 초보 단계만 건드리지 않고 그 최고봉에 오르신 것이 분명하니, 회수도승생활과 독수도승생활의 목적을 각각 설명해 주십시오. 사실 오랜 시간과 많은 경험으로 양쪽 생활의 완성에 도달하신 분보다 양쪽의 장점과 목적을 더 잘 가르치고 그 일에 대하여 더 정확하고 자세한 설명을 해 줄 수 있는 사람은 없는 게 분명합니다.

8. 요한: 한 사람이 두 가지 생활 모두에서 완성에 도달할 수는 없다고 절대적으로 주장하고 싶지만 지극히 적은 수의 예외가 있어서 그렇게 하지 못하겠다. 사실 이 중 한 가지 생활양식에서 완성에 도달하는 것도 위대한 일이다. 그러니 양쪽 생활을 완벽하게 한다는 것은 너무 어렵고 인간에게 불가능하다고 해도 과언이 아니다. 그래서 가끔 한둘 그런 인물이 나오더라도 그것은 일반적 사례가 아니다. 보편적 원칙을 정하기 위해서는 작은 부분 또는 소수가 할 수 있는 것이 아니라 많은 이나 모든 이가 할 수 있는 것을 보아야 하기 때문이다. 그래서 만일 아주 드물게 극소수의 사람들이 보통 덕행의 수준으로 불가능한 일을 해낸다 해도 그것은 나약한 인간의 조건과 본성을 초월하는 것으로 특별한 은총에 의한 일이다. 그러니 우리는 그런 것을 일반 규칙으로 삼을 수 없으며 표본이 아니라 기적으로 보아야 할 것이다.

그래서 나는 그대들이 물어본 내용에 관하여 내가 아는 정도만 간단히 설명하겠다. 회수도승의 목적은 자기 뜻을 온전히 죽여 십자가에 못 박히는 것이며, 복음적 완덕의 유일한 계명에 따라 내일에 대하여 아무것도 생각하지 않는 것이다. 과연 회수도승 말고는 아무도 이러한 이상을 완수할 수 없음은 틀림없는 사실이다. 이사야 예언자는 그런 사람을 두고 다음과 같이 묘사하며 복되다고 칭찬한다. "'네가 삼가 안식일을 짓밟지 않고 나의 거룩한 날에 네 일을 벌이지 않는다면 네가 안식일을 '기쁨'이라 부르고 주님의 거룩한 날을 '존귀한 날'이라 부른다면 네가 길을 떠나는 것과 네 일만 찾는 것을 삼가며 말하는 것을 삼가고 안식일을 존중한다면 너는 주님 안에서 기쁨을 얻고 나는 네가 세상 높은 곳 위를 달리게 하며 네 조상 야곱의 상속 재산으로 먹게 해 주리라' 주님께서 친히 말씀하셨다"(이사 58,13-14).

그리고 독수도승의 이상은 마음을 지상의 모든 것에서 해방시켜 인간의 연약함 안에서 가능한 만큼 그리스도와 일치하는 것이다. 예레미야 예언자는 그런 사람들을 두고 다음과 같이 말한다. "젊은 시절에 멍에를 메는 것이 사나이에게 좋다네. 그는 홀로 말없이 앉아 있어야 하니 그분께서 짐을 지우셨기 때문이네"(애가 3,27-28). 시편에서도 "나는 마치 광야의 펠리컨처럼, 폐허의 부엉이처럼 되었습니다. 저는 잠 못 이루어 지붕 위의 외로운 새처럼 되었습니다"(시편 102,7-8)라고 한다. 방금 말한 각 생활양식의 목적에 도달하지 않고서는 회수도승도 독수도승도 각각 자기 생활을 헛되이 택한 것이다. 다시 말하면 그들은 각각 자기 생활양식의 완성에 이르지 못한 것이다.

9. 그러나 그것은 모든 면에서 다 완전하게 된 온전한 완덕이 아니라

부분적인 완덕이다. 그와 달리 참된 완덕은 아주 드물게 극소수에게만 하느님의 은총으로 허용된다. 부분적이 아니라 진정 완전한 사람은 사막에서 느끼는 무서운 고독과 수도원에서 겪는 형제들의 결점들을 모두 같은 아량으로 참는 사람이다. 그래서 양쪽 생활의 이상을 완전히 실천한 사람을 찾기 어렵다. 다시 말하면 독수도승은 모든 물질을 완전히 무시할 수 없으며, 회수도승은 온전히 깨끗한 관상을 얻을 수 없다는 것이다.

그래도 모세 압바와 파프누티우스, 그리고 두 분의 마카리우스가 양쪽의 완덕을 다 지니셨다는 것을 우리는 알고 있다. 다음은 그들이 양쪽 생활의 이상에 도달했음을 보여 준다. 그들은 다른 어떤 수도승보다 더 먼 사막으로 들어가 무한한 열망으로 고독의 신비 속에서 살았고 스스로는 인간과의 사귐을 전혀 구하지 않았지만 그들을 방문하거나 그들에게서 배우려고 무수한 형제의 무리가 그들을 찾아왔을 때는 그칠 줄 모르는 접대의 분주함을 지극한 인내로 견디었다. 이것을 본 사람들은 찾아오는 이들에게 평범한 봉사를 하는 것밖에 일생 동안 그들이 배운 것이나 행한 것이 아무것도 없었다고 생각할 정도였다. 그래서 그들의 열정이 어느 쪽에서 더 뚜렷하게 드러나는지, 곧 그들의 뛰어남이 독수도승의 순수함에 있는 것인지 아니면 공동생활에 있는 것인지 아무도 알 수 없었다.

10. 어떤 이들은 오랫동안 침묵과 고독 속에 지내면 너무 거칠어진 나머지 사람을 만나는 일을 아주 꺼려하게 된다. 그런 이들은 형제가 방문해서 일상의 은둔이 잠시라도 깨어지게 될 경우 매우 불안해하며 성가시다는 티를 낸다. 특히 수도원에서 충분한 교육을 받지 못하고 옛

악습을 뽑아 버리지 못한 채 미숙한 욕망에 의해 은수생활로 건너간 사람들이 흔히 그런 상태에 빠진다. 그들은 언제까지나 양쪽 생활에 불완전하고 허약한 사람으로서 가벼운 충동에도 쉽게 흔들린다. 그들은 형제들과 사귀거나 형제들의 방문을 받을 때 즉시 인내를 잃고 안달하는 한편 고독 중에 지낼 때에는 스스로 추구한 침묵의 황량함을 참지 못한다. 사실 그들은 고독을 그리워하거나 찾아야 하는 이유도 모르고, 형제들과의 사귐을 피하며 인간의 모습을 멀리하고 지겨워하는 것 자체가 은수생활의 이상이요 덕행의 극치라고 생각한다.

11. 게르마누스: 저희가 바로 그런 사람입니다. 저희는 수도원에서 교육을 다 받지도 않고 모든 악습을 쫓아내기도 전에 감히 은수생활을 시작했습니다. 이제 저희나 저희처럼 약하고 모자란 사람들에게 도움이 되는 처방이 무엇이겠습니까? 초보자 교육을 끝까지 받지 못하고 수도승생활의 훈련을 받아야 할 도장이나 학교라고 할 수 있는 수도원과 형제들의 단체를 섣불리 떠난 저희와 같은 사람들은 지금 어떤 방법으로 흔들리지 않는 태연한 마음과 끝까지 참을 줄 아는 단단한 인내를 얻을 수 있다는 말씀입니까? 저희는 지금 혼자 사니까 어떻게 완전한 관용과 참을성을 얻을 수 있겠습니까? 또 마음 안의 움직임을 알아채는 저희 양심이 그런 덕행이 있는지 없는지 어떻게 분간할 수 있겠습니까? 저희가 사람들과의 교류 없이 살아서 그런 방해를 받지 않으니, 잘못 판단해서 이미 마음의 확고부동한 초연함을 지니고 있다고 스스로 착각할 수도 있기에 여쭙니다.

12. 요한: 진지하게 약을 구하는 사람들은 영혼의 참된 의사에게서 오

는 치료제를 받게 되어 있다. 특히 절망이나 태만으로 자기 병을 허투루 여기거나 자기 상처를 덮으려 하거나 참회의 치료를 교만하게 거부하지 않고 오히려 무지나 착오나 어쩔 수 없는 조건 때문에 걸리게 된 질환을 고치려 겸손하고 솔직한 마음으로 천상 의사에게 도움을 청하면 치료제를 받을 수 있다.

그런데 우리가 알아야 할 것은 악습을 고치기 전에 사막이나 고독을 찾아가면 그 악습의 결과만 없어지고 악습의 원인은 그대로 남아 있다는 것이다. 그런 경우 우리 안에는 우리가 뽑아내지 못한 모든 죄의 뿌리가 숨어서 계속 꿈틀거리고 있는 것이다. 그 죄악의 뿌리가 아직 살아 있다는 것은 다음과 같은 징표로 알 수 있다.

예를 들어 우리가 고독 속에 살 때, 어떤 형제가 찾아오거나 잠시 머문다고 하자. 그때 우리가 조바심을 느낀다면 우리는 우리 안에 성급한 성질이 그대로 남아 있다는 것을 알 수 있다. 또 우리가 어떤 형제가 오기를 기다리고 있는데 그가 무슨 일로 조금 늦어진다고 하자. 그때 우리가 마음속으로 그의 지각을 탓하거나 너무 조급한 기대 때문에 우리가 불안해진다면 우리의 양심 성찰은 분노와 슬픔의 악습이 아직도 우리 안에 머물고 있다는 사실을 알려 준다. 마찬가지로 어떤 형제가 우리 책을 좀 보겠다고 하거나 어떤 물건을 좀 빌려 달라고 하는 경우에 그 청이 불편하게 느껴지거나 그 요청을 거절한 나 때문에 그가 불쾌해한다면 우리는 아직도 인색함과 탐욕의 사슬로 얽매여 있음이 틀림없다. 또는 갑자기 기억이 나서 아니면 성경읽기를 하다가 여자 생각이 떠오르는 경우 우리가 어떤 충동을 느낀다면 우리 육신 안에 음탕의 불이 아직 꺼지지 않았다는 사실을 알아야 한다. 우리의 엄격한 생활을 남의 느즈러진 생활과 비교해서 아주 가볍게라도 자랑하고 싶은 유혹을 느낀다면 우리가 무서운 교만에 감염되어 있다는 것이 분명하다.

우리 마음속에서 이와 같은 악습의 징표를 발견할 때 우리 죄의 결과는 없지만 죄의 성향은 그대로 있다는 것을 분명하게 알 수 있다. 우리가 가끔 사람들과 교류하면 그 나쁜 성향들이 즉시 우리 감정의 깊은 구렁으로부터 솟구치게 된다. 이처럼 그것들은 발산하는 그 순간에 생기는 것이 아니라 오랫동안 숨어 있다가 마침내 드러난 것이다. 이와 같이 혼자 사는 사람도 확실한 징표를 보고 자기 안에 있는 각각의 악습의 뿌리를 발견할 수 있다. 하지만 그렇게 하려면, 자신의 순결을 사람들에게 과시하지 말고, 마음속 깊이 숨어 있는 것까지 아시는 그분께서 보시기에도 그것이 깨끗하도록 유지해야 한다.

13. 게르마누스: 우리 약점의 징표를 알아내는 방법과 질환들을 분간하는 요령, 다시 말해 우리 안에 숨어 있는 악습을 발견하는 길을 자세하고 확실하게 들었습니다. 하루하루의 경험과 아무 때나 저희 안에서 움직이는 감정들을 관찰하면 압바께서 하신 말씀이 그대로 들어맞습니다. 이제 저희가 병의 원인과 그것을 알아보는 방법을 더없이 확실하게 배웠으니, 그것을 고치는 요법도 배우고 싶습니다. 병의 치료에 대해서는 병자가 납득할 만큼 병의 원인과 유래를 밝힌 사람보다 더 정확하게 가르칠 수 있는 사람이 어디 있겠습니까? 압바의 지혜로운 가르침이 저희의 숨은 상처를 들추어냈으니, 저희는 감히 치유를 바라게 됩니다. 병에 대한 확실한 진단이야말로 치료의 희망이 되기 때문입니다.

그런데 압바께서 먼저 공동체에서 구원이 시작되어야 하고 수도원들이 베푸는 약을 취하여 나아지지 않는 사람들은 사막에서 건강하게 지낼 수 없다고 말씀하셨습니다. 그래서 저희는 다시 큰 절망에 빠졌습니다. 저희가 불완전한 채로 수도원을 떠났으니, 사막에서 완덕에 이를 수 없지 않을까 걱정입니다.

14. 요한: 열심히 자기 병을 고치려는 사람은 언제나 좋은 약을 찾을 수 있다. 각 악습의 징표를 발견하는 것과 같은 방법으로 우리는 그에 대한 약도 구해야 한다. 혼자 사는 사람에게 인생살이의 악습이 없지 않듯이 아무리 일상생활을 떠난 사람이라도 덕행의 실습과 건강에 이르는 요법을 찾지 못한다는 법은 없다.

그래서 누가 앞에서 말한 징표로 조바심이나 분노의 충동을 받고 있다는 사실을 발견하면 그런 자극을 줄 수 있는 생각을 일으켜서 연습을 해야 한다. 다시 말하면 그는 남에게 온갖 모욕과 훼손을 당한다고 상상해 보면서 악한 사람들이 끼칠 수 있는 모든 고통을 완전한 겸손으로 감수하는 일에 자기 마음을 훈련해야 한다. 그리고 어렵고 참을 수 없는 일들을 상상하면서 참회하는 마음으로 그것들을 얼마나 온유하게 대해야 하는지 묵상해야 한다. 그는 모든 성인의 고통과 주님께서 친히 겪으신 수난을 떠올리면서 온갖 수모뿐만이 아니라 온갖 형벌도 자기가 받아야 할 보속에 미치지 않음을 깨닫고 온갖 고통을 감당할 준비를 할 것이다. 이제 초대를 받고 형제들의 모임에 불려 가는 경우를 생각해 보자. 사실 아무리 철저한 은수생활을 하더라도 그런 일은 가끔 있기 마련이다. 그럴 때 은수자가 아무것도 아닌 일에 대하여 속으로 불안을 느낀다면, 그는 자기 마음의 움직임을 아주 엄격하게 검열하는 심판자가 되어 완전한 인내를 얻기 위해 날마다 묵상 중에 스스로 훈련해 온 모욕을 상기해 가면서 다음과 같이 자기 자신을 책망해야 한다. "훌륭하다는 이 사람아! 너는 저 고독한 훈련장에서 연습했을 때 철저한 인내로 모든 악을 극복하리라고 자랑하지 않았던가! 그 당시에 너는 가장 극심한 수모뿐 아니라 견딜 수 없는 고문을 상상하면서 온갖 폭풍 중에도 흔들리지 않으리라고 믿지 않았던가? 그런데 무적이라는 네 인내는 어째서 가볍게 떨어지는 한마디에 당황하느냐? 굳센 바위 위에 그렇게 단단하게 지었다는 네 집이 어째서 가벼운 바람에 즉시 흔들릴까? 네가 헛된 자신감으로 평화 시에 전쟁을 그리면서 자부하기를, '저는 준비되었으니 당황함이 없으리라'(시편 118,60 불가타)라고 하였으며, 예언자와 함께 자주 말하기를, '주여 저를 샅샅이 알아보시고 시험하소서. 제 콩팥과 심장을 불에 달구어 보시고 제 안에 악함이 없는지 살펴보소서'(시편 138,23-24 불가타)라고 하지 않았던가? 어째서 적군의 작은 그림자가 그 대단한 무장을 놀라게 할까?" 참회하며 이렇게 자신을 힐책하는 은수자는 자기 감정에 넘어간 것을 그냥 두어서는 안 되고 스스로 자신에게 벌을 내려야 한다. 더욱 엄격한 단식과 밤샘으로 자기 육신을 괴롭히며 끊임없는 극기로 마음이 흔들린 죄에 대하여 보속해야 한다. 그는 그런 식으로라도, 본래 수도원의 공동생활에서 뿌리째 다 뽑아야 했던 결점을 이제는 은둔 속에서 그런 단련의 불로 살라 버려야 한다.

무엇보다 항구하고 안정된 인내를 얻고자 하면 모욕에 대한 보복뿐 아니라 기억조차도 하느님의 계명으로 금지된 원칙, 곧 우리가 어떤 피해를 보거나 수모를 당하더라도 화를 내지 말아야 한다는 원칙을 언제나 틀림없이 지켜야 한다. 분노로 말미암아 갑자기 눈이 멀어 참되고 영원한 빛의 밝음을 잃고 "마음이 온유하고 겸손한"(마태 11,29) 그분을 관조하지 못하는 것보다 영혼이 당할 수 있는 더 큰 손해가 어디 있겠는가? 과연 술 취한 사람이나 바보가 저질러도 용서받을 수 없는 짓을,

술에 취하지도 않은 건전한 상태에서 정당한 판단과 분별의 원리를 떠나 범하는 것보다 더 해롭고 흉한 일이 있겠는가? 이러한 해악을 생각하면 우리는 온갖 종류의 손해뿐 아니라 가장 잔인한 사람이 줄 수 있는 모욕과 형벌이라도 쉽게 참고 무시하게 될 것이다. 분노보다 더 해로운 것이 없고 고요하고 언제나 깨끗함을 지키는 마음보다 더 귀한 것이 없기 때문이다. 그것을 지키기 위하여 우리는 세속적 이익을 포기할 뿐 아니라, 만일 그 고요함을 잃지 않고서 얻거나 완수할 수 없다면 영적이라고 생각되는 이익이라도 포기해야 할 것이다.

15. 게르마누스: 압바께서는 분노와 슬픔, 조바심 같은 결함을 고치기 위해 이런 성향에 도전하는 것을 상상하는 요법을 쓰라고 하셨습니다. 이제 저희는 음란한 성향을 고치기 위해 어떤 요법을 써야 되는지 알고 싶습니다. 그러니까 음탕의 불도 앞에서 설명하신 경우처럼 더 강한 자극을 줌으로써 끌 수 있는지 알고 싶습니다. 저희 생각으로는 저희 안의 욕정을 지나치게 부채질함은 물론이고 잠시 그것을 스치는 것도 순결에 매우 해롭다는 것입니다.

16. 요한: 그대들이 가만히 있어도 내가 다음 순서로 다루고자 했던 문제를 그대들은 영리하게도 먼저 질문하여 그것을 건드리는군. 이제 그대들의 이해력이 내 설명을 앞질렀으니 그 문제를 정확히 파악하게 되리라는 것을 나는 의심하지 않는다. 사실 물어보는 사람이 해답을 먼저 예측하고 옳은 방향으로 미리 나아가면 아무리 까다로운 문제라도 수월하게 풀 수 있는 법이지.

앞에서 말한 악습을 고치는 데에 사람들과 사귀는 일은 방해되지 않고 오히려 아주 유익하다. 거듭된 성급한 반응으로 그런 성향이 자주 드러나면, 실수를 범한 사람은 계속해서 통회의 아픔을 느끼게 되고 노력을 해서 더욱 빨리 건강을 되찾게 될 것이기 때문이다. 그래서 다른 사람들이 우리의 그런 악습을 자극하는 계기가 없는 사막에 있더라도 우리는 일부러 그런 충동을 상상해 보아야 한다. 그래야 그것들과 꾸준히 벌어지는 생각속의 싸움을 통해 우리가 더 빨리 치유될 수 있다.

그러나 성욕은 성향이 다르므로 거기에 쓸 방법도 다르다. 우리 육체가 쾌감의 기회와 물리적 접촉을 멀리해야 하듯이 우리 정신도 그런 생각을 철저히 피해야 한다. 아직 나약하거나 병든 가슴에는 성욕의 가장 가벼운 기억도 상당히 위험하다. 그런 사람에게는 때때로 거룩한 여인들에 대한 생각이나 성경에 나오는 이야기도 해로운 충격을 줄 수 있다. 그래서 우리 어른들은 젊은이들이 있는 데서는 아주 지혜롭게 그런 성경읽기를 생략한다. 하지만 정결의 덕을 사랑해서 그것을 이미 완전히 지니게 된 사람들은 자연히 자기를 판가름할 수 있는 징표를 찾을 수 있다. 그것을 보고 그들의 양심은 바른 판단을 내려 마음이 완전히 무결하다는 것을 증명할 수 있다. 그래서 완전무결한 사람은 이 욕정에 대해서도 다른 경우와 유사한 시험 방법을 사용할 수 있다. 다시 말해서 이 병의 뿌리를 철저히 뽑은 사람이라면 그는 자기 정결을 확인하기 위하여 어떤 유혹을 상상해도 좋다. 그렇지만 아직 나약한 사람은 그런 시험, 곧 여자와의 관계나 가볍고 부드러운 접촉 같은 것을 마음으로 상상하는 일을 절대로 삼가해야 한다. 그것이 그들에게 유익하기보다 해롭기 때문이다. 그런데 어떤 사람이 완전한 덕행에 기초를 두고 아주 부드러운 접촉의 충동을 상상하면서도 마음이 동요하지 않고 육신이 자극을 받지도 않는 것을 발견한다면, 그것은 정결의 확고한 증거가 된다. 그런 사람은 저런 식으로 순결 훈련을 하면서도 정덕의 썩지 않는 보배를 마음에 간직할 뿐 아니라 피치 못해 여자의 몸을 만지게 되더라도 역겨워할 것이다.

오후 식사 시간이 다 되어 가는 것을 아시고, 요한 압바는 이것으로써 담화를 마쳤다.

제20담화

• 피누피우스 압바의 담화 •

참회의 종착지와 보속의 증표

1. 비할 데 없이 훌륭하신 피누피우스 압바가 보속에 대하여 가르친 내용을 전할 때 우선 그분의 겸손에 대하여 말하지 않을 수 없다. 『규정집』 제4권, "포기하는 이들에 대하여"에서 그 겸손을 간단하게 언급했다. 하지만 독자가 싫증 낼 것을 우려해 내가 여기에서 이 점에 대해 말하지 않고 넘어간다면 이 주제의 중요한 부분을 빼놓는 것과 다름없다. 사실 그 책을 보지 못한 많은 사람이 이 글을 볼 수 있는데, 말씀하시는 분의 공로를 언급하지 않으면 그 내용의 권위가 약해질 수밖에 없다.

피누피우스는 압바이자 사제로서 이집트의 파네피시스라는 도시에서 멀지 않은 곳에 있는 대수도원을 책임지고 있었다. 그의 덕행과 이적에 대한 평판이 그 지방 전체에 널리 퍼져 있었기 때문에 압바는 사람들의 칭찬을 통해 이미 자기 노고의 보수를 받은 것 같아서 자기가 특히 싫어하는 헛된 인기가 영원한 상급의 열매를 빼앗을까 봐 두려워했다. 그래서 그는 몰래 자기 수도원을 떠나서 타벤네시 수도승들이 사는 가장 외딴 곳을 찾았다. 거기서 그가 추구한 것은 사막의 고독이나 은수생활의 안정이 아니었다. 그런 것은 종종 수도원에서 해야 하는 순종의 노고를 참지 못하는 불완전한 사람들이 주제넘게 추구하는 것을 볼 수 있는데, 피누피우스는 도리어 유명한 수도원에서 멍에를 메고자

했다. 거기서 그는 복장으로 알려지지 않기 위해 세속의 옷을 입고 그쪽 전례대로 여러 날 동안 눈물을 흘리면서 문밖에서 노숙하며 모든 이의 무릎 앞에 엎드렸다. 그 사람들은 그의 의도를 오랫동안 시험했다. 그들은 그가 그 거룩한 생활을 진지하게 원해서가 아니라 다 늙어서 먹을 것을 구하기 어렵자 수도원에 왔다고 생각했던 것이다. 하지만 그는 마침내 입회 허락을 받았다.

피누피우스는 정원 일을 맡은 젊은 형제를 돕게 되었다. 그는 책임자가 명령하는 모든 일과 그 일 자체가 요구하는 모든 것을 감탄스럽기 그지없는 거룩한 겸손으로 완수했다. 그뿐이 아니었다. 다른 사람들이 역겨워서 피하는 어떤 필요한 일을 몰래 밤사이에 해냈다. 그래서 날이 새면 온 공동체가 놀라워했지만 그 유익한 일을 누가 했는지 알지 못했다. 그런데 그가 열망했던 굴욕적인 복종의 노고를 3년 가까이 즐기고 있을 무렵, 이집트 지역에서 그를 알고 있던 어떤 형제가 우연히 그곳에 오게 되었다. 그는 피누피우스가 입고 있던 옷과 그가 맡은 소임 때문에 그를 곧바로 알아보지 못하고 한동안 머뭇거렸다. 그러나 자세히 바라보고 난 다음 그 형제는 피누피우스의 앞에 무릎을 꿇었다. 처음엔 형제들을 놀랬고 그런 다음 그 형제가 피누피우스의 이름을 밝히자, 그들은 죄송함을 금치 못했다. 자기들 가운데서도 성덕으로 유명했던 사람을 몰라보고, 그렇듯 공로 많은 사제에게 그처럼 비천한 일을 맡겼던 것에 대해 마음 아파했다. 그런데 피누피우스는 눈물을 쏟으면서 이렇게 폭로를 당한 것을 악마의 시기로 돌렸다. 그렇지만 형제들은 그를 둘러싸고는 그를 수도원으로 모셔 갔다. 그는 잠시 거기에 머물면서 명성과 높은 위치 때문에 받는 대접에 다시 괴로워하였다. 그래서 배를 타고 멀리 시리아의 팔레스티나 지역으로 건너갔다. 거기서 그는 우리가 살던 수도원에서 초심자와 수련자로 받아들여지고 우리가 사는 방에 같이 머물 허락을 받았다. 그러나 거기서도 그의 덕행과 공덕을 오래 숨겨 둘 수 없었다. 전에 당했던 폭로와 비슷한 일로 그의 신원이 다시 드러났다. 그래서 사람들이 큰 영광과 찬양 가운데 그를 다시 그의 수도원으로 모셔 가 마침내 그가 가졌던 지위를 맡도록 강요했다.

2. 얼마 후 우리도 거룩함에 대한 가르침을 받으려고 이집트로 가게 되었다. 그때 우리는 지극한 사랑과 열망으로 그를 찾아보았다. 그는 우리를 대단히 친절하게 받아들였다. 옛날 동거인으로 맞이하면서 자기 정원 끝에 지은 자기 방에 머물게 해 주었다. 그때 그는 모든 형제가 모인 앞에서, 수도원의 규칙을 지키기로 한 어떤 형제에게 어렵고 숭고한 규정들을 전해 주었다. 그 내용은 내가 앞에서 말한 『규정집』 제4권[1]에 될 수 있는 한 간단히 요약한 것이다. 그런데 참된 그 포기의 절정은 우리에게 너무 이해하기 어렵고 기묘하게 보여서 우리 비천한 이들은 거기까지 절대로 올라갈 수 없다고 생각했다. 그래서 우리는 절망에 빠져 우리 안에서 깊이 느끼는 쓰라림이 얼굴 표정에 그대로 드러났다. 우리가 몹시 불안한 마음으로 빨리 복된 원로에게 돌아갔더니, 그는 즉시 왜 이리 슬퍼하느냐고 물었다. 그래서 게르마누스는 깊이 탄식하면서 이렇게 대답했다.

3. 게르마누스: 지금까지 몰랐던 가르침의 내용은 저희에게 드높은 포기의 가파르고 힘든 길을 밝혀 주었고, 저희 눈을 가렸던 어둠을 거두

---

1 참조: 첫째 서언 각주 1.

어 하늘에 세워진 포기의 절정을 보여 주었습니다. 그러나 그 가르침이 탁월하고 숭고할수록 저희는 더욱 큰 절망에 짓눌립니다. 저희가 그 위대한 이상을 저희의 미천한 힘과 비교할 때, 또 아무것도 모르는 저희의 형편없는 상태를 보여 주신 덕행의 무한한 높이에 견주어 볼 때, 저희는 그 이상에 도달할 수 없을 뿐만 아니라 도리어 현재의 수준에서마저 떨어질 수도 있다고 느낍니다. 절망의 무게가 저희를 눌러 낮은 상태에서 더욱 깊은 구렁에 빠질 것만 같습니다. 그래서 이제 저희 상처를 낫게 할 수 있는 약은 한 가지밖에 없습니다. 저희는 참회의 끝과 무엇보다 보속이 다 되었다는 징표에 대하여 배우고 싶습니다. 과거의 죄를 용서받았다는 확신만 있다면 말씀하신 완덕의 봉우리들로 올라갈 용기를 얻을 수 있을 것입니다.

4. 피누피우스: 나는 그대들이 지닌 겸손의 풍성한 열매에 대하여 큰 기쁨을 느낀다네. 예전에 그대들의 암자에 함께 살았을 때 나는 이미 큰 관심을 가지고 그것을 지켜보았고 높이 평가했네. 그리고 그리스도교인들 가운데 가장 낮은 이 사람이 말만 좀 대담하게 하여 내세우는 규범을 그대들이 그렇게 감탄하면서 받아들이는 것을 보니 대단히 기쁘네. 내가 틀리지 않았다면, 그것을 수행하려는 그대들의 열성은 그것을 말한 나의 정성보다 못하지 않다. 내가 기억하는 바로는 내 말이 좀 엄격하게 들려도 그것은 그대들의 실행에는 거의 미치지 못할 정도다. 그대들은 날마다 스스로 행하는 일에 대하여 아무것도 모르는 것처럼 자신의 공덕을 감추고 있네. 그런데 그대들이 초보자처럼 성인들의 그 지침을 모른다고 주장하는 것 자체가 크게 칭찬받아야 할 일이다. 그래서 나는 그대들이 열정적으로 요청하는 내용을 가능한 한 간략히 요약

해 보겠다. 사실 나는 능력이 모자라지만 옛 친분을 고려할 때 그대들의 명령을 따를 수밖에 없네.

참회의 공덕과 효과에 대하여 많은 이가 말했을 뿐 아니라 책도 써서 참회가 얼마나 유익하고 얼마나 많은 힘과 은총을 가지고 오는지 밝혔다. 이렇게 표현해도 될지 모르지만, 하느님께서 우리의 과거 잘못을 언짢이 여기셔서 가장 정의로운 벌을 내리시려고 할 때, 참회는 그분을 방해하고, 나아가 그분의 뜻을 거슬러 응징자의 팔을 붙들어 세운다. 그런데 틀림없이 그대들은 타고난 지혜와 지치지 않는 성경 공부를 통해 이 모든 것을 잘 알고 있고, 이 지식은 수도승생활의 시작부터 그대들 안에 깊이 뿌리 박혀 있었을 것이다. 그런데 그대들이 알려고 하는 것은 참회가 무엇인지가 아니라, 참회의 목적과 충분한 보속의 표지에 대한 문제다. 남들이 빠뜨리고 넘어간 점들에 대해서 그대들은 매우 영리한 질문을 하였다.

5. 그래서 그대들의 바람을 가장 간결하게 채우기 위하여 참회의 충분하고 완전한 정의를 밝히겠는데, 우리가 뉘우치거나 양심의 가책이 되는 죄를 앞으로 절대 범하지 않아야 한다는 것이다. 그리고 우리가 거기에 대한 애착도 우리 마음에서 쫓아 버렸다는 것이 속죄와 사죄의 증표다. 그래서 누구든지 알아야 할 것은 우리가 속죄와 탄식에 몰두해도 과거에 범한 죄나 그와 비슷한 짓들이 눈앞에 떠오를 때 그것에 쾌감을 느끼진 않더라도 그 기억이 깊은 마음속을 괴롭힌다면 아직도 옛 죄악에서 완전히 해방되지 못한 것이다. 속죄 때문에 밤잠을 설치는 사람은 과거의 죄가 풍겼던 매력이나 공상이 전혀 일어나지 않을 때에야 지나간 죄로부터 완전히 해방되었다는 것을 알 수 있다. 이처럼 우리 양심

안에는 속죄와 용서의 징표를 제공하는 지극히 진실한 심판관이 앉아 있다. 양심은 모든 것이 밝혀지는 심판의 날이 오기 전에도, 아직 육신 안에 머무는 우리에게 우리 죄과에 대한 해방을 알리고 속죄의 끝과 용서의 은총을 밝혀 준다. 같은 것을 더욱 명확하게 표현한다면, 우리 마음에서 현세의 쾌락에 대한 욕망과 충동이 모두 쫓겨 나갔을 때에야 지나간 악의 영향을 벗어났다고 말할 수 있다.

6. 게르마누스: 어떻게 하면 저희가 자신을 낮추어 구원에 이르는 거룩한 통회를 할 수 있겠습니까? 성경에서는 참회하는 이의 말을 이렇게 표현하지 않습니까? "제가 당신께 죄를 고백하고 잘못을 감추지 않으며 주님께 제 죄악을 말씀드렸습니다." 그렇게 해야 그 뒤의 말씀도 실제대로 할 수 있지 않습니까? 곧, "당신은 제 마음의 죄악을 용서하여 주셨습니다"(시편 31,5-6 칠십인역). 그리고 "저는 밤마다 울음으로 잠자리를 적시며 눈물로 제 침상을 물들입니다"(시편 6,7)라는 말씀처럼 저희가 엎드려 기도하면서 잘못들에 대해 용서를 구할 수 있는 눈물을 흘려야 되지 않겠습니까? 그러나 저희가 마음에서 죄에 대한 기억을 몰아낸다면, 그것이 어떻게 가능하겠습니까? 주님께서 "내가 너의 죄를 기억하지 않으리라. 그러나 너는 기억하라"(이사 43,25-26 칠십인역)라고 하시니, 그것은 오히려 죄에 대한 기억을 굳게 간직하라는 명령이 아니겠습니까? 그래서 저는 일할 때뿐만 아니라 기도할 때에도 일부러 정신을 차려 제 죄를 기억하려고 노력합니다. 그래야 참된 겸손과 마음의 통회를 더 효과적으로 가져서 예언자와 함께 "저의 비참과 고생을 보시고 저의 죄악을 모두 없이 하소서"(시편 25,18)라고 감히 말할 수 있을 것 같습니다.

7. 피누피우스: 조금 전에도 말했지만 그대들이 물어본 것은 참회의 본질이 아니라 참회의 종착지와 충분한 보속의 징표에 관한 것이다. 나는 그 문제에 대해 적합하고 합리적인 답변을 했다고 생각한다. 그런데 그대들은 죄를 기억해야 한다고 말했는데, 그것은 과연 아주 유익하고 필요하기도 하다. 하지만 그것은 아직 참회를 하고 있는 이에게 해당된다. 그들은 계속 가슴을 치면서 이렇게 외칠 것이다. "저의 죄악을 제가 알고 있으며 저의 잘못이 늘 제 앞에 있습니다"(시편 51,5). 그리고 "제 죄에 대하여 생각합니다"(시편 39,19 불가타). 우리가 참회를 하며 여전히 죄에 대한 기억이 우리를 괴롭히는 동안에는 죄의 고백에서 우러나오는 눈물의 단비가 우리 양심에서 타는 불을 꺼야 한다. 그러나 그런 겸손한 마음과 통회하는 정신을 간직하고 수고와 탄식에 계속 몰두한다면 죄에 대한 기억이 점차 흐려진다. 그러면 자비하신 하느님의 은총으로 양심의 가시가 영혼의 골수에서 뽑힌다. 그럴 때 그 사람이 틀림없이 속죄의 종착지에 도달했고, 완전한 용서를 받았으며, 범한 죄의 때를 씻었다는 것을 알 수 있다.

그러나 그 정도로 죄의 기억을 벗어나려면 과거의 악습과 욕정을 전부 지우고 마음의 완전한 순결을 지키는 길밖에 없다. 틀림없이 너무 나태하거나 소홀해서 자기 악습을 씻지 않는 사람은 아무도 그 순결을 얻을 수 없을 것이다. 오히려 꾸준히 신음하고 슬피 탄식함으로써 과거의 더러움을 흔적까지 없애야 한다. 그러면 우리는 마음과 행실로 다음과 같이 주님께 부르짖을 수 있다. "제가 당신께 죄를 고백하고 잘못을 감추지 않았습니다"(시편 31,5 칠십인역). "낮에도 밤에도 제 눈물이 저의 음식이 됩니다"(시편 42,4). 그렇다면 우리는 다음과 같은 응답을 들을 수 있다. "주님께서 이렇게 말씀하신다. '네 울음소리를 그치고 네 눈에서 눈물을 거두어라. 네 노고가 보상을 받았다'"(예레 31,16). 그리고 주님께서 그에게 또 비슷하게 말씀하실 것이다.

"내가 악행들을 구름처럼, 너의 죄악들을 안개처럼 쓸어버렸다"(이사 44,22). "나, 바로 나는 나 자신을 위하여 너의 악행들을 씻어 주는 이, 내가 너의 죄를 기억하지 않으리라"(이사 43,25). 그래서 "모두가 묶여 있는 자기 죄악들의 사슬에서"(잠언 5,22 칠십인역) 풀려나 크게 감사하면서 주님께 "당신께서 저의 사슬을 풀어 주셨습니다. 찬미의 제물을 바칩니다"(시편 116,16-17)라고 노래할 것이다.

8. 세례성사의 보편적인 은총과 피를 흘려 받게 되는 고귀한 순교의 은사 외에도 완전한 속죄를 이룰 수 있는 여러 가지 참회의 열매가 있다. 우선 영원한 구원의 약속이 따르는 단순한 참회가 있다. 이에 대하여 복된 베드로 사도는 "회개하고 돌아서서 죄가 지워지게 하십시오"(사도 3,19)라고 했으며 세례자 요한과 주님 친히 "회개하시오, 하늘 나라가 다가왔습니다"라고 했다. 그러나 그 외에도 참회의 여러 가지 열매가 있다. 먼저 사랑하는 마음을 통해 죄의 큰 덩어리를 파묻을 수 있다. "사랑은 많은 죄를 덮어 줍니다"(1베드 4,8)는 것이다. 마찬가지로 자선의 열매도 우리 상처들에 약이 된다. "물은 타오르는 불을 끄고 자선은 죄를 없앤다"(집회 3,30)는 것이다. "울음으로 잠자리를 적시며 눈물로 제 침상을 물들입니다"(시편 6,7)라는 말씀대로 눈물을 흘림으로써도 죄과를 씻을 수 있다. 그리고 저자는 그 눈물을 공연히 흘리지 않았다는 것을 보여 주면서 이어서 "내게서 모두 물러들 가라, 나쁜 짓 하는 자들아. 주님께서 나의 울음소리를 듣고 계신다"(시편 6,9)고 한다. 마찬가지로 죄를 고백함으로써도 용서의 선물을 얻게 된다. 그것은 "제가 당신

께 죄를 고백하고 잘못을 감추지 않으며 주님께 제 죄악을 말씀드렸습니다. 당신은 제 마음의 죄악을 용서하여 주셨습니다"(시편 31,5 불가타), "네 의로움이 밝혀지도록 먼저 네 죄악을 말해 보아라"(이사 43,26 칠십인역)라는 말씀대로다.

또한 마음과 몸의 고행을 통해서도 자기가 저지른 악에 대한 용서를 받는다. 왜냐하면 시편에서 "저의 비참과 고생을 보시고 저의 죄악을 모두 없이 하소서"(시편 25,18)라고 하기 때문이다. 그런데 특히 품행 교정을 통하여 우리 죄가 용서된다. 성경은 이렇게 말하고 있다. "너희 자신을 씻어 깨끗이 하여라. 내 눈앞에서 너희의 악한 행실들을 치워 버려라. 악행을 멈추고 선행을 배워라. 공정을 추구하고 억압받는 이를 보살펴라. 고아의 권리를 되찾아 주고 과부를 두둔해 주어라. 주님께서 말씀하신다. 오너라, 우리 시비를 가려보자. 너희 죄가 진홍빛 같아도 눈같이 희어지고 다홍같이 붉어도 양털같이 되리라"(이사 1,16-18). 그리고 우리가 가끔 성인들의 중재로 잘못을 용서받을 수 있다는 것을 다음의 성경 말씀으로 알 수 있다. "누구든지 자기 형제가 죄를 짓는 것을 볼 때에 그것이 죽을죄가 아니면, 그를 위하여 청하십시오. 하느님께서 그에게 생명을 주실 것입니다"(1요한 5,16). "여러분 가운데에 앓는 사람이 있습니까? 그런 사람은 교회의 원로들을 부르십시오. 원로들은 그를 위하여 기도하고, 주님의 이름으로 그에게 기름을 바르십시오. 그러면 믿음의 기도가 그 아픈 사람을 구원하고, 주님께서는 그를 일으켜 주실 것입니다. 또 그가 죄를 지었으면 용서를 받을 것입니다"(야고 5,14-15). 어떤 때는 자비와 믿음으로 죄의 더러움이 제거된다. "자비와 믿음으로 죄가 씻기다"(잠언 15,27 칠십인역)는 말씀대로다 그리고 우리의 훈계와 설교를 듣고 참회하여 구원을 받는 사람들 덕분에 우리 죄가 없어질 때가 많다. 그 근거는 "죄인을 그릇된 길에서 돌이켜 놓는 사람은 그 죄인의 영혼을 죽음에서 구원하고 또 많은 죄를 덮어 줄 것입니다"(야고 5,20)는 말씀이다. 그리고 무엇보다도 우리가 남을 용서함으로써 우리 죄의 용서를 얻게 된다. 왜냐하면 주님께서 "너희가 다른 사람들의 허물을 용서하면, 하늘의 너희 아버지께서도 너희를 용서하실 것이다"(마태 6,14)라고 하셨기 때문이다.

이제 그대들은 인자하신 구원자께서 우리에게 얼마나 많은 자비의 문을 열어 주셨는지 보았다. 그래서 구원을 원하는 사람이면 생명 회복을 위해 그렇게 많은 치료제가 제공되는 것을 보고 아무도 절망에 빠지지 말아야 한다. 그대는 몸이 약해서 단식의 노고를 통해 죄과를 없앨 수 없다고 걱정하는 것인가? "저의 무릎은 단식으로 후들거리고 저의 살은 기름기 없이 말라 갑니다"(시편 109,24). "저는 재를 빵처럼 먹고 마실 것에 제 눈물을 섞습니다"(시편 102,10)라고 말할 수 없는 것인가? 그렇다면 너그럽고 불쌍히 여기는 마음으로 속죄하라. 만일 궁핍한 이에게 줄 것이 없다면, 주님께서 저 과부의 두 닢이 부자들의 커다란 기부보다 낫다고 하셨고(루카 21,1-2 참조), 냉수 한 잔에 대한 보상을 돌리겠다고 하셨으니(마태 10,42 참조), 가난해서 이 일을 할 수 없는 사람은 한 사람도 없다고 보아야 하겠다. 하지만 그대는 적어도 품행을 바로잡아 깨끗해질 수 있을 것이다. 그대가 모든 악습이 소멸되는 덕행의 완성에 다다르지 못한다 해도 다른 사람의 구원을 위해 열심히 협력하라. 만일 이런 봉사에 자격이 없다고 걱정한다면 사랑 실천으로 죄를 덮을 수 있을 것이다. 그것도 마음이 너무 약해서 못한다면 아주 겸손하게 자신을 낮추어서 적어도 성인들의 전구를 통해서 그대의 상처가 치유되기를 간절히 청하라.

끝으로 "제가 당신께 죄를 고백하고 잘못을 감추지 않았습니다"라고 탄원할 수 없는 사람이 어디 있겠는가? 그리고 이렇게 고백하면 "당신은 제 마음의 죄악을 용서하여 주셨습니다"(시편 31,5 칠십인역)라고 덧붙일 수 있겠다. 만일 그대가 부끄러워서 사람들 앞에서 죄를 밝히지 못한다 해도 이미 모든 죄를 알고 계시는 그분께 그것을 고백하고 꾸준히 애원하면서 끊임없이 이렇게 말하라. "저의 죄악을 제가 알고 있으며 저의 잘못이 늘 제 앞에 있습니다. 당신께, 오로지 당신께 잘못을 저지르고 당신의 눈앞에서 죄를 지었습니다"(시편 51,5-6). 하느님께서는 폭로로 우리를 부끄럽게 하시지 않고 치유해 주시며, 전혀 치욕을 주시지 않고 죄를 용서해 주시는 분이다. 그렇지만 인자하신 하느님께서는 그만큼 잘 준비되고 안전한 이 방법보다 더욱 쉬운 다른 방법을 마련하셨다. 그리고 그분은 그 치료제의 사용을 우리 재량에 맡겨 주셨다. 우리가 그분에게 "저희에게 잘못한 이를 저희도 용서하듯이 저희 죄를 용서하시고"(마태 6,12)라고 하면 우리 죄의 용서가 우리 자신의 심정에 달린 것이 되기 때문이다.

그러므로 자기 죄를 용서받고 싶은 사람은 지금 말한 도구들을 사용해 보아야 한다. 아무도 마음이 완고해서 구원을 위한 이 치료법을 무시하거나 위대한 사랑의 원천을 멀리해서는 안 된다. 사실 주님의 사랑과 자비가 우리의 탓과 허물을 없애지 않는다면, 우리가 그 모든 일을 하더라도 속죄를 이루는 데 부족하다. 그런데 우리가 경건하게 시도해 보던 것을 간절한 기도와 함께 주님께 바치면 그분께서 그것을 살펴보시고는 우리의 보잘것없는 시도에 무한한 사랑으로 응답해 주시고 이렇게 말씀하신다. "나, 바로 나는 나 자신을 위하여 너의 악행들을 씻어 주는 이. 내가 너의 죄를 기억하지 않으리라"(이사 43,25). 그러니 앞에서 말한 상태에 도달하려는 사람은 누구나 매일의 단식과 마음과 몸의 극기로 속죄의 은총을 얻을 일이다. 성경 말씀대로 "피를 쏟지 않고서는 죄의 용서가 이루어지지 않기"(히브 9,22) 때문이다. 그리고 그것이 당연하다. "살과 피는 하느님의 나라를 상속받지는 못하기 때문이다"(1코린 15,50). 그래서 누가 "하느님의 말씀인"(에페 6,17) 영의 칼을 막아 이 피 흘리는 것을 못하게 한다면 반드시 다음과 같은 예레미야의 저주를 받을 것이다. 곧, "피 흘리는 일에서 칼을 거두는 자는 저주를 받으리라"(예레 48,10)는 것이다. 이 칼은 죄악에 힘을 주는 해로운 피를 잘도 흘려 우리 영혼의 지체 안에서 만나는 육과 세속의 응결물을 모조리 잘라 내고 제거한다. 그 덕분에 우리는 악습에 대하여 죽고 하느님을 위하여 살면서 영적 덕행의 힘으로 왕성해진다. 그렇게 되면 수도승은 이제 지나간 잘못에 대한 기억이 아니라 앞으로 올 기쁨에 대한 희망으로 눈물을 흘리기 시작한다. 과거의 악에 대해 생각하기보다 미래에 올 선을 내다보고 그는 죄에 대한 슬픔에서가 아니라 저 영원한 기쁨에 대한 즐거움에서 눈물을 흘릴 것이다. 그는 "뒤에 있는 것", 곧 육의 악습을 잊어버리고 "앞에 있는 것"(필리 3,13), 곧 영적 선물과 덕행을 향해 (몸을) 내뻗게 된다.

9. 그런데 그대가 조금 전에 말한 것, 곧 지나간 죄를 일부러 기억한다는 것은 절대로 하지 말아야 한다. 오히려 그런 기억이 갑작스럽게 침입해 오면 즉시 물리쳐야 한다. 그런 것은 특히 고독 속에 사는 사람의 정신이 순결을 관상하는 데 큰 방해가 된다. 과거의 죄를 회상하면, 정신은 세상의 더러움에 얽혀 악습의 고약한 냄새를 맡아 질식하게 된다. 만일 그대가 이 세상의 우두머리를 따라 무지나 방종으로 저지른 일을

기억하면, 그런 생각을 하는 가운데 전혀 쾌감을 느끼지 않더라도 옛 부패와 단순한 접촉마저 반드시 해로울 것이다. 그 고약한 악취는 정신을 괴롭히고 덕행의 영적 향기, 그 감미로운 냄새를 맡지 못하게 한다. 그래서 옛날 악행에 대한 기억이 떠오르면 그것으로부터 달아나야 한다. 그것은 점잖고 단정한 사람이 거리에서 어떤 음탕하고 뻔뻔스러운 여자를 만나는 경우와 비슷하다. 그 여자가 말과 포옹으로 그에게 다가가면 그는 반드시 달아날 것이다. 그 여자를 즉시 피해가지 않고 잠시만이라도 창피스러운 대화를 나눈다면, 부끄러운 쾌락을 승낙하지 않았다 해도 지나가는 모든 사람의 나쁜 판단과 비난을 피할 수 없을 것이다. 이와 같이 우리도 기억 중에 저런 위험한 생각들이 일어나면 즉시 그것을 쫓아내고 솔로몬의 지시를 따라야 한다. 그는 "빨리 나가라. 그녀가 있는 곳에 머물지 말고 그녀에게 눈을 돌리지 마라"(잠언 9,18 칠십인역)고 했다. 그리하지 않으면 천사들은 우리가 부끄럽고 추잡한 생각을 하고 있는 것을 보고 지나가는 길에 우리에게 "주님의 축복이 너희에게 있기를" 빈다고 말할 수 없게 된다. 마음의 눈이 우선 추잡하고 세속적인 일을 주시하면, 우리 정신은 좋은 생각에 몰두할 수 없기 때문이다. 그것을 솔로몬은 이렇게 설명한다. "네 눈이 이상한 여자를 보게 되면 네 입은 괴상한 소리를 지껄이게 된다. 너는 바다 한가운데에 누운 자와 같고 큰 폭풍 가운데 있는 키잡이와 같아진다. 그때 너는 '사람들이 나를 때려도 나는 아프지 않았고 나를 비웃어도 나는 몰랐다'고 할 것이다"(잠언 23,33-35 칠십인역).

추한 생각만이 아니라 지상의 모든 생각을 떠나 우리 마음이 항상 천상 사물을 향하도록 해야 한다. 우리 구원자께서 "내가 있는 곳에 나를 섬기는 사람도 함께 있을 것이다"(요한 12,26)라고 하셨기 때문이다. 사실 경험이 부족한 사람이 가련한 마음으로 과거에 스스로 범했던 짓이나 남이 범했던 짓을 회상하면 극히 예리한 쾌감의 화상을 입는 일이 생기기 쉽다. 그러면 경건한 마음으로 시작한 일이 더럽고 해로운 결과로 끝난다. 그래서 "사람에게는 바른길로 보여도 그 끝은 지옥의 깊은 곳까지 이르게 된다"(잠언 16,25 칠십인역)라는 말씀이 있다.

10. 그러니 우리는 악행에 대한 해로운 기억보다 덕행에 대한 욕망과 하늘 나라에 대한 갈망으로 훌륭한 통회를 일으킬 수 있도록 노력해야 하겠다. 하수도 위에 서서 오물을 저어 보는 사람은 그 고약한 악취에 숨 막혀 죽을 수밖에 없다.

11. 이미 몇 번 말했지만 참회할 죄를 범하게 했던 충동들과 감정들이 우리 마음에서 잘려 나간 뒤에야 우리는 과거의 죄를 완전히 속죄했다는 것을 알 수 있다. 그런데 누구든 자기를 저 악행에 빠지게 했던 원인과 기회를 영의 열성을 다하여 잘라 내지 않는다면 저런 상태에 도달할 수 없다는 것을 알아야 한다. 예를 들어 여성들과 위험하게 사귀어서 음행이나 간통에 빠졌다면 그들을 쳐다보는 것도 지독하게 피해야 한다. 또 술을 지나치게 마시거나 음식을 너무 먹어 죄를 지었다면 자기를 유인하는 음식에 대한 과음 과식을 엄격하게 억제해야 한다. 또 돈에 대한 욕심과 사랑 때문에 거짓 맹세나 도둑질 또는 살인이나 모독을 범했다면, 자기를 탐욕으로 현혹한 대상을 잘라 버려야 한다. 자만심이 자기를 분노의 죄로 몰았다면 깊은 겸덕으로 오만의 싹까지 뽑아야 한다. 이와 같이 모든 죄를 뿌리 뽑기 위해서는 먼저 그것을 짓게 된 원인과 기회를 제거해야 한다. 이런 요법으로 우리는 틀림없이 과거에 지은

죄를 망각하는 데까지 이를 수 있다.

12. 그런데 방금 내가 망각에 대하여 가르친 것은 모세 율법에서도 금하는 대죄에만 해당된다. 착한 생활로써 죄에 대한 느낌까지 사라지면 거기에 대한 참회가 종착지에 이른 것이다. 그렇지만 성경 말씀대로 "의인도 매일 일곱 번 쓰러져도 일어나는"(잠언 24,16) 소죄에 대해서는 언제나 참회가 필요하다. 무지나 망각으로, 생각이나 말로, 뜻밖의 일이나 피할 수 없는 일로, 또 육체의 연약함과 잠자다가 일어나는 일로 우리는 어떤 때는 마지못해서 또 어떤 때는 원해서 매일같이 자주 실족한다. 이런 것들에 대하여 다윗도 주님께 정화와 용서를 청하며 기도하면서 "뜻 아니한 허물을 누가 알겠습니까? 숨겨진 잘못에서 저를 깨끗이 해 주소서"(시편 19,13)라고 했다. 그리고 사도(바오로)는 "선을 바라면서도 하지 못하고, 악을 바라지 않으면서도 그것을 하고 맙니다"(로마 7,19)고 하다가 이에 대해 탄식하며 "나는 과연 비참한 인간입니다. 누가 이 죽음에 빠진 몸에서 나를 구해 줄 수 있습니까?"(로마 7,24)라고 부르짖었다. 마치 자연의 법칙처럼 우리는 이런 과오에 너무 쉽게 떨어진다. 그것을 멀리하려고 아무리 자신을 살피고 지켜도 그것을 완전히 피할 수는 없다. 이에 대해 예수께서 사랑하시던 그 제자는 단적으로 이렇게 규정했다. "만일 우리가 죄 없다고 말한다면, 우리는 자신을 속이는 것이고 … 우리 안에 그분의 말씀이 없는 것입니다"(1요한 1,8.10).

따라서 완덕의 정점에 도달하려고 하는 사람에게는 참회의 종착지에 이르렀다는 것만으로는 크게 유익하지 않다. 금지된 것을 피하는 것으로는 부족하다. 끊임없이 앞으로 달려가면서 속죄의 징표가 되는 덕행들을 행하도록 언제나 노력해야 한다. 주님께서 역겨워하시는 악취를 풍기면서 더러운 중죄만 피한 것으로는 충분하지 않다. 마음의 순결과 사도들이 가르친 완전한 사랑을 지녀 주님께서 기뻐하시는 덕행의 좋은 향기를 품고 있어야 한다.

피누피우스 압바는 속죄의 징표와 참회의 종착지에 대해 이렇게 설명했다. 그분은 우리에게 자기 수도원에 머무르라고 정성과 사랑으로 청했다. 하지만 우리가 스케티스 사막의 명성에 너무 끌려 있었기 때문에 그분은 우리를 붙들지 못하고 결국 우리를 보내 주었다.

제21담화

• 테오나스 압바의 첫째 담화 •

오순절의 이완

1. 위대한 테오나스 압바와 나눈 대화 내용을 서술하기 전에 먼저 그가 수도승생활을 어떻게 시작하게 되었는지 간단하게 설명해야 할 것 같다. 그래야 독자들이 그의 공로와 은총을 더 확실하게 알아볼 수 있을 것이다. 그는 매우 젊었을 때 부모의 소원과 명령에 따라 혼인의 끈으로 묶이게 되었다. 경건한 그의 부모는 아들의 정결을 염려하여 실족하기 쉬운 청년기의 위험을 미리 막으려 합법적 혼배를 좋은 약으로 쓰기로 했던 것이다.

테오나스가 아내와 같이 산지 5년 되었을 때 요한 압바를 찾아왔다. 그 압바는 놀라운 성덕 덕분에 디아코니아[1]의 책임자로 선출되었다. 이 책임은 누구나 스스로 탐내서 맡는 것이 아니고, 오직 연령이 높고 신앙과 덕행으로 다른 모든 이보다 훌륭하고 뛰어나다고 원로들이 일제히 인정하고 판단하는 사람이 맡게 되어 있다. 그런데 앞에서 말한 청년(테오나스)이 경건한 마음으로 이 복된 요한을 찾아갔다. 그는 다른 지주들과 함께 신심으로 바치는 봉헌물을 가지고 간 것이다. 그들은 자기 수확의 십분의 일이나 만물들을 서로 다투어 그 원로에게 바쳤다. 원로

1 디아코니아*diakonia*는 희사금을 받아 자선을 베푸는 일과 공동체의 경제생활을 맡아 하는 직책이다.

는 그들이 많은 선물을 가지고 자기에게 몰려오는 것을 보고 그들의 정성을 갚으려고, 자신이 육적인 예물을 거둔 그들에게 사도의 말씀에 따라 영적인 것을 뿌리기(1코린 9,11 참조) 시작했다. 그들에게 다음과 같은 훈시를 한 것이다.

2. 요한: 내 자녀들이여, 그대들이 열심히 전하러 온 후한 기부에 내 마음 참으로 기쁩니다. 내가 분배하게 되어 있는 이 정성스러운 예물을 기꺼이 받겠습니다. 궁핍한 이들을 위하여 쓰게 될 만물과 십일조를 그대들이 충실히 바치는 것은 주님께 감미로운 희생 제물과 같은 것입니다. 이렇게 소유의 일부를 주님께 바쳤으니, 그분께서 그대들의 모든 열매와 그 외의 모든 재산에 풍요롭게 축복하실 것을 믿으십시오. 그리고 그대들이 이승에서도 모든 재물을 넘치게 받게 되는 것은 다음 계명 말씀 때문임을 믿으십시오. "네 재물과 네 모든 소출의 만물로 주님께 영광을 드려라. 그러면 네 곳간은 그득 차고 네 술통은 포도즙으로 넘치리라"(잠언 3,9-10). 이 신심 행위를 충실히 실행하면 그대들은 구약의 율법을 완성하는 것입니다. 그런데 구약의 지배를 받던 사람들이 그것을 어기면 불가피하게 죄가 되었지만, 그것을 실행해도 완덕의 정점에 도달할 수 없었다는 것을 알아야 합니다.

3. 주님의 법에 따르면 십일조는 레위인들을 위한 것이었고, 봉헌물과 만물은 제관들에게 바치게 되어 있었습니다. 만물에 대한 규정은 수확과 짐승의 오십분의 일을 성전과 제관들의 직무를 위하여 바치라는 것이었습니다. 그런데 냉담한 사람들은 그보다 적게 올렸지만, 열심히 한 사람들은 그보다 많이 올렸습니다. 전자는 육십분의 일 정도로 계산하

였고, 후자는 사십분의 일 정도로 계산했던 것입니다. 율법은 의인들 때문에 있는 것이 아니라는 것(1티모 1,9 참조)이 이렇게 드러납니다. 의인들은 율법의 규정을 수행할 뿐 아니라 거기서 더 나아감으로 자신이 율법 아래 있지 않다는 것을 증명합니다. 그들은 의무적으로 바쳐야 할 것에 자발적으로 더하여 바치므로 그 신앙심이 계명을 뛰어넘는다는 것을 보여 줍니다.

4. 우리가 읽을 수 있는 것처럼 아브라함은 그런 식으로 장래에 생길 율법의 계명을 초월했습니다. 그는 네 명의 임금을 이기고 나서 승자로서 마땅히 차지할 수 있는 전리품을 사양했습니다. 소돔의 임금은 빼앗겼던 물건을 다시 찾아 준 아브라함에게 그것을 가지고 가라고 간절히 부탁했지만, 아브라함은 그것에 손대지 않고 하느님 이름을 걸고 이렇게 부르짖었습니다. "하늘과 땅을 지으신 분이시며 지극히 높으신 하느님이신 주님께 내 손을 들어 맹세하오. 실오라기 하나라도 신발 끈 하나라도 그대의 것은 아무것도 가지지 않겠소"(창세 14,22-23). 다윗도 율법의 계명을 초월했습니다. 모세는 동태복수법을 정했지만, 다윗은 그렇게 하지 않고 오히려 자기를 박해하는 사람을 사랑으로 감싸 주고 그들을 위하여 주님께 열심히 기도하고 슬피 울며 그들을 죽인 사람들을 벌하였습니다(2사무 1장 참조).

엘리야와 예레미야도 율법 아래 있지 않았다는 것을 알 수 있습니다. 그들은 허물없이 합법적으로 혼인할 수 있었지만 동정을 지키기를 원했습니다. 엘리사와 그와 같은 생활양식을 택한 사람들도 모세의 계명을 초월했습니다. 사도는 그들에 대해 이렇게 서술했습니다. "그들은 궁핍과 고난과 학대를 겪으며 양가죽을 두른 채 돌아다녔습니다. 그들에게는 세상이 가치 없는 곳이었습니다. 그래서 광야와 산과 동굴과 땅굴을 헤매고 다녔습니다"(히브 11,37-38).

레캅의 아들 여호나답의 자손들에게 대해 뭐라고 말합니까? 그들은 주님의 지시에 따라 포도주를 권한 예레미야 예언자에게 이렇게 대답했다고 합니다. "우리는 포도주를 마시지 않습니다. 우리 조상 레캅의 아들 여호나답께서 우리에게, '너희와 너희 아들들은 영원히 포도주를 마시지 마라' 하고 명령하셨기 때문입니다. 그분은 또 '집도 짓지 말고 씨앗도 뿌리지 말며 포도밭을 가꾸거나 갖지도 말고, 그 대신 평생 천막에서 지내라' 하고 말씀하셨습니다"(예레 35,6-7). 그래서 그들은 같은 예언자로부터 다음 말씀을 들을 수 있었습니다. "만군의 주 이스라엘의 하느님께서 이렇게 말씀하신다. '레캅의 아들 여호나답에게서 언제나 내 앞에 서 있을 자가 끊어지지 않을 것이다'"(예레 35,19). 이 모든 사람은 십일조를 바침으로 만족하지 않고 오히려 자기 재산 전체를 포기하고 하느님께 바쳤는데, 그것에 대한 대가는 인간은 결코 줄 수 없습니다. 그것을 주님께서는 복음서에서 이렇게 말씀하셨습니다. "사람이 제 목숨을 무엇과 바꿀 수 있겠느냐?"(마태 16,26).

5. 이제 우리가 지켜야 할 것은 율법의 계명이 아닙니다. 그 대신에 "네가 완전한 사람이 되려거든, 가서 너의 재산을 팔아 가난한 이들에게 주어라. 그러면 네가 하늘에서 보물을 차지하게 될 것이다. 그리고 와서 나를 따라라"(마태 19,21)라는 말씀이 날마다 우리 귀에 울립니다. 그래서 우리가 우리 소출의 십일조를 하느님께 바치면, 우리가 아직 어느 정도 율법의 짐을 지고 있으며 복종하는 사람들에게 현세의 혜택만이 아니라 내세의 상급을 주게 될 복음적 완덕에 이르지 못한다는 것을 알

아야 합니다. 율법은 그것을 지키는 사람들에게 하늘 나라의 상급이 아니라 현세 생활의 위안만 약속하기 때문입니다. 그래서 "그것들을 실천하는 이는 그것들로 살 것이다"(레위 18,5)라는 말이 나옵니다. 그러나 주님께서는 당신 제자들에게 이렇게 말씀하셨습니다. "행복하여라, 영으로 가난한 사람들! 하늘 나라가 그들의 것이다"(마태 5,3). 그리고 "내 이름 때문에 집이나 형제나 자매, 아버지나 어머니, 자녀나 토지를 버린 사람은 모두 백 배로 받을 것이고 영원한 생명도 받을 것이다"(마태 19,29). 옳은 말씀입니다. 금지된 것을 피하는 것은 크게 칭찬받을 일이 아니지만, 우리의 나약함 때문에 사용해도 좋다고 허락하신 분에 대한 존경심 때문에 허락된 것까지 삼가는 것이 더 칭찬할 만합니다.

그래서 소출의 십일조를 충실히 바쳐서 주님의 옛 계명을 지키는 사람들도 복음이 제시하는 완덕의 정점에 오르지 못한다면 이것마저 하지 않는 이들은 그것과 얼마나 멀리 떨어져 있는지 뻔히 보일 것입니다. 율법의 작은 계명을 무시하는 사람들이 어떻게 복음이 약속하는 은총을 나누어 받을 수 있겠습니까? 그 규정들이 얼마나 가벼운지, 지키지 않는 이들이 저주를 받는다는 입법자의 권위 있는 다음의 말씀으로 증명됩니다. "이 율법의 말씀들을 존중하여 실천하지 않는 자는 저주를 받는다"(레위 27,26). 그런데 복음의 계명이 숭고하고 뛰어나다는 것을 "받아들일 수 있는 사람은 받아들여라"(마태 19,12)라는 말씀으로 알 수 있습니다. 구약의 계명이 더 가볍다는 것은 격렬하게 강요하는 입법자의 말씀으로 드러납니다. "내가 오늘 너희를 거슬러 하늘과 땅을 증인으로 세우는데, 너희가 너희 주 하느님의 계명을 지키지 않는다면 땅에서 망할 것이다"(신명 4,26 불가타). 그와 달리 복음서에서는 숭고한 계명을 명령조가 아니라 초대로 표현해서 그 위대함을 알 수 있습니다.

“네가 완전한 사람이 되려거든, 가서”(마태 19,21) 이것이나 저것이나 하라는 식입니다. 구약의 경우에 모세는 법을 거부하는 사람들에게도 면제될 수 없는 짐을 지웠는데, 이제 바오로는 원하는 사람, 완덕을 향하여 달려가는 사람들에게 권고합니다. 기묘할 만큼 숭고해서 모든 이가 구별 없이 알아듣지도 못하는 것을 보편적으로 누구에게나 명령하거나, 말하자면 보편적 표준처럼 요구할 수는 없었습니다. 그보다도 모든 이가 은총에 응하도록 권고를 듣는 것입니다. 이래서 큰 이들은 덕행을 완수하여 마땅하게 화관을 받을 수 있거니와 “그리스도의 충만한 경지에”(에페 4,13) 이르지 못하는 작은이들이라도 별들과 같은 큰 이들의 광채로 덮여서 숨어 있는 것 같지만 율법에서 말하는 저주들의 어둠에 빠지지는 않습니다. 그들은 현세의 재난을 당하지도 않고 영원한 형벌을 받지도 않는다는 것입니다. 그리스도께서는 저 덕행의 높은 꼭대기에 올라가라고 아무에게도 계명을 통해서 강요하지 않으시고 유익한 권고로써 자유로운 선택을 불러일으키며 완덕에 대한 열망의 불을 붙이십니다. 계명이 있는 곳에는 필요성이 있으며, 따라서 형벌도 있습니다. 그래서 엄격한 법의 강요에 의해서 지킬 것을 지키는 사람들은 법에서 위협하는 벌은 면하지만 그렇다고 해서 보상이나 상급을 받지는 못합니다.

6. 복음 말씀은 강한 이들을 숭고하고 뛰어난 곳을 향해 올려 주는 한편 약한 이들이 밑바닥으로 떨어지지 않게 해 줍니다. 복음은 완전한 이들에게는 충만한 행복을 주며, 패배를 당한 약한 이들에게는 용서를 가져다줍니다. 율법은 계명을 지키는 사람들을 어떤 중간 위치에 둔다고 볼 수 있습니다. 그들은 범법자들의 영벌을 받지는 않지만 완전한

이들의 영광을 받지도 못합니다. 그런 상태가 얼마나 비참하고 불행한 것인지 현세 생활의 경우에 견주어 볼 때 잘 드러납니다. 어떤 사람이 부유해지고 존경과 명예를 받기는커녕 오직 선한 사람들 사이에서 죄 있는 사람으로 보이지 않기 위해서만 땀 흘려 고생한다면 얼마나 한심한 일입니까?

7. 그러므로 우리가 오늘 복음의 은총 아래 살지 아니면 율법의 공포 아래 머물지 정하는 것은 우리에게 달려 있습니다. 각자 자기 행동의 성향 따라 이 가운데 하나에 속하게 됩니다. 율법의 요구를 초월하는 사람은 그리스도의 은총을 받게 되지만, 율법의 요구에 미치지 못하는 사람은 율법에 빚진 사람으로 율법의 지배를 받습니다. 누가 그리스도인이라고 하면서 주님의 은총으로 해방되었다고 헛되이 자랑해도 율법의 계명을 어기는 사람은 복음의 완덕에 전혀 도달할 수 없습니다. 또 율법의 요구를 모두 채우지 못한 사람뿐 아니라 율법이 요구하는 것들을 지킴으로써 만족하고 그리스도의 부르심과 은총에 어울리는 열매를 내지 못하는 사람도 아직 율법 아래 있다고 보아야 합니다. 사실 복음의 소리는 '십일조와 만물을 네 주 하느님께 바쳐야 한다'(탈출 22,28 참조)는 것이 아니라 "가진 것을 다 팔아 가난한 이들에게 나누어 주어라. 그러면 네가 하늘에서 보물을 차지하게 될 것이다. 그리고 와서 나를 따라라"(루카 18,22)라는 것입니다. 복음이 요구하는 완덕은 너무나 위대해서 제자에게는 아버지의 장례를 치를 짧은 시간조차도 허락되지 않았습니다(마태 8,21-22 참조). 인간 사랑의 직무보다 하느님 사랑이라는 덕이 훨씬 무겁기 때문입니다.

8. 이 말씀을 듣고 복된 테오나스는 복음적 완덕에 대한 끌 수 없는 열망의 불로 타기 시작했다. 그는 말씀의 씨를 열린 마음으로 받아들여 깊게 잘 갈아 놓은 가슴의 이랑에 심었다. 그가 가장 부끄럽게 생각하고 마음 아파한 것은 원로의 말대로 자기는 복음의 완덕에 도달하지 못했을 뿐 아니라 율법의 계명도 제대로 지키지 못했다는 생각이었다. 그는 해마다 소출의 십일조를 자선을 위하여 바쳐 왔지만 만물을 바치는 규정에 대해서는 들어 본 적이 없다면서 눈물을 흘렸다. 그리고 만약 그 일을 완수했다고 하더라도 원로의 말씀을 생각하면 아직도 복음의 완덕과 거리가 멀다는 것을 겸손하게 시인했다. 그는 근심하며 집에 돌아갔다. 그것은 회개를 자아내어 구원받게 하는(2코린 7,10 참조) 슬픔이었다.

그래서 이미 뜻과 결심을 굳힌 그는 큰 정성과 깊은 배려로 배우자의 구원에 마음을 쓰기 시작했다. 자기가 불타기 시작한 그 같은 열망을 부인에게도 일으키기 위하여, 자신이 들었던 훈계와 비슷한 말로 그를 설득해 보고 금욕의 정결을 지키면서 함께 하느님을 섬기자고 밤낮 눈물을 흘리며 권고했다. 그는 더 나은 생활을 택하기 위해서는 회두를 늦추면 절대로 안 된다고 했다. 어린이나 소년이나 청년도 노인과 마찬가지로 갑자기 죽을 수 있으니, 젊다고 해서 빨리 죽지 않을 것이라는 헛된 희망을 가질 수 없다는 것이었다.

9. 그러나 그가 꾸준히 간청해도 부인은 아주 완고하게 거부했다. 꽃다운 나이에 절대 부부생활을 포기할 수 없다는 것이었다. 따라서 남편이 자기를 버린 다음 자기가 어떤 죄를 범하게 된다면, 그것은 혼인의 계약을 깨뜨린 남편 탓이라고 했다. 이에 대해 남편은 인간의 본성이 너

무 나약하고 믿을 수 없어서 더 오래 세속적 욕망과 사업에 연루되는 일이 위험하다고 했다. 반드시 취해야 할 선행이라고 깨달은 것을 멀리하면 안 된다면서, 알게 된 선을 무시하는 것은 몰랐던 선을 사랑하지 않는 것보다 더 위험하다고 했다. 그렇게 훌륭하고 천상적 보물 같은 것을 찾아 놓고도 세속적이고 더러운 것을 그보다 더 낫게 여긴다면 자기가 이미 죄에 걸린다고 했다. 남녀노소가 저마다 완덕에 나아가야 된다고 하면서, "상을 받을 수 있도록 달리십시오"(1코린 9,24)라는 바오로 사도의 말대로, 교회의 모든 지체들이 숭고한 덕행의 꼭대기에 올라가야 하는 소명을 받았다고 했다. 느리고 게으른 사람들이 주저한다고 해서 준비가 되어 있는 활기찬 사람들이 멈출 수는 없고, 주저앉은 사람 때문에 움직이지 않기보다 앞에 달려가는 사람들이 나태한 사람들을 재촉하는 일이 더 옳지 않겠느냐고 했다. 그래서 자기는 세속을 버리고 하느님을 위해 살겠노라고, 세상에 대해 이미 죽기로 굳게 결심했다고 했다. 그리고 만일 배우자와 함께 그리스도와 친밀하게 사귀는 행복을 얻지 못한다면 한 지체를 잃더라도 구원받는 것, 또는 불구자가 되더라도 하늘 나라에 들어가는 편이(마태 5,20 참조) 온전한 몸으로 단죄받는 것보다 낫다고 말했다.

그는 또 다음과 같이 주장했다. "모세가 사람들의 마음이 모질기 때문에 아내 버리기를 허락했다면 그리스도는 정결에 대한 열망 때문에 그것을 허락하시지 않겠소?(마태 19,8 참조). 사실 율법만이 아니라 주님께서도 부모를 존경하고 자식을 사랑하라고 명하셨지만 당신 이름 때문에 또는 완덕에 대한 열망 때문에 그들을 그저 무시할 뿐 아니라 미워하라고 하시지 않았소?(루카 14,26 참조)." 그때 그런 애정을 버리라는 말씀 가운데 아내라는 명칭도 나온다는 것이었다. 곧, "내 이름 때문에 집이나 형제나 자매, 아버지나 어머니, 아내나 자녀를 버린 사람은 누구나 백 배로 받을 것이요 영원한 생명을 받을 것이다"(마태 19,29)라고 했다는 것이다. 바오로 사도는 "'아버지와 어머니를 공경하여라.' 이는 약속이 딸린 첫 계명입니다. '네가 잘되고 땅에서 오래 살 것이다'"(에페 6,2-3)고 하면서 아버지와 어머니를 공경하라는 것이 보상이 약속된 첫 번째 계명의 의도라고 했다. 이제 주님께서 당신에 대한 사랑 때문에 그렇게 엄격한 의무까지 무시하라고 명하신 것은 당신께서 선포하신 완덕에는 그 어떤 것도 비교하는 것을 허용하시지 않음을 알 수 있다. 이와 같이 복음에서도 간통을 범하지 않은 경우에 배우자와 맺은 혼인의 인연을 끊는 사람을 단죄하지만 그리스도에 대한 사랑과 정결에 대한 열망으로 육체의 멍에를 버리는 사람들에게 백 배의 상을 분명하게 약속하고 있다.[2]

그는 계속해서 이렇게 말했다. "따라서 당신이 마침내 깨달아서 내가 그렇게 간절히 원하는 일에 찬성한다면, 다시 말해 우리가 주님을 섬기면서 지옥 벌을 함께 피할 수 있다면, 나는 배우자로서의 사랑을 거부하지 않고 오히려 당신을 더욱 열렬히 사랑하겠소. 나는 주님이 당신 뜻대로 내게 주신 협력자(창세 2,18 참조)를 인정하고 존경하며, 그리스도 안에서 끊이지 않는 사랑의 계약으로 결합된 것을 배척하지는 않소. 주님께서 처음 제정하신 법에 의하여 나와 결합한 사람을 멀리할 생각은 없소. 하지만 조건이 있소. 당신은 창조주께서 원하셨던 역할을 해

2 카시아누스 자신의 입장을 알 수는 없지만 그가 여기서 소개하는 테오나스의 성경 해석을 받아들일 수 없다. 루카 14,26와 마태 19,8의 예수님 말씀의 문맥을 보면, 현실적으로 부모나 아내를 멀리하라고 하신 것이 아니라 당신보다 아무도 더 사랑해서는 안 된다고(마태 10,37 참조) 하신 것이다. 테오나스의 결심은 그리스도교 윤리로 뒷받침할 수 없다.

야 하오. 그러나 당신이 협력자가 아니라 속이는 자가 되어 나에게 도움을 주는 대신에 원수에게 도움을 준다면[3] 입장이 달라지지요. 만일 당신에게 제공되는 구원을 스스로 빼앗길 뿐 아니라 내가 구원자의 제자가 되지 못하게 하려고 혼인성사를 받았다고 생각한다면, 나는 어떠한 세속적 애정도 나를 영적 선에서 떼어 놓지 못하도록 요한 압바뿐 아니라 그리스도 친히 하신 말씀을 단호하게 내 것으로 만들겠소. 그분은 '누구든지 나에게 오면서 자기 아버지와 어머니, 아내와 자녀, 형제와 자매, 심지어 자기 목숨까지 미워하지 않으면, 내 제자가 될 수 없다'(루카 14,26)고 하셨소." 이와 같은 말을 아무리 해도 아내는 뜻을 굽히지 않았다. 그래서 복된 테오나스는 아내의 단단하고 완고한 마음을 보고 이렇게 말했다. "내가 당신을 죽음으로부터 건져 주지 못해도 당신은 나를 그리스도로부터 떼어 낼 수는 없소. 나에게는 하느님과 분리되는 것보다 사람과 분리되는 것이 안전하오." 그래서 그는 하느님 은총의 자극을 받아 자기 결심을 즉시 실행했다. 그는 시간이 지체되어 뜨거운 열망이 식는 것을 막으려고 즉시 모든 재산을 버리고 한 수도원으로 들어갔다. 거기서 그는 짧은 시간에 성덕과 겸손으로 크게 빛을 냈다. 그래서 복된 요한이 이 세상을 등지고 주님께 가고, 그보다 못하지 않던 그의 거룩한 후임 엘리야도 별세한 후, 모든 이가 테오나스를 제3대 디아코니아 관리자로 선출하였다.

10. 이제 아무도 내가 이혼을 장려하기 위하여 이 이야기를 늘어놓았다고 생각하지 않기를 바란다. 우리는 혼인을 단죄하지 않을뿐더러 사

---

3 테오나스는 아내를 하와와 비교하는 것이다.

도와 함께 “혼인은 모든 사람에게서 존중되어야 하고, 부부의 잠자리는 더럽혀지지 말아야 합니다”(히브 13,4)고 한다. 오직 그 위대한 분이 하느님께 봉헌된 수도승생활을 어떤 식으로 시작했는지를 독자들에게 알리려고 했던 것이다. 내가 독자들에게 정중히 부탁하고 싶은 것은 그 일이 좋든 싫든 나를 욕하지 말고 그 주인공만 칭찬하거나 나무라라는 것이다. 나는 이 일에 대하여 내 견해를 밝힌 것이 아니라 그저 사실대로 간단히 보고했을 뿐이다. 따라서 나는 이 일을 좋게 보는 사람들의 칭찬을 구할 생각이 없는 것처럼 이 일을 좋지 않게 보는 사람들의 원망도 받아들일 생각이 없으므로 이 일은 각자가 자기 생각대로 판단해도 좋다. 그러나 이 일을 평가할 때 한 가지만 주의하기 바란다. 기적을 행할 수 있는 사도들의 능력을 테오나스에게도 주심으로써 당신의 판단을 보여 주신 하느님보다 자기가 더 공정하고 더 거룩하다고 믿지 않도록 조심해야 한다는 것이다. 그리고 그렇게 많은 원로들의 평가도 생각해야 할 것이다. 그들은 테오나스의 행동을 조금도 나무라지 않았고 오히려 디아코니아 관리자 선출에서도 지극히 뛰어나고 훌륭한 많은 사람보다 그를 앞세웠다. 나는 그렇게 영성 깊은 많은 이들이 하느님의 감도를 받고 내린 판단이 틀리지 않았다고 생각한다. 그 판단은 앞에서 이미 말한 바와 같이 놀라운 많은 기적으로 확증된 것이다.

11. 이제 (앞에서) 약속한 담화로 넘어가자. 테오나스 압바가 오순절 동안 우리 방을 찾아왔을 때의 일이다. 그날 저녁기도를 바치고 나서 잠시 바닥에 앉아 있다가 우리는 그쪽 수도승들이 오순절 전全 기간 동안 누구도 기도할 때 무릎을 꿇지 않는 관례나 제9시(오후 3시)까지 아무도 단식하지 못하게 하는 관례를 왜 그렇게 철저하게 지키는지 자세하

게 알아보았다. 우리는 시리아[4] 수도원들에서 이런 것을 그만큼 세심하게 지키는 것을 보지 못했기 때문에 우리는 이 점이 더욱 궁금했다.

12. 이 질문에 대하여 테오나스 압바는 다음과 같이 설명하기 시작했다: 우선 우리는 그 이유를 모르더라도 사부들의 권위를 인정하고 그렇게 여러 해 동안 우리 시대까지 지켜 온 관례를 예부터 전해 오는 대로 꾸준히 지키고 존경하는 것이 마땅하다. 그러나 그대들이 그 이유와 의미를 알고 싶어 하니 우리가 우리 선배들로부터 이 관례에 대해 배운 것을 간단하게 말해 주겠다. 그렇지만 성경의 증거를 꺼내기 전에 단식 자체의 본질에 대하여 잠시 말하고 싶다. 그런 다음 우리의 설명을 성경 말씀으로 뒷받침하고 싶다.

하느님의 지혜는 코헬렛을 통하여 모든 일, 곧 좋은 일과 우리가 흔히 안 좋은 것으로 생각하는 모든 일에는 알맞은 시간이 있다고 가르쳤다. "하늘 아래 모든 것에는 시기가 있고 모든 일에는 때가 있다. 태어날 때가 있고 죽을 때가 있으며 심을 때가 있고 심은 것을 뽑을 때가 있다. 죽일 때가 있고 고칠 때가 있으며 부술 때가 있고 지을 때가 있다. 울 때가 있고 웃을 때가 있으며 슬퍼할 때가 있고 기뻐할 때가 있다. 돌을 던질 때가 있고 돌을 모을 때가 있으며 껴안을 때가 있고 떨어질 때가 있다. 찾을 때가 있고 잃을 때가 있으며 간직할 때가 있고 던져 버릴 때가 있다. 찢을 때가 있고 꿰맬 때가 있으며 침묵할 때가 있고 말할 때가 있다. 사랑할 때가 있고 미워할 때가 있으며 전쟁할 때가 있고 평화의 때가 있다"(코헬 3,1-8). 그리고 조금 더 내려가서 "모든 일과 모든 행

---

4 카시아누스와 게르마누스에 관해서는 참조: 제17담화 각주 2.

동에 때가 있기 때문이다"(코헬 3,17)고 했다. 다시 말하면 코헬렛은 그 모든 것 가운데 언제나 좋다고 할 것은 없고 오직 어떤 일이 적당하고 당연한 시간에 이루어질 때에 좋다고 했다. 그렇지 않고 어느 때에 해서 적절했던 일도 부적절한 때에 행한다면 쓸모없고 해로운 일이 된다는 것이다. 다만 본질상 선하거나 악한 것으로서 한 번도 반대되는 것이 될 수 없는 것들은 예외다. 정의와 지혜, 용기, 절제 같은 덕목과 그와 반대되는 악습들이 거기에 해당한다. 그런 것들은 역으로 반대의 것이 될 수 없다. 그러나 행하는 사람의 상황에 따라 좋은 일도 될 수 있고 나쁜 일도 될 수 있는 것들은 본질상 한쪽에 속한 것이 아니라 행하는 사람의 의도와 시점에 따라 어떤 때에는 유익하고 또 어떤 때에는 해롭다고 하겠다.

13. 이제 단식을 지키는 일에 대하여 알아보면서 그것이 정의와 지혜, 또는 용기와 절제처럼 언제나 좋아서 절대 반대의 것으로 넘어갈 수 없는지, 아니면 단식은 중간의 것으로 가끔 유익할 수도 있고 가끔 빠뜨릴 수도 있으며 또 어떤 때 하면 안 되고 어떤 때 빠뜨리면 잘하는 것인지 규정해야겠다. 만일 우리가 앞에서 말한 덕행처럼 단식이 본질상 선이라고 한다면 먹는다는 것이 나쁘고 죄를 범하는 것이 되겠다. 본질상 선에 반대되는 것은 틀림없이 본질상 악이라고 보아야 하기 때문이다. 그러나 성경의 권위는 그런 견해를 허락하지 않는다. 만일 우리가 음식 먹는 것이 죄라고 믿는 마음과 뜻으로 단식한다면 우리는 극기의 결실을 얻을 수 없을 뿐 아니라 큰 잘못과 모독죄를 범하게 된다. 그것은 다음과 같은 사도의 말 때문이다. "그들은 믿어서 진리를 알게 된 이들이 감사히 받아 먹도록 하느님께서 창조하신 어떤 음식들을 끊으라고 요

구합니다. 하느님께서 창조하신 것은 다 좋은 것으로, 감사히 받기만 하면 거부할 것이 하나도 없습니다"(1티모 4,3-4). "무엇이든지 그 자체로 더러운 것은 없습니다. 다만 무엇이 더럽다고 생각하는 사람에게는 그것이 더럽습니다"(로마 14,14). 그래서 음식을 먹었다고 누가 단죄되었다는 말씀은 없다. 식사 때나 그 후에 생긴 어떤 일 때문에 단죄받아야 할 일이 있었다면 예외다.

14. 단식이 중간 것이라는 사실은 그것을 지키는 사람이 의인으로 인정받는 한편 그것을 깨뜨리는 사람이 죄인이 되지 않는 것으로 명백히 알 수 있다. 다만 음식을 먹는 것 자체가 아니라 먹음으로써 어떤 계명을 어긴 탓으로 징벌을 받는 경우는 다르다. 그러나 어떤 것이 본질상 선하다면 그것이 잠시라도 없어서는 안 된다. 그것을 그만둠으로써 반드시 죄악에 빠지기 때문에 아무도 그것 없이 지내지 말아야 한다. 반면에 본질상 악하다면 잠시라도 해서는 안 된다. 언제나 해로운 것이라면 그것을 행하는 사람을 해치지 않을 때가 있을 수 없고 찬양할 만한 것으로 변할 때가 있을 수 없다.

따라서 일정한 방식과 시기가 정해져 있는 일들, 그것을 지킬 때에는 거룩해지지만 지키지 않을 때에도 오염되지 않는 그런 일들은 분명히 중립적이다. 혼인과 농사, 재산, 은거, 밤샘, 성경읽기와 묵상 등과 우리가 지금 다루고자 하는 단식이 그런 일이다. 그런 모든 것에 대해 그것을 항상 추구하고 계속 지키라는 하느님의 계명이나 성경 말씀이 없으므로 얼마간 그만두는 것은 죄가 되지 않는다. 계명이 명령하는 바를 행하지 않으면 죽음이 따라오게 되어 있다. 그러나 명하지 않고 그저 권고하는 일이라면, 그것을 행하는 것이 유익하지만 행하지 않아도 벌을 받지는 않는다. 그래서 우리 선배들은 이런 일, 적어도 그 가운데 어떤 일을 할 때, 그 목적과 장소, 방식과 시기를 고려하여 지혜롭게 지키라고 했다. 이런 것 가운데 어떤 것을 적당하게 행하면 유익하지만, 적합하지 않게 행하면 해롭기 때문이다.

예를 들어 보자. 형제가 방문해서 그 안의 그리스도를 친절하게 맞이하고 반갑게 대접해야 할 경우 누가 엄격하게 단식을 지키겠다고 한다면, 그것은 신심에 대해 칭찬을 받고 공로를 얻는 대신에 몰인정의 죄를 범하는 것이 아니겠나? 또는 몸이 기진하고 약해서 힘을 회복하기 위해서는 꼭 음식을 먹어야 하는 어떤 사람이 엄격한 단식을 완화하지 않는다면, 그것은 구원을 배려하는 것이 아니라 자기 몸을 잔인하게 죽이는 짓이 아니겠나? 마찬가지로 축일에 음식을 즐기게 되어 있는데 누가 계속 단식을 굳게 지키려고 한다면, 우리는 그를 독실한 사람이 아니라 오히려 뭘 모르는 불합리한 사람으로 볼 것이다.

그리고 단식으로 사람들의 칭찬을 노리고 창백한 모습을 드러냄으로써 성덕의 명성을 얻으려고 하는 사람들에게도 단식은 오히려 해로운 것이다. 그들은 복음 말씀대로 이미 현재의 상을 받은 사람들이다(마태 6,16 참조). 또 주님께서는 예언자를 통하여 그들의 단식을 지겨워한다고 하셨다. 주님께 "저희가 단식하는데 왜 보아 주지 않으십니까? 저희가 고행했는데 왜 알아주지 않으십니까?"라고 묻는 사람들에게 주님께서는 즉시 그들을 들어주시지 않는 이유를 밝히셨다. "보라, 너희는 너희 단식일에 제 일만 찾고 너희 일꾼들을 다그친다. 보라, 너희는 단식한다면서 다투고 싸우며 못된 주먹질이나 하고 있다. 저 높은 곳에 너희 목소리를 들리게 하려거든 지금처럼 단식하여서는 안 된다. 이것이 내가 좋아하는 단식이냐? 사람이 고행한다는 날이 이러하냐? 제 머리를 골풀처럼 숙이고 자루옷과 먼지를 깔고 눕는 것이냐? 너는 이것을 단식이라고, 주님이 반기는 날이라고 말하느냐?"(이사 58,3-5). 그리고 단식하는 고행이 어떻게 주님을 기쁘게 할 수 있는지 가르치신다. 다음과 같은 일들이 단식을 따르지 않으면 단식 자체는 쓸모없다고 명백하게 밝혀 주신다. "내가 좋아하는 단식은 이런 것이 아니겠느냐? 불의한 결박을 풀어 주고 멍에 줄을 끌러 주는 것, 억압받는 이들을 자유롭게 내보내고 모든 멍에를 부수어 버리는 것이다. 네 양식을 굶주린 이와 함께 나누고 가련하게 떠도는 이들을 네 집에 맞아들이는 것, 헐벗은 사람을 보면 덮어 주고 네 혈육을 피하여 숨지 않는 것이 아니겠느냐? 그리하면 너의 빛이 새벽빛처럼 터져 나오고 너의 상처가 곧바로 아물리라. 너의 의로움이 네 앞에 서서 가고 주님의 영광이 네 뒤를 지켜 주리라. 그때 네가 부르면 주님께서 대답해 주시고 네가 부르짖으면 '나 여기 있다' 하고 말씀해 주시리라"(이사 58,6-9). 그러니 그대들이 보는 바와 같이 주님께서 단식을 본질상 미덕으로 보시지 않는다는 것이다. 단식은 그 자체로서가 아니라 다른 행동에 의하여 좋고 하느님이 기뻐하시는 일이 된다는 것이다. 그뿐 아니라 경우에 따라 헛된 짓이나 하느님께서 지겨워하시는 짓마저 될 수 있다. 주님께서는 과연 "그들이 단식하여도 내가 그들의 호소를 듣지 않겠다"(예레 14,12)고 하셨다.

15. 자비와 인내와 사랑, 그리고 앞에서 말한 본질상 선한 덕행은 단식 때문에 그것을 지킬 것이 아니라 그 덕행을 위해서 단식을 해야 한다. 참으로 선한 그 덕목들을 얻기 위하여 우리가 단식하는 것이지, 단식이 그 덕목들의 목표가 될 수는 없다. 육신을 괴롭히는 것이 유익하며 굶는 것이 좋은 일이 될 수는 있지만, 그것은 오직 사랑을 얻기 위해 했을

때 그렇다. 사랑은 면제되는 시간이 있을 수 없는 변함없는 선이다. 의술이나 금세공 기술을 비롯하여 세상에서 사용되는 기술도 그 기술에 필요한 도구들을 위해서 실행하는 것이 아니며 오히려 그 도구들이 기술을 실행하기 위하여 마련되는 법이다. 그 도구들은 숙련된 사람에게는 유익하지만 그 기술을 모르는 사람에게는 쓸모없는 것이다. 이런 도구들의 경우, 어떤 일을 하려고 그것을 사용하는 이들은 그것으로 큰 도움을 받는다. 그러나 그것들이 어디에 필요한지 모르고 그것들을 소유함으로써 만족하는 사람들에게는 전혀 도움이 될 수 없다. 그런 사람들은 그 도구를 무엇을 만들기 위해서가 아니라 다만 그것을 지키기 위하여 두는 셈이다. 이와 같이 본질상 중간 것은 본질상 선한 것을 행하기 위한 것이고, 본질상 선한 것은 다른 것을 위하여 행해지는 것이 아니라 오직 그 자체의 선 때문에 행해지는 것이다.

16. 본질상 선인 것과 앞에서 중간 것이라고 표현한 것을 구별하려면 이렇게 물어보면 된다. 다른 어떤 것 때문이 아니고 그 자체로서 선한가? 다른 것 때문이 아니라 그 자체로 유용한가? 언제나 변함없이 선하고 항상 그 성질을 유지하며 결코 그것 아닌 것이 될 수 없는가? 그것을 빼거나 그만두게 되면 반드시 엄청난 피해를 낳는가? 이것과 정반대가 되는 것이 본질상 악한 것이라서 결코 선한 것이 될 수 없는가? 이 질문들을 통해 본질상 선인 것을 판단할 수 있는데, 단식은 거기에 해당하지 않는다.

단식이 오직 마음과 육신의 순결을 얻기 위하여 유익하게 지켜진다고 해서 그 자체로서 선하거나 유용한 것은 아니다. 육신의 충동을 다스리고 정신이 고요해져서 창조주께 돌아오게 하려는 것이다. 또 단식은 언제나 변함없이 선인 것도 아니다. 우리는 자주 단식을 중단하지만 아무 해도 입지 않을 뿐 아니라 불합리하게 단식을 지키는 것은 때로는 해롭다. 그리고 단식과 반대되는 것이 본질상 악도 아니다. 음식 먹는 것은 과식이나 사치 같은 악행을 결과로 낳지 않는 한 자연스럽고 즐거운 일이다. 그래서 "입으로 들어가는 것이 사람을 더럽히지는 않는다. 오히려 입에서 나오는 것이 사람을 더럽힌다"(마태 15,11)라는 말씀이 있다. 그런데 우리가 본질상 선을 그 자체 때문에 행하지 않고 어떤 다른 일 때문에 행하면 그것을 제대로 지키지 않는 것이거나 죄를 범하는 것이다. 우리는 모든 것을 그 선함 때문에 행해야 하고 본질상 선은 오직 그 자체의 선함 때문에 추구해야 한다.

17. 단식의 성질에 대하여 앞에서 말한 것을 항상 명심하면서 마음과 정성을 다하여 단식하자. 단식이 합당한 것이 되기 위한 조건을 잊지 말자. 다시 말하면 시기와 방법과 정도를 고려하여 단식에 우리 희망의 목표를 두지 말고, 단식을 통하여 마음의 순결과 사도들이 가르친 사랑을 추구해야 한다. 단식을 지키거나 그만두어야 할 특별한 시기들과 그 방식과 정도가 정해져 있는 것을 보면, 단식은 본질상 선한 것이 아니라 중간 것이라는 사실이 명백하다. 그러나 하느님께서 계명을 통해 선한 것으로 명하시거나 악한 것으로 금하신 것은 때에 따른 예외가 있을 수 없다. 그런 경우에는 어떤 때에든 금지된 것을 행하거나 명한 것을 빠뜨리는 일이 있을 수 없다. 정의와 인내, 절제와 정결과 사랑에 대하여는 정한 시기가 없고, 마찬가지로 불의와 분노, 격정과 음탕, 시기와 교만 등이 허락되는 때도 없다.

18. 지금까지 나는 단식의 특성에 대하여 설명했다. 이제 성경 말씀을 인용하여 단식을 언제나 지켜야 하지도 않고 지킬 수도 없다는 것을 더 명백하게 증명해야 할 것 같다. 복음에 따르면 바리사이들과 세례자 요한의 제자들이 단식했던 것과 달리 사도들은 천상 신랑의 친구요 손님으로서 아직도 단식을 지키지 않았다. 요한의 제자들은 단식으로써 가장 정당한 일을 하고 있다고 믿었다. 과연 그들의 스승은 회개를 선포하는 위대한 설교자로서 모든 백성에게 훌륭한 표양을 보여 주었던 것이다. 그는 사람들이 먹는 색다른 음식만 사양한 것이 아니라 흔히 다 먹는 빵마저도 먹지 않았다. 그래서 그의 제자들은 주님께 불평했다. "저희와 바리사이들은 단식을 많이 하는데, 스승님의 제자들은 어찌하여 단식하지 않습니까?"(마태 9,14). 주님께서는 당신의 대답으로 단식은 언제나 합당하거나 필요한 것이 아니라는 것을 보여 주셨다. 또한 축일일 때나 사랑을 나누게 될 때는 음식을 넉넉히 먹어도 좋은 것임을 지적하셨다. "혼인 잔치 손님들이 신랑과 함께 있는 동안에 슬퍼할 수야 없지 않으냐? 그러나 그들이 신랑을 빼앗길 날이 올 것이다. 그러면 그들도 단식할 것이다"(마태 9,15). 주님께서 당신 부활 이전에 하신 말씀이지만 부활 기간을 가리키는 말씀이다. 그때는 부활하신 그리스도께서 제자들과 함께 사십 일간 잔치를 즐기시는 동안 그들은 매일 함께 지내는 기쁨 때문에 단식할 수 없었다.

19. 게르마누스: 그리스도께서 부활하신 후에 사십 일밖에 제자들과 함께 머무시지 않았는데, 저희는 왜 오십 일 동안 내내 단식을 완화합니까?

20. 테오나스: 그대들의 질문은 정당한 것이니 마땅히 진실을 온전히 밝혀야 하겠다. 우리 구원자께서는 부활하신 지 사십 일 되는 날에 승천하셨다. 그분이 올리브산에서 아버지께 돌아가시는 모습을 제자들에게 보여 주신 다음 제자들은 예루살렘으로 돌아갔다. 사도행전에 기록되어 있듯이, 제자들은 거기서 십 일 동안 성령강림을 기다렸고, 그런 다음 오십 일 되는 날에 기쁨 중에 성령을 받게 되었다. 그리하여 이 축제의 숫자가 채워졌다. 이 숫자는 이미 구약의 예표 가운데 나온다는 것을 볼 수 있다. 일곱 주간을 마치고 제관들이 햇곡식으로 만든 빵을 주님께 바쳐야 했던 것이다. 이제 사도들은 그날[5] 백성에게 했다는 설교를 통하여 참된 햇곡식의 빵을 주님께 바쳤다고 보아야 할 것이다. 이 진정한 햇곡식의 빵은 새로운 가르침으로 인하여 오천 명의 남자들에게 제공되어 그들을 배불리 먹여 주었고, 그것으로 유대인들 가운데에서 그리스도인 백성을 맏배로 주님을 위하여 축성했다.

그래서 이 열흘도 앞의 사십 일처럼 성대한 기쁨으로 경축해야 한다. 이 축제의 전통은 사도 시대부터 우리에게 내려왔으니 같은 법으로 지켜야 하는 것이다. 그래서 우리는 그동안 기도 중에 무릎을 꿇지 않는 것이다. 무릎을 꿇는 것은 참회와 슬픔의 표시다. 그리고 이런 이유로 그 축제 기간에 우리는 모든 것을 주일처럼 지킨다. 우리 선배들은 그때에 주님의 부활에 경의를 표하는 뜻으로 단식도 할 수 없고 무릎을 꿇을 수 없다고 가르쳤다.

21. 게르마누스: 축제가 오래 계속되면 저희 육신이 익숙하지 않은 쾌

---

5 오순절은 이스라엘 사람들의 추수감사절(보리 수확 끝)이었다. 여기서 말하는 빵이 그 설교를 가리키는지, 아니면 그리스도를 가리키는지 분명치 않다

감을 느껴 이미 잘라 낸 악습의 뿌리에서 다시 가시덤불이 싹틀 가능성이 없겠는지요? 또는 익숙한 양보다 많은 음식을 먹으면 저희 정신이 무거워져서 종노릇을 해야 할 몸을 엄격히 지배하지 못하게 될 수 있지 않습니까? 보통 먹는 음식을 더 많이 들거나 생소한 것을 마음대로 먹으면 특히 저희처럼 나이가 젊은 경우에는 예속된 지체들이 반란을 일으킬 가능성이 있을 것 같습니다.

22. 테오나스: 우리가 하는 모든 일을 합리적으로 평가하고 항상 남의 판단이 아니라 깨끗한 마음으로 우리 자신의 양심을 기준으로 삼는다면, 위와 같은 휴식 시간이 우리의 엄격한 수행에 방해가 될 수 없다. 다만 앞에서 말한 바와 같이 관대와 극기의 정도를 똑똑히 저울질해서 순수한 마음으로 양쪽의 지나침을 피해야 할 것이다. 쾌감의 무게가 우리 정신을 내리누르는 것인지 아니면 너무 엄격한 극기가 다른 쪽, 곧 육체를 내리누르는 것인지 진정한 분별력으로 분간하여 경우에 따라 너무 올라간 쪽을 누르거나 너무 눌린 쪽을 올려 주어야 한다. 주님께서는 당신을 경배하고 공경하는 일에서 올바른 판단 없이는 아무것도 하지 않기를 바라신다. "임금의 영예는 판단을 사랑하기"(시편 99,4 칠십인역) 때문이다. 그래서 가장 지혜로운 솔로몬은 우리 판단이 한쪽으로 기울어서는 안 된다며 우리에게 이렇게 타이른다. "네 의로운 소출로 하느님을 공경하고 네 의로움의 열매로 그분께 제사를 드려라"(잠언 3,9 칠십인역). 우리 양심 안에는 순수하고 진실한 심판자가 있어서 어떤 때 우리 순결함에 대하여 모든 이가 잘못 알더라도 그 심판관만은 틀릴 수 없다.

그래서 우리는 언제나 조심하면서 정성을 다해야 한다. 그렇지 않고 우리가 잘못 분별하여 그릇된 판단을 내린다면 극기에 대한 조심 없는 욕심에 넘어가거나 아니면 지나친 이완의 유혹에 빠지므로 우리가 가진 능력의 무게를 균형 없는 저울에 달아 보는 셈이다. 그러지 말고 저울 한쪽에 마음의 순결, 다른 쪽에는 몸의 힘을 놓고 양심의 판단으로 양쪽을 재면서 우리 감정이 일방적으로 한쪽에 기울지 않도록 해야 한다. 만일 그렇지 않고 우리가 절제 없는 극기나 지나친 이완으로 저울을 한쪽으로 기울게 한다면 과도한 이완이나 극기 때문에 "네가 옳게 바쳐도 옳게 나누지 않으면 죄를 짓지 않았느냐?"(창세 4,7 칠십인역)라는 말씀을 들을 것이다. 우리는 내장을 마구 괴롭히면서 억지로 자아내는 무리한 단식을 주님께 올바른 희생 제물로 드린다고 믿을지 몰라도 "자비와 정의를 사랑하시는"(시편 32,5 불가타) 주님께서는 "나 주님은 올바름을 사랑하고 탈취물로 바치는 번제물을 미워한다"(이사 61,8 불가타)라는 말씀으로 그런 제물을 저주하신다. 반대로 자신이 행하는 일 가운데 바칠 만한 대부분의 것들을 자기 육신의 쾌락과 개인의 필요를 위해 써 버리고 지극히 적은 남은 것만 주님께 바치는 사람들을 "주님의 일을 속이면서 하는 자는 저주를 받으리라"(예레 48,10 칠십인역)라는 말씀으로 하느님께서는 부정한 일꾼으로 단죄하신다. 그래서 균형 없는 판단으로 자신을 기만하는 사람에게 주님께서 "사람의 아들들은 하잘것없다. 사람의 아들들은 속이기 위하여 저울에서 거짓을 한다"(시편 61,10 불가타)고 질타하신 것은 마땅하다. 그런 까닭에 복된 사도(바오로)는 지나침에 현혹되어 한쪽에만 기울지 말고 분별과 절제를 지키라고, "여러분이 드려야 하는 합당한 예배"(로마 12,1)라는 말로 우리를 타일러 준다. 입법자(모세)도 비슷한 말로 그 같은 행위를 금지한다. "바른 저울과 바른 추, 바른 에파와 바른 힌을 써야 한다"(레위 19,36). 솔로몬도 같은 견해를 보여 준다. "서로 다른 저울추와 서로 다른 됫박, 주님께서는 이 둘을 역겨워하신다. 그런 짓을 하는 사람은 자기가 만들어 낸 올가미에 걸린다"(잠언 20,10-11 칠십인역).

이제 우리 마음에 맞지 않은 추를 두거나 우리 양심의 창고 속에 서로 다른 됫박을 두지 않으려면 여태까지 지키라고 말한 방식 외에도 명심해야 할 것이 있다. 우리 자신에게 관면을 주고 엄격한 규칙에 따라 지켜야 할 것을 크게 완화하면서, 우리가 주님의 말씀을 전하는 사람들에게 우리가 참을 수 있는 것보다 더 엄격하고 무거운 계명의 무게를 덮어씌워서는 안 된다. 만일 그런 짓을 한다면 우리가 주님의 계명이 가지고 오는 대가와 열매를 서로 다른 추로 달거나 재는 것이 아니겠나? 우리가 우리 자신의 것과 형제들의 것을 다르게 저울질한다면, 주님께서는 우리가 속이는 저울과 이중의 됫박을 쓴다고 마땅히 꾸짖으실 것이다. 이 일에 대하여 솔로몬은 "서로 다른 저울추는 주님께서 역겨워하시는 것이고 속임수 저울판은 좋지 않은 것이다"(잠언 20,23)라고 한다.

또 다른 식으로 엉터리 저울추와 서로 다른 됫박을 쓰는 죄를 범할 수 있다. 그것은 사람들의 칭찬에 대한 욕심으로 혼자서 자기 집에서 보통 행하는 것보다 더 엄격한 수행을 형제들 앞에서 과시하는 일이다. 다시 말해 하느님 눈앞에서보다도 사람들 앞에서 더욱 극기를 하여 거룩한 모습을 드러내려는 것이다. 이 병은 어떠한 것보다 피해야 할 일이며 가증스럽게 보아야 한다. 그런데 그동안 우리가 다루던 문제에서 약간 멀어졌으니, 이제 그 문제로 돌아가자.

23. 우리가 앞에서 말한 축제를 지낼 때, 허락된 이완이 육신과 영혼의

건강에 해가 되지 않고 오히려 유익하게 되도록 주의해야 한다. 축제의 기쁨이 육체의 가시들을 무디게 하는 법이 없고, 저 원수(악마)는 축일이라고 해서 얌전해지는 법이 없다. 그래서 한편으론 정해진 관례대로 축제의 시기를 성대하게 지내고, 또 다른 한편으론 유익한 절도의 한도를 벗어나지 말아야 한다. 그러면 적합한 정도의 이완을 허락하는 뜻으로 제9시(오후 3시)에 먹게 되어 있는 음식을 축제 기간에는 좀 더 빨리, 곧 제6시(정오)에 먹으면 될 것이다. 그러나 음식의 양과 질은 바꾸지 말아야 한다. 그것은 사순절의 극기로 얻은 육체의 순결과 정신의 결백을 오순절의 이완으로 잃으면 안 되기 때문이다. 그렇지 않으면 단식으로 얻은 것을 조심 없이 배를 채움으로써 다시 잃고 쓸모없게 만들기 쉽다. 그리고 우리는 우리 원수(악마)의 교활함을 잘 알지 않느냐? 그는 우리가 어떤 축제를 지내다가 순결을 방비하는 태도가 풀리는 것을 보면 우리를 더욱 심하게 공격한다. 따라서 우리 정신이 매혹되어 기강이 한시도 약해지지 않도록 언제나 철저히 깨어 있어야 한다. 이와 같이 앞에서 이미 말한 대로, 사순절 동안 꾸준히 수고함으로써 얻은 정결을 오순절의 안식과 안일함 때문에 잃지 않도록 정신을 차리고 있어야 한다. 그래서 음식의 질과 양에 아무것도 더하지 말아야 한다. 우리가 평일에 우리 정결을 보호하기 위하여 먹지 않는 음식은 축일에도 멀리하자. 그렇지 않으면 축제의 기쁨이 우리 안에 치명적인 육체의 충동을 일으켜 우리 기쁨은 슬픔으로 바뀌고 우리가 순결한 행복감으로 뛰놀던 마음의 탁월한 즐거움을 다시 빼앗길 것이다. 그러면 짧은 시간에 누리던 육체의 실없는 흥겨움이 지나고 잃어버린 마음의 정결에 대해 오래 계속되는 슬픔의 눈물로 속죄하게 될 것이다. 그러니 다음과 같은 예언자의 훈계를 헛되이 듣지 않도록 노력하자. "유다야, 축일을 지내고 서원을 지켜라"(나훔 2,1). 지속적인 우리의 금욕생활이 축제 기간에 방해를 받지 않는다면, 우리는 계속 영적 축제를 즐기게 될 것이며, 육체노동에서 벗어나는 그때는 "매일이 초하룻날이요 안식일 될 것"(이사 66,23)이다.

24. 게르마누스: 사순절을 여섯 주간 동안 지내는 까닭은 무엇입니까? 어떤 지방에는 더 열심이어선지 일곱 주간을 지내는 것 같습니다. 하지만 그렇게 해도 주일과 토요일을 빼면 이 경우에도 40일의 숫자를 채울 수 없습니다. 그 방법으론 36일밖에 이르지 못하지요.

25. 테오나스: 어떤 경건한 사람들은 단순해서 그런 질문을 할 줄 모른다. 하지만 그대들은 다른 사람이 물어볼 가치가 없다고 생각하는 것까지 세밀하게 탐구하고, 우리 수행의 뜻과 신비의 모든 진리를 온전히 알고 싶어 하니, 우리 선배들이 불합리한 어떤 것도 전하지 않았다는 사실을 확인할 수 있도록 이 일의 분명한 이유를 설명하겠다. 모세 율법에서는 온 백성에게 다음과 같은 보편적 계명을 발표했다. '십일조와 맏배를 네 주 하느님께 바쳐야 한다'(신명 14,22-23 참조). 그러니 우리가 우리 재산과 모든 소출의 십분의 일을 봉헌하라는 계명을 받았다면 우리 생활과 활동, 그리고 생산에서 십분의 일을 바치는 것은 훨씬 더 필요하다. 이제 사순절을 계산해서 우리는 바로 그 일을 분명하게 완수한다. 일 년의 모든 날을 십으로 나누면 서른여섯 날 반半이 나온다. 이제 일곱 주간 가운데서 주일과 토요일을 빼면 단식하는 날은 서른다섯 날이 된다. 그런데 (부활)주일 새벽에 닭이 울 때까지 단식을 연장하는 토요일 전야를 더하면 서른여섯 날이 되고, 일 년 중 나머지 닷새의 십

분의 일까지 보태면 (단식일들의) 완전한 숫자를 얻게 된다.

26. 이제 만물에 대해 이야기해 보자. 그리스도를 충실히 섬기는 모든 신자가 매일 맏물을 바친다는 것은 틀림없는 사실이다. 그들은 잠에서 깨자마자 새로 태어나는 기분으로 일어나 자기 마음에 어떤 생각이 떠오르기 전에, 그리고 자기 가정에 대하여 무엇을 기억하거나 염려하기 전에 최초로 떠오르는 생각들을 하느님께 봉헌물로 바칠 때, 그것이 이승 삶의 누림과 매일 경험하는 부활의 표상에 대하여 대사제 예수 그리스도를 통하여 자기 소출의 맏물을 봉헌하는 것[6]이 아니고 무엇이겠나? 또한 그들은 잠에서 깨어나면 같은 식으로 하느님께 찬양 예물을 바쳤다. 자기 혀의 첫 동작으로 그분을 부르며 그분의 이름을 찬미한다. 찬가를 부르기 위하여 처음으로 입술의 문을 열어 하느님께 입의 예배를 바치는 것이다. 그리고 마찬가지로 하느님께 손과 발의 첫 예물을 바친다. 그들은 침상에서 일어나면 개인 용무를 보는 데 자기 손발을 사용하기 전에 먼저 기도하러 선다. 자기 자신을 위해 손발의 기능을 사용하기 전에 오직 하느님을 공경하기 위하여 발을 옮기고 그분을 찬양하기 위하여 발을 멈춘다. 이와 같이 그들은 손을 펴 들고 무릎을 꿇으며 온몸을 엎드림으로써 자기 동작의 모든 맏물을 봉헌한다.

"새벽부터 일어나 도움을 청하며 … 제 눈이 야경꾼보다 앞질러 깨어 있음은 당신 말씀을 묵상하기 위함입니다"(시편 119,147-148). 또는 "저는 새벽부터 당신께 빕니다"(시편 88,14)과 같은 시편 말씀을 다르게 실행할 수는 없다. 고요하게 잠을 잔 뒤 어둠과 죽음에서 다시 빛으로 돌

6 카시아누스는 아침의 첫 생각을 하느님께 돌리는 것을 부활처럼 새로 받은 삶에 대한 감사제로 보는 것 같다.

아오는 사람처럼 정신과 육체의 모든 기능 가운데 그 어떤 것도 우리의 필요를 위하여 감히 가로채지 말아야 한다. 여기서 예언자(시편 저자)가 앞질러야 한다고 하는 것은 무엇일까? 그것은 우선 우리 자신이며, 우리가 피할 수 없는 우리의 할 일과 감정, 세속 걱정이다. 그것은 원수(악마)의 미묘한 유혹이다. 악마는 우리가 아직 자고 있을 때 꿈속에 헛된 공상을 일으켜서 잠에서 깨어난 뒤 그것으로 우리 생각을 사로잡고 감쌈으로써 우리의 가장 비옥한 만물을 빼앗아 먼저 차지하려고 한다.

그래서 앞에서 인용한 시편 구절을 행동으로 실천하려고 하면 지극히 조심하여 아침에 처음으로 일어나는 생각을 정성을 다해 주시하고 보호해야 한다. 이렇게 해서, 시기하는 원수가 그중에서 어떤 것을 잽싸게 가로채 더럽힘으로써 주님께서 우리 만물을 천하고 가치 없는 것이라 물리치시지 않도록 방지해야 한다. 이와 같이 우리는 원수를 앞지르기 위하여 계속 정신을 차리고 우리 자신을 살펴야 한다. 그렇지 않으면 원수는 미리 기다리는 고약한 습관을 그만두지 않고 매일같이 쉬지 않고 속임수를 써서 우리를 공격할 것이다. 그러니 우리가 우리 마음의 열매 가운데서 하느님께서 즐겨 받아 주시는 만물을 바치고자 한다면, 특히 아침 시간에 지극한 정성으로 우리 몸의 모든 감각을 지킴으로써 그것이 모든 면에서 온전하시고 티 없으신 주님을 위한 거룩한 번제물이 되어야 한다. 많은 세속 사람들도 큰 정성으로 그런 신심을 지킨다. 그들은 해가 뜨기 전이나 이른 아침에 일어나 성당에 가서 모든 행동과 작업의 만물을 하느님 앞에 봉헌하기 전에는 집안일과 이 세상에 필요한 일에 절대로 손을 대지 않는다.

27. 그대들은 지방에 따라서 사순절을 여섯 주간 지내는 곳과 일곱 주

간 지내는 곳이 있다고 했지만 주간 수가 달라도 단식의 뜻과 방식은 마찬가지다. 토요일도 단식해야 한다는 사람들은 여섯 주간으로 정했고, 그들은 일주일에 여섯 번 단식을 지키는 것을 여섯 번 되풀이하여 서른여섯 날이라는 시간을 완수한다. 이처럼 주간의 수가 서로 달라도 단식의 뜻과 방식은 앞서 말한 대로 같은 것이다.

28. 그러나 인간들의 무관심으로 이 관례의 뜻이 기억에서 없어졌기 때문에 하느님께 매년의 십일조를 서른여섯 날 반의 단식으로 바치는 이 기간을 사순절이라고 하게 되었다. 이 표현을 취해야 된다고 생각한 이유는 모세와 엘리야, 그리고 우리 주 예수 그리스도께서 사십 일 동안 단식하셨기 때문인지도 모르겠다. 이스라엘이 사막에 머물던 사십 년, 그리고 이스라엘 사람들이 신비롭게 사막을 통과하는 동안 머물렀던 마흔 곳(민수 3,1-39 참조)도 이 신비의 숫자에 잘 맞아떨어진다. 또는 세무서의 관례 때문에 이 십일조가 사순절이라는 이름을 받았을까? 임금의 이득을 위하여 수입에서 징수하는 세금을 사람들이 일반적으로 '사십분의 일'[7]이라고 하기 때문이다. 모든 시대의 임금이신 분도 우리가 생명을 사용하는 대가로 우리에게 같은 비율의 합법적 세금을 징수하신다.

그대들이 꺼낸 문제는 아니지만 사순절 이야기가 나왔으니 이 기회에 또 한 가지 사실을 알려 주고 싶다. 우리 선배들이 자주 보고했던 일인데, 모든 수도승이 이 시기에 옛 원수들의 족속이 가졌던 습관에 따라 가장 심하게 공격을 받는다는 것이다. 이때 수도승들은 자기 거처를

7 '사순절', 곧 '콰드라게시마'quadragesima라는 말은 라틴어로 '사십분의 일'이라는 뜻이다.

떠나도록 무섭게 강요를 당한다고 한다. 옛날 이집트 사람들이 이스라엘 자손을 잔인하게 억압했던 것처럼 지금도 영적 이집트인들이 참된 이스라엘인 수도승들을 고되고 더러운 노동으로 꺾으려고 한다.[8] 하느님께서 좋아하시는 평화에 의지하여 우리가 이집트 땅을 떠나 구원을 주는 덕행들의 사막으로 넘어가는 것을 방해하려는 것이다. 그래서 파라오가 우리를 향해 이렇게 으르렁댄다. "그들은 게을러져, '가서 저희 하느님께 제사를 드릴 수 있게 해 주십시오' 하며 아우성치고 있다. 그 자들의 일을 더 힘들게 하여라. 그러면 그들이 일만 하느라 허튼 말에 귀를 기울이지 않게 될 것이다"(탈출 5,8-9). 과연 어리석은 그들은 깨끗한 마음이라는 광야에서만 주님께 드릴 수 있는 거룩한 제사를 가장 헛된 짓으로 여긴다. "죄인에게는 하느님을 섬기는 일이 역겨움"(집회 1,25)이기 때문이다.

29. 의롭고 완전한 사람은 이 사순절의 법에 얽매이지 않으며 이 미소한 규정만 지키는 것에 만족하지도 않는다. 이 규정은 교회의 지도자들이 일 년 내내 쾌락과 세속의 사업으로 휘말려 지내는 사람들을 위하여 정해 놓은 것이다. 사람들이 삶의 모든 날을 자기가 얻어 낸 것처럼 다 써 버리지 않고 엄격한 법으로 구속되어 적어도 그 시기에만은 주님께 시간을 바침으로써 십분의 일을 주님께 봉헌하게 하려는 것이다. 그러나 "율법은 의인 때문에 있는 것이 아니다"(1티모 1,9). 의인들은 미소한 십분의 일 정도가 아니라 자기 생애의 모든 시간을 영적 일에 배정하여 십일조의 법에서 면제된다. 그래서 어쩌다 정당하고 거룩한 의무

8 테오나스가 여기서 악령들의 공격을 말하고 있는지 그 지역의 이집트 사람들이 수도승들을 괴롭혔다는 말인지 확실치 않다.

에 따른 필요성이 생기면 그들은 주저 없이 이 단식 규정을 기꺼이 늦추어 버린다. 그렇게 해도 그들은 자신의 모든 것을 자기 자신과 함께 주님께 바쳤으니, 그 미소한 십일조가 줄어든 게 아니다. 그러나 그 무엇도 자원해서 봉헌하지 않고 법적 의무 때문에 할 수 없이 십일조를 내야 할 사람들이 그렇게 한다면 변명의 여지 없이 무거운 사취의 죄를 짓게 된다. 이와 같이 그냥 금지된 것을 피하고 명령된 것을 실행하는 율법의 종은 완전하지 못하다는 것이 명백히 증명된다. 그와 달리 율법이 허용하는 것을 이용하지 않는 사람들은 참으로 완전하다. 그래서 모세의 율법에 대해 "율법은 아무것도 완전하게 못했습니다"(히브 7,19)라는 말씀이 있기는 하지만, 구약 시대의 어떤 성인들이 완전했다고 하는 성경 말씀을 그런 식으로 이해해야 한다. 그들은 율법의 지배를 초월하여 복음적 완성을 실천했던 것이다. 그들은 "율법이 의인 때문에 있는 것이 아니라, 무법자와 순종하지 않는 자, 불경한 자와 죄를 짓는 자, 하느님을 무시하는 자와 거룩한 것을 속되게 하는 자들 때문에 있는"(1티모 1,9-10) 것이라는 사실을 알고 있었다.

30. 우리가 알아야 할 것은 초대 교회의 완덕이 순전하게 남아 있는 동안은 사순절의 관례가 없었다는 것이다. 그들은 일 년 내내 한결같이 단식을 지켰으니 계명이 필요 없었다. 그들은 법률로 강요받지도 않았고 엄격한 단식 기간의 한계에 갇히지도 않았다. 그러나 신자들의 무리는 사도 시대의 뜨거움을 갈수록 잃어 갔고, 자기 재산을 챙기기 시작했다. 이제 사람들은 사도들이 지시했던 대로 소유물을 모든 신자들과 나누지 않고 개인적 필요에 따라 지출하며 소유물을 지킬 뿐 아니라 그것을 늘리려고 노력했으니, 아나니아와 사피라의 행동을 본받는 정도

에 그치지 않았던 것이다. 그래서 당시의 모든 사제는 사람들이 세속적 걱정에 매여 있고, 말하자면 절제와 참회를 모르고 있는 것 같아서 그들에게 다시 거룩한 일을 수행하게 하려고 단식 규정을 정하고 십일조를 내도록 법으로 강요했다.[9] 이 법은 나약한 이들에게는 유익해도 완전한 이들과는 상관이 없다. 그들은 복음 은총 아래 있어서 자원해서 올리는 봉헌으로 법을 초월한다. 그래서 그들은 사도가 밝히는 행복에 도달하게 된다. "죄가 여러분 위에 군림할 수는 없습니다. 여러분은 율법 아래 있지 않고 은총 아래 있습니다"(로마 6,14). 사실 충실히 은총의 자유 아래 머무는 사람 안에서 죄는 군림할 수 없다.

31. 게르마누스: 수도승뿐 아니라 모든 그리스도인에게 안전을 약속하는 사도의 주장이 거짓일 리는 없는데 저희로서는 알아듣기가 좀 어렵습니다. 이 말씀에 따르면 복음을 믿는 모든 사람이 죄의 멍에와 지배를 받지 않고 자유롭다고 하는데, 어째서 세례를 받은 거의 모든 이가 죄의 지배를 받습니까? 주님께서는 "죄를 짓는 자는 누구나 죄의 종이다"(요한 8,34)라고 말씀하시지 않았습니까?

32. 테오나스: 그대의 이번 질문도 간단치 않은 문제 제기를 하는군. 경험 있는 사람이 아니면 그것을 설명할 수도 없고 알아들을 수도 없다는 것을 나는 잘 알고 있다. 그래도 힘닿는 한 내가 간결하게 설명해 보겠네. 하지만 그 조건은 그대들이 내가 말하는 것을 알아듣는 대로 행동

---

9 사순절의 유래에 대한 카시아누스의 설명을 받아들이기 어렵다. 초대 교회에서는 언제나 단식을 지켰다는 것이나 공동소유가 보편적으로 지켜져 왔다는 주장은 사도행전의 기록과 맞지 않다.

으로 실천해야 한다는 것이다. 경험이 없는 사람은 이론으로 배운 것이 아니라 오직 경험으로 알 수 있는 것들을 전할 수 없듯이, 그것을 같은 열성으로 생활에 옮기는 사람이 아니면 그것을 알아듣고 기억할 수 없다. 그러므로 내 생각으로는 우선 율법의 의도와 뜻, 은총의 질서와 완성이 무엇인지 똑똑히 알아보아야 할 것이다. 그것을 전제한 다음에 그 원리에 따라 죄의 지배와 죄의 추방에 대해 이해할 수 있다.

예를 들면 율법에서는 혼인을 중요한 것으로 명령하고 있다. "시온에 자손을 두고 예루살렘에 가족을 둔 사람은 행복하여라!'"(이사 31,9 칠십인역). 그리고 "아기를 낳지 않는 돌계집은 저주받는다"(출처 불분명)는 말씀이 있다. 그와 반대로 은총은 완전한 순결과 복되고 깨끗한 동정성을 지키라고 우리를 초대한다는 것이 다음 말씀으로 밝혀진다. "아이를 배어 보지 못하고 젖을 먹여 보지 못한 여자는 행복하여라!"(루카 23,29)와 "아버지와 어머니와 아내를 … 미워하지 않으면 내 제자가 될 수 없다"(루카 14,26). 또 "이제부터 아내가 있는 사람은 없는 사람처럼 하시오"(1코린 7,29)라는 사도(바오로)의 말도 있다.

다시 율법에서는 "십일조와 맏물을 나에게 바치기를 미루어서는 안 된다"(탈출 22,28 참조)라고 하지만, 은총은 "네가 완전한 사람이 되려거든, 가서 너의 재산을 팔아 가난한 이들에게 주어라"(마태 19,21)라고 말한다.

율법에서는 "눈은 눈으로, 이는 이로"(탈출 21,24)라 하면서 욕설과 모욕의 동태복수를 금하지 않는다. 그러나 은총에서는 받은 모욕과 당한 매질을 곱절로 받으라고 함으로써 우리 인내를 시험하려고 다음과 같이 이중의 손실을 견딜 각오를 하라고 한다. "누가 네 오른뺨을 치거든 다른 뺨마저 돌려 대어라. 또 너를 재판에 걸어 네 속옷을 가지려는 자에게는 겉옷까지 내주어라"(마태 5,39-40). 또 율법에서는 원수를 미워하라고 하지만 은총에서는 그들을 사랑하라고 하고 그들을 위하여 언제나 하느님께 기도를 바치라고 한다.

33. 이 복음적 완성의 정점에 오른 사람은 이렇게 훌륭한 덕행으로 말미암아 모든 율법 너머에 도달하며, 그는 모세가 명한 모든 것을 하찮은 것으로 본다. 그는 오직 구원자의 은총 아래 있다는 것만 알고 오직 구원자의 도움으로 지극히 높은 그 지위에 올라왔다는 것을 인정한다. "우리가 받은 성령을 통하여 하느님의 사랑"(로마 5,5)이 다른 모든 것에 대한 관심을 버리게 해 준다. 그런 사람은 금지된 것을 탐낼 생각도 못하며 명령받은 것을 무시하지도 못한다. 그의 모든 노력과 모든 욕망은 하느님 사랑에 집중되어서 하찮은 것들이 주는 쾌락에 붙들리지 않을 뿐 아니라 허락된 것도 사용하지 않는다.

부부 상호 간의 권리를 보장하는 율법의 경우에 음란한 행위를 막기 위하여 남자는 한 여자에 매여 있지만 욕정의 가시를 피할 수는 없다. 일부러 땔감을 제공할 때, 불을 정해진 한계에 가두어도 밖으로 튀어서 닥치는 대로 무엇을 태우지 않도록 막기가 어렵다. 밖으로 나가서 타오르지 않게 막아도 불은 억눌린 채로 계속 탄다. 의지 자체가 죄에 물들어 있어서 부부행위의 습관 때문에 갑자기 간통으로 탈선할 수 있다. 그러나 구원자의 은총을 받아 순결에 대한 거룩한 사랑으로 불타는 사람들은 욕정의 모든 가시를 주님께 대한 사랑의 불로 태우기 때문에 미지근한 악습의 재는 그들의 시원한 결백을 약화시킬 수 없다. 이와 같이 율법의 종들은 허용한 것을 사용함으로써 금지된 쪽으로 기울지만, 은총에 따라 사는 사람들은 허용된 것을 무시하니 금지된 것은 아예 모른다.

혼인생활을 즐기는 사람 안에 죄가 살고 있듯이 십일조와 만물만 바치고 만족하는 사람도 마찬가지다. 그는 더디거나 소홀히 함으로 질이나 양에 대해 또는 매일의 분배에 대해 죄를 피할 수 없다. 자기 것을 없는 이들과 끊임없이 나누라는 명령을 받는 사람은 큰 신앙과 정성으로 그 일을 하더라도 가끔 죄의 올가미에 걸리는 일을 피하기 어렵다. 그렇지만 주님의 권고를 무시하지 않고 전 재산을 가난한 이들에게 미리 나누어 주어 자기 십자가를 받고, 은총을 베푸시는 주님을 따르는 사람들은 죄의 지배를 받을 수 없다. 그런 사람은 재산을 이미 그리스도께 봉헌했기에 마치 남의 돈이 된 것처럼 경건하게 나누었다. 그러니 그에게는 생활비를 지녀야 하겠다는 불성실한 걱정이 없다. 그런 경우에는 슬프게 꾸물거려 자선을 베푸는 좋은 기분이 약해질 위험이 없다. 이런 사람은 한번 하느님께 바친 것은 이미 남의 것이니 자기에게 필요한 것이나 자기 먹을 밥이 없을까 하는 걱정 따위가 없다. 그는 자기가 원하는 발가벗음을 실천하면 하느님께서 자기를 하늘의 새보다 훨씬 더 잘 먹여 주시리라고 확신한다. 그와 반대로 세상의 재화를 보존하면서 옛 율법의 강제를 받고 소출의 십일조와 만물, 아니면 돈의 일부를 나누는 사람은 특히 이 연민의 이슬로 죄의 불을 식힌다지만, 아무리 큰 아량으로 자기 재산을 처리해도 구원자의 은총으로 그 소유물과 함께 소유하려는 의욕까지 버리지 않으면 죄의 지배를 완전히 벗어날 수 없다.

마찬가지로 율법에 따라 눈은 눈으로, 이는 이로 갚으려 하고 원수를 미워하는 사람은 피로 물든 죄의 지배를 벗어날 수 없다. 자기가 당한 모욕을 똑같이 갚으려고 하니 원수에 대한 앙심과 미움을 품고 있는 동안 항상 혼란스러운 격분으로 불처럼 타오를 수밖에 없다. 그러나 복음적 은총의 빛 아래 사는 사람은 악에 항거함으로써가 아니라 악을 감수함으로써 이긴다. 그는 오른뺨을 때린 사람에게 지체 없이 기꺼이 다른 뺨을 갖다 대고, 속옷을 빼앗으려 소송을 걸어 온 사람에게는 겉옷마저 내주며, 원수를 사랑하고, 비방하는 사람을 위하여 기도하니, 죄의 멍에를 벗고 그 사슬을 끊어 버린다. 그는 율법 아래 살지 않는다. 사실 율법은 죄의 씨앗을 죽이지 못한다. 그런즉 이에 대해 복된 사도가 하신 말씀이 옳다. "이전의 규정은 무력하고 무익하기 때문에 폐지되었습니다"(히브 7,18-19). 그리고 주님께서는 예언자를 시켜 "나는 그들에게 좋지 않은 규정들과 지켜도 살지 못하는 법규들을 주었다"(에제 20,25)고 하셨다. 그러나 은총은 악의 가지들만을 자르는 것이 아니라 해로운 의지의 뿌리까지 완전히 뽑아 준다.

34. 그래서 복음의 가르침에 따라 완덕을 지키려고 애쓰는 사람은 은총 아래 머물러 죄의 지배 아래 억눌리지 않는다. 은총 아래 있다는 것은 은총이 시키는 대로 하는 것이기 때문이다. 그러나 복음적 완덕의 충만함에 자신을 맡기기 싫은 사람은 그가 세례를 받았건 수도승이건 누구나 은총 아래 있지 않고 아직도 법의 사슬로 묶인 채 죄의 무게에 짓눌려 있다는 것을 알아야 한다. 당신을 받아들이는 모든 사람에게 자녀 됨의 은총을 베푸시는 하느님께서는 모세의 규정들을 무너뜨리지 않으시고 그 기초 위에 무엇을 지으려고 하시며, 그것을 무효화하지 않고 완성시키려고 하신다. 그러나 어떤 자들은 이것을 전혀 모르고 그리스도의 탁월한 권고와 훈계를 무시하면서 주제넘은 자유를 주장한다. 그들은 그리스도의 계명이 너무 높은 것이라는 듯이 아예 지키지 않을 뿐 아니라, 모세의 율법이 초보자와 어린아이 같은 사람들에게 명령한

것들은 낡은 것이라며 무시한다. 이와 같이 그들은 사도(바오로)가 비난한 해로운 자유에 빠져, "우리는 율법 아래 있지 않고 은총 아래 있으니 죄를 지었다[10]"(로마 6,15)고 한다. 이렇듯 주님께서 가르치신 높은 산봉우리에 오르지 않으니 은총 아래 있지도 않으면서 율법의 작은 계명을 받아들이지 않는 이들은 이중으로 죄의 지배에 억눌리게 된다. 그런 자들은 오직 해로운 자유로 말미암아 그리스도를 멀리하기 위하여 그리스도의 은총을 받았다고 여기니, 베드로 사도가 빠지지 말라고 우리에게 경계한 바로 그 구렁에 떨어진다. 그는 "여러분은 자유인으로서 행동하십시오. 그러나 자유를 악행의 구실로 삼지 마십시오"(1베드 2,16)라고 했던 것이다. 복된 바오로 사도도 "형제 여러분, 여러분은 자유를 누리도록 부르심을 받았습니다"라면서 죄의 지배에서 벗어났음을 밝히고, "다만 그 자유를 육을 위하는 구실로 삼지 마십시오"(갈라 5,13)라고 하면서 율법의 계명이 무효함을 악을 멋대로 행해도 좋다는 허락으로 여기지 말라고 하셨다. 이 자유는 주님께서 계시는 곳이 아니면 그 어디에도 없다. 바오로 사도는 이렇게 가르친다. "주님은 영이십니다. 그리고 주님의 영이 계신 곳에는 자유가 있습니다"(2코린 3,17).

내가 복된 사도의 이 말씀의 뜻을 경험으로 깨달은 사람들만큼 표현하고 설명했는지는 잘 모르겠지만 한 가지 확실히 알고 있는 것은 이것이다. 프락티케, 곧 실천적 학문 또는 수행을 통해 완전한 지식을 얻은 사람이면 누구나 설명이 전혀 없어도 그 뜻을 명백하게 파악하게 된다는 것이다. 그런 사람들은 실천을 통해 이미 배운 것을 이해하려고 수고스럽게 토의할 필요 없다.

---

10 라틴어 본문을 잘못 본 것이다. '죄를 짓겠는가'(peccabimus)를 '죄를 지었는가'(peccavimus)로 읽은 것이다.

35. 게르마누스: 압바께서는 많은 이가 잘 모르는 난해한 문제를 환히 밝혀 주셨다고 생각합니다. 그런데 저희의 성장에 도움이 되도록 한 가지 더 설명해 주시기를 부탁드립니다. 가끔 저희가 더욱 집중적으로 단식하여 기운이 빠지고 피로할 때, 저희 육신에서 더 큰 싸움이 벌어집니다. 그 이유가 무엇인지 자세히 설명해 주십시오. 종종 잠에서 깨어 액체로 불결해진 것을 발견할 때면 저희는 양심의 가책을 받아 기도하러 자신 있게 일어나기가 망설여집니다.

36. 테오나스: 그대들의 공부는 완덕의 길을 조금 들여다보기 위한 것이 아니고 끝까지 완전하게 완덕으로 나아가기 위한 것이니, 우리는 쉼 없이 이 담화를 계속할 수밖에 없네. 그대들이 자세히 알고 싶어 하는 것은 외적으로 드러나는 정결이나 할례가 아니라 숨어 있는 내적 정결이네. 그대들은 비신자들도 숙명으로나 겉꾸밈으로 지킬 수 있는, 몸으로 드러나는 금욕에는 완덕의 충만이 있을 수 없고, 그것이 오직 자원해서 택하는 볼 수 없는 마음의 순결에 있다는 것을 잘 알고 있네. 거기에 대해 사도는 이렇게 가르친다. "겉모양을 갖추었다고 유다인이 아니고, 살갗에 겉모양으로 나타난다고 할례가 아닙니다. 오히려 속으로 유다인인 사람이 참유다인이고, 문자가 아니라 영으로 마음에 받는 할례가 참할례입니다. 그렇게 하는 이는 사람들이 아니라 하느님께 칭찬을 받습니다"(로마 2,28-29). 하느님만이 마음속의 숨은 것까지 보신다는 것이다.

그런데 지금은 그대들의 소원을 제대로 만족시킬 수 없으니 그 문제는 잠시 미루어 두는 것이 좋겠네. 남은 밤 시간이 짧아서 몹시 난해한 이 문제를 탐구하기에는 부족하다. 우리가 이것을 옳게 가르치고, 그대들이 이것을 마음에 제대로 새기기 위해서는 서서히 할 수 있는 시간의 여유와 부산스러운 여러 생각이 떠오르지 않는 고요한 마음이 필요하다. 공통된 순결을 얻기 위하여 이것을 탐구해야 하듯이 완전무결의 은사를 경험으로 알지 못하면 아무도 이것을 전하며 가르치지 못한다. 여기서 찾아낼 것은 빈말을 주고받는 토론이 아니라, 오직 양심 속에 지닌 신앙과 진리의 강한 힘이 우리에게 박아 줄 수 있는 것이다. 따라서 순결에 관한 이 지식과 교리에 대하여 무엇을 가르치려고 하는 사람에게 경험이 필요하듯이 진리 자체를 열렬하게 탐내고 사랑하는 사람이 아니라면 이 가르침을 깊이 깨달을 수 없다. 그런 사람은 진리를 공허하고 하잘것없는 말을 통하여 찾지 않고, 마음의 온 힘을 다해 그 진리에 이르려고 한다. 다시 말해 그가 열망하고 추구하는 것은 쓸데없는 수다스러움이 아니라 오직 내적 순결이다.

제22담화

• 테오나스 압바의 둘째 담화 •

밤의 환상에 관하여

1. 오순절이 지나서 이렛날 우리는 저녁기도가 끝나고 밤이 시작될 무렵 약속된 담화에 대한 초조한 기대를 안고 거룩한 테오나스의 방에 들어갔다. 활기찬 원로는 명랑한 얼굴과 친절한 말씀으로 우리를 맞고는 이렇게 말을 시작했다:

나는 그대들이 그토록 열렬히 배우기를 원했어도, 문제에 대한 설명 듣기를 칠 일간이나 미룰 수 있었다는 점에 놀랐다. 더구나 그대들에게 빚진 내가 청하지 않았는데도 그런 시간 여유를 준 것이니 말이다. 그대들이 친절하게도 나에게 그렇게 큰 유예를 주었으니 나는 빚 갚음을 미루지 않겠다. 이러한 이자가 생기는 것은 고마운 일이다. 그것은 지불하면서 많아지고, 이런 경우엔 받는 사람만 부유해지는 것이 아니라 주는 사람도 손해 보지 않는다. 이처럼 영적인 것을 나누는 사람은 두 배의 이득을 쌓는다. 듣는 사람만 이익을 보지 않고 나누는 사람 자신도 자기 말씀으로 많은 것을 얻기 때문이다. 듣는 사람을 가르침으로써 그도 자기 안에 완덕에 대한 욕망의 불을 붙인다. 그러니 그대들의 열성은 나의 발전이 되고, 그대들의 정성은 나의 반성이 된다. 잠자는 나를 깨우고 영성에 대한 기억을 되살리는 그대들의 열성과 기대가 없었다면 나 자신의 마음도 마비된 상태로 그대들이 알고 싶어 하는 것들에 대하여 생각하지도 않았을 것이다. 그러니 이제, 지난번에 시간이 없어서 미루기로 했던 문제를 다루겠다.

2. 내가 옳게 기억한다면, 그대들은 이렇게 질문했다[1]. 곧, 우리는 왜 느긋하게 지낼 때는 육신의 충동을 더 가볍게 느끼고 또 가끔 더 엄격하게 극기할 때에는 험하게 다루어 지친 육신이 더 심한 충동을 받느냐 하는 것이었다. 그대들의 고백에 따르면, 그런 경우에 잠에서 깨면 생리적 체액이 분비되었음을 발견할 때가 있다는 것이다.

3. 우리 선배들은 정해진 일정을 깨뜨리고 우리를 괴롭히는 공격에는 세 가지 이유가 있다고 밝혔다. 그런 일은 너무 많이 먹어서 일어나거나 정신적으로 깨어 있지 않아서 생기거나 원수(악마)가 일으키는 환상으로 일어날 수 있다는 것이다. 첫째로 폭식, 곧 넘치게 먹는 악습은 더러운 액체를 지나치게 많이 만들어 낸다. 만일 그것이 더 엄격한 극기를 지키는 동안에 정결의 상태를 더럽힌다면, 그것은 그대들이 생각하는 것과는 달리 현재의 단식과 상관없는 것이고 오히려 지난날에 너무 배가 불렀었기 때문이다. 폭식으로 골수에 농축되었던 것이 성적 충동이나 그저 무의식중에, 큰 단식으로 약해진 몸에서 배설된 것이다. 그래서 우리는 진수성찬만 피할 것이 아니라 값싼 음식을 먹을 때도 마찬가지로 자제해야 한다. 나아가 빵과 물도 배부를 정도로는 먹지 말아야 한다. 그래야 얻어 놓은 몸의 순결이 우리 안에서 오래 지속되고 영혼의 티 없는 정결을 어느 정도 본받을 수 있다. 사실은 이따금 정신적 노

---

1 참조: 제21담화 35.

력 없이 체질상이나 노령 때문에 더럽혀지는 일이 드물고 그런 흐름으로 전혀 오염되지 않는 사람도 있다는 것을 시인하지 않을 수 없다. 그렇지만 운이 좋아서 안일하게 평화를 얻은 사람과 영광스러운 덕행으로 개선하는 사람의 경우는 다르다. 후자의 경우는 모든 악습을 이긴 능력에 대해 감탄해야 하지만, 나태하면서도 체질의 보호를 받는 전자는 칭찬보다는 오히려 연민의 대상이란 생각이 든다.

이러한 불결한 흐름의 둘째 원인이 있다. 영적 공부와 수행을 소홀히 하고 내적 훈련을 받지 않으면 게으름이 습관이 되어 마음에 곰팡이 같은 무기력이 생긴다. 또는 더러운 생각을 철저히 피하지 않고, 마음의 고결한 순결을 희미하게 원하지만 외적 인간만 억제해도 완덕과 정결의 목표에 이를 수 있다고 생각하는 경우가 있다. 그런 착각에 빠져 태만해지면 이리저리 두루 다니는 온갖 생각들이 뻔뻔스럽게 날뛰면서 마음속으로 돌진할 뿐 아니라 예전의 모든 욕정의 씨가 그 안에 그대로 남는다. 이것들이 마음의 깊숙한 곳에 숨어 있는 동안에는 몸을 엄격한 단식으로 괴롭혀도 자는 동안에 선정적 환상의 습격을 받게 되어 있다. 그리고 이것으로 불결한 흐름이 생기게 되는데, 그것은 자연의 법 때문이 아니라 경솔함 탓이다. 그런 것을 피하기 위하여 필요한 것은 육신을 비우는 것이 아니라 빈틈없는 마음과 덕행이다. 이것이 그런 것을 전혀 막을 수는 없지만 최소한 하느님 은총의 도움으로 단순한 방출로 끝나게 된다. 그래서 무엇보다 먼저 상상을 억제해야 한다. 그래야 지나친 공상에 익숙해진 마음이 잠자는 사이에 더욱 더러운 음란한 충동을 느끼지 않게 할 수 있다.

셋째 원인은 이런 것이다. 곧, 우리가 질서 있고 신중하게 금욕을 수행하여 몸과 마음의 겸손으로 영원한 정결의 깨끗함을 얻기 위하여 육신과 영혼을 훌륭하게 다스리는 바로 그때 책략 많은 원수가 시기해서 우리를 공격한다. 그는 우리 양심의 자부심을 내리치고 막연한 죄책감으로 누르려고 특히 우리가 더 큰 결백에 힘입어 하느님 앞에 나아가려고 하는 날에 우리를 괴롭힌다. 그는 우리에게 성적 충동과 마음의 승낙도 전혀 없을 뿐 아니라 어떤 환상도 없을 때 단순한 사정射精으로 우리를 더럽혀서 우리가 성체를 모시는 것을 꺼리게 한다. 그런데 초보자들의 경우는 다른 이유도 있을 수 있다. 육신이 아직 단식의 오랜 단련으로 수척해지지 않은 사람들에게는 악마가 그런 환상을 일으킬 때가 있다. 악마는 그들이 더 철저히 단식에 열중하려는 것을 보고 그들의 그런 노력을 헛되게 하려는 것이다. 그들이 행하는 엄격한 단식이 몸의 순결에 도움이 되지 않았을 뿐 아니라 오히려 그럴 때 더 큰 충동이 이는 것을 느끼면, 순결을 가르치고 기르는 엄격한 금식을 적수처럼 무서워하게 될 수 있다는 것이다.

그렇기 때문에 우리가 왜 각각의 악습에서 벗어나야 하는지 잘 알아야 한다. 그것은 물론 그 악습이 이러한 소동으로 우리 의식을 차지하기 때문이다. 하지만 그러한 악습은 자기 동료와 함께하지 않는 혼자만의 지배로 만족하지 않는다. 자기보다 흉악한 모든 악습의 패거리를 불러서 자기가 다스리는 마음을 수많은 주인들의 포로로 만든다. 그래서 탐식을 극복해야 하는 이유는 포식 그 자체의 무게로 짓눌리지 않기 위해서가 아니다. 또한 탐식 때문에 육체의 욕정이 불탈 것을 피하기 위해서만도 아니다. 탐식을 극복해야 할 또 다른 이유는 그것으로 인해 분노나 격정, 슬픔을 비롯한 모든 격정의 노예가 되지 않기 위한 것이다. 우리가 탐식의 지배를 받고 있다면, 어떤 사람이 우리에게 음시이나 음료를 적게 또는 느리게 제공하거나 그 봉사를 게을리하는 경우에 분노의 자극을 받게 되어 있다. 또는 돈에 대한 욕심 없이는 맛좋은 음식을 즐길 수 없는데, 돈이 너무 많이 모이면 호화로운 생활을 위해 크게 지출한다. 돈에 대한 욕심, 허영과 자만심과 무수한 모든 악습은 따로따로가 아니라 서로 연결되어 있다. 각각의 악습은 처음에는 우리 안에서 홀로 힘을 얻기 시작하지만 곧바로 나머지 악습들을 자라게 한다.

4. 게르마누스: 이 문제를 콕 집어서 제기하게 된 것은 하느님의 배려라고 생각합니다. 지금까지 부끄러워 감히 물어보지 못해서 배우지 못한 것을 이 담화를 듣고 그 내용의 순서에 따라 용기를 얻어 이제 솔직히 물어보겠습니다. 성찬에 나아가야 할 시간에 우리가 꿈속의 환상 때문에 불결해진 것을 발견하면 구원의 거룩한 양식을 영해야 됩니까 아니면 피해야 합니까?

5. 테오나스: 우리로서는 정성을 다하여, 특히 거룩한 제대에 가까이 갈 때에 정결을 깨끗하게 지키도록 노력해야 한다. 구원의 잔치에 참여하기 위해 준비하는 밤에 여태까지 지켜 온 몸의 온전함이 훼손되지 않도록 특별히 주의해야 한다. 그러나 지극히 고약한 원수가 우리가 잠자는 동안 천상 약의 효과를 빼앗기 위하여 우리 마음의 파수를 속일 경우는 다르다. 우리는 나무랄 만한 성적 충동으로나 쾌감에 찬성하는 생각으로 때가 묻어서는 안 되지만 자연적으로나 우리 성화를 방해하려는 악마의 공격으로 쾌감 없이 사출되었다면 구원의 양식을 걱정 없이 모실 수 있으며 모셔야 한다.

만일 그런 일이 우리 잘못으로 일어났다면 우리 양심을 성찰하고 두려운 마음으로 사도의 말씀을 생각하자. "합당하지 않게 주님의 빵을 먹거나 그분의 잔을 마시는 자는 주님의 몸과 피에 죄를 짓게 됩니다. 그러니 각 사람은 자신을 돌이켜보고 나서 이 빵을 먹고 이 잔을 마셔야 합니다. 주님의 몸을 분별없이 먹고 마시는 자는 자신에 대한 심판을 먹고 마시는 것입니다"(1코린 11,27-29). 여기서 분별없다는 말은 천상 음식을 보통 먹는 일반 음식과 구별하지 않고 또 깨끗한 마음과 몸으로만 모실 수 있다는 것을 잊어버린다는 뜻이다. 그다음에 사도는 "그래서 여러분 가운데에 몸이 약한 사람과 병든 사람이 많고, 또 이미 잠든 이들도 적지 않은 것입니다"(1코린 11,30)라고 덧붙이면서 이런 무분별에서 영적 질병과 죽음이 기인한다고 한다. 사실 주제넘게 성체를 훔쳐 먹는 많은 이들은 신앙이 약하며 마음이 병든 상태다. 다시 말해 그들은 악습이라는 병을 앓고 있으며 죄라는 잠을 자고 있는데도 이 치명적 잠에서 구원에 대한 염려로 깨어나려고 하지 않는다. 그다음에 "우리가 자신을 잘 분별하면 심판을 받지 않을 것입니다"(1코린 11,31)라는 말씀이 나온다. 다시 말하면 우리가 범죄의 상처를 입을 때마다 스스로 성사를 모실 자격이 없다고 판단한다면 성사를 모시기에 합당해지기 위하여 보속으로써 자신을 개선하도록 노력해야 한다. 그렇지 않으면 주님께서 합당치 않은 우리를 병의 무서운 채찍으로 징계하실 것이다. 이는 우리가 그런 방법으로라도 참회하여 우리 상처를 위한 약을 찾아 나서게 하시려는 것이다. 그렇지 않으면 우리가 현세의 짧은 견책에 합당하지 않은 사람으로 나중에 이 세상 죄인들과 함께 단죄를 당할 위험이 있다. 이에 대해서는 레위기에도 명백한 근거가 나온다. "정결한 이는 누구나 그 고기를 먹을 수 있다. 그러나 주님에게 바친 친교 제물의 고기를 부정한 상태에서 먹는 자는 자기 백성에게서 잘려 나가야 한다"(레위 7,19-20). 신명기에서도 부정한 이는 영적 진영에서 분리되어야 한다고 나온다. "너희 가운데 밤에 흘린 것 때문에 정결하지 못한 사람이 있을 경우, 그 사람은 진영 밖으로 나가 진영 안으로 들어와서는 안 된다. 그러나 저녁 무렵에는 물로 목욕하고 해가 질 때에 진영으로 돌아올 수 있다"(신명 23,11-12).[2]

6. 그러나 어떤 때에는 악마의 책략으로 이런 식으로 불결해질 수 있는데, 이는 다음 이야기로 확실히 증명된다. 우리가 아는 어떤 형제가 세심한 주의와 겸손을 통해서 얻은 마음과 몸의 정결을 언제나 간직하여 밤에 일어나는 조롱 같은 유혹도 받지 않았다. 그런데 그가 주일의 영성체를 준비할 때마다 잠자다가 불결한 누정漏精으로 오염되었다. 그는 두려워서 오랫동안 성찬례 참여를 삼가다가 마침내 이 문제를 원로들에게 알렸다. 그들의 좋은 충고를 통해 자기가 받은 공격과 고통에 대한 치유를 받을 수 있다고 믿었기 때문이다.

이제 영적 의사들이 이 병의 첫째 원인에 대하여 논하기 시작했다. 그것은 음식을 지나치게 먹는 것인데, 그들은 이 형제에게는 그런 것이 없다는 것을 발견했다. 이런 문제가 과식과 관계가 없다는 것을 확인할 수 있는 이유는 형제의 극기 생활이 알려진 사실이고 또 그런 일이 축

2 카시아누스가 원용하는 구약성경 구절은 우리와 다른 정결과 부정의 개념을 전제해서 그의 견해를 뒷받침하지 못한다. 이스라엘과 많은 원시 문화에서 성적인 배설은 신비스럽고 전율을 일으키는 것으로 생각되어 그런 일이 생길 때 많은 규정을 지켜야 했다. 레위기 15장에서는 남자의 경우보다 여자의 경우에 부정을 더 크게 탔다고 생각했다. 예수님께서는 그런 식으로 깨끗하고 부정한 것을 구별하는 것을 인정하지 않았다(마르 7,13과 병행 구절; 마르 5,21-43과 병행 구절 참조). 다음 대목에서 보면 카시아누스도 그런 부정 개념을 배제한다. 예수님 말씀대로 마음과 입에서 나오는 것이 사람을 더럽힐 수 있어도 다른 데서 나오는 것은 사람을 더럽히지 않는다(마태 15,11.18 참조).

일[3]에만 예외적으로 일어났기 때문이다.

그래서 그들은 곧바로 이 병의 둘째 원인을 찾아보았다. 단식으로 지친 육체가 영혼 탓으로 불결한 충동을 당하는 것이 아닌지 생각해 보았다. 사실 가장 엄격하게 사는 사람도 자기 몸의 순결에 대해 조금이라도 자만심에 빠진다면 교만의 죄로 인해 더러워질 때가 있다. 하느님의 위대한 선물인 몸의 정결을 자기 힘으로 얻었다고 생각하는 경우다. 그래서 원로들은 형제에게 물어보았다. 스스로 노력해서 하느님의 도움 없이 이런 덕행을 가질 수 있었다고 믿느냐는 것이었다. 그때 그는 그렇게 못된 생각을 뿌리치면서 하느님의 은총이 자기를 언제나 도와주지 않았다면 나머지 요일에도 몸의 순결을 지킬 수 없었을 것이라고 겸손하게 말했다.

그래서 원로들은 즉시 셋째 원인을 의심하였고 이것이 악마의 교활한 속임수의 결과임을 파악했다. 그들은 영혼의 죄나 육신의 잘못이 없다는 것을 확신하여 형제가 거룩한 잔치에 참여해야 한다고 자신 있게 판단했다. 그가 영성체를 하지 않겠다고 고집한다면 심술궂은 원수의 교묘한 올가미에 얽매여 그리스도의 성체를 통한 성화의 몫을 잃게 되고 악마의 속임수로 구원의 약을 영원히 빼앗기게 된다는 것이다. 그대로 하니까 악마의 책략이 폭로되었다. 성체의 권능이 형제를 보호해서 지난날 습성이 되었던 조롱이 끝났다. 이와 같이 원수의 속임수가 훤히 드러났고 이런 불결한 흘림이 육체나 영혼의 결함 없이 가끔 원수의 심한 장난으로 일어난다는 원로들의 주장이 명백히 증명되었다.

생리를 자극시키는 꿈속의 기만적 상상을 영구히, 또는 (겸손하고

---

3 축일: 성찬식을 지내는 날.

평범한 우리 형편대로 말한다면) 적어도 몇 달씩 벗어나려면 우선 하느님의 특별한 은총에 의한 순결이라는 선물을 꾸준히 기대해야 하는 믿음이 필요하다. 그다음 과음 과식을 피해야 한다. 과음 과식으로 인해 저런 액체가 생길 수밖에 없고, 그것이 쌓이면 생리의 법칙에 따라 배출되지 않을 수 없으니 어떤 충동이나 환상이 일어나면 배설된다. 하지만 배부르게 먹지 않는다면 저 불결한 배설도 더 드물게 일어난다. 그래서 그 흐름과 마찬가지로 잠자는 중 몽상도 드물게 또는 약하게 일어난다. 상상으로 분비가 일어나기보다는 과한 분비로 상상이 생기기 때문이다.

그래서 저런 몽상의 유혹에서 해방되려면 두 가지가 필요하다. 첫째, 힘을 다하여 음욕의 악습을 극복하도록 애써서 사도의 말씀대로 "죄가 우리의 죽을 몸을 지배하여 여러분이 그 망에 순종하는 일이 없도록"(로마 6,12) 해야 한다. 둘째, 유인하는 육신의 충동을 잠재워 "우리의 지체를 불의의 무기로 죄에 넘기지 않도록"(로마 6,13) 해야 한다. 셋째, 내적으로 모든 면에서 또 골수까지 저 욕구의 감정을 죽여 "죽은 이들 가운데에서 살아난 사람으로서 우리를 하느님께 바쳐야"(로마 6,13) 한다. 이런 과정에서 우리는 육신의 영구적 안정을 얻어 우리 지체를 욕구의 무기가 아니라 의로움의 무기로 하느님께 바치게 될 것이다(로마 6,13 참조). 그런 순수한 정결의 기초를 다졌다면 죄가 우리를 지배하지 않는다(로마 6,14 참조). 우리는 율법 아래 있지 않다. 율법에서는 합법적 혼인을 권하는 한편 금지된 음란한 행위를 저지르게 하는 그 열정을 우리 골수에서 기르고 보존한다. 하지만 우리는 은총 아래에 있다(로마 6,14 참조). 은총은 독신의 온전함을 권하면서 저 허용된 단순한 육체의 움직임도 피하게 하며, 합법적 혼인의 쾌감도 없앤다.

이와 같이 불결한 모든 흐름이 멈추면 우리는 이사야가 말하는 칭찬받을 훌륭한 고자가 되어 그들에게 약속된 행복을 차지하게 될 것이다. "주님께서 고자들에게 말씀하신다. '나의 안식일을 지키고 내가 좋아하는 것을 선택하며 나의 계약을 준수하는 고자들에게는 나의 집과 울안에 아들딸들보다 나은 자리와 이름을 주리라. 나는 그들에게 결코 끊어지지 않을 영원한 이름을 주리라'"(이사 56,4-5 불가타).[4] 여기서 말하는 아들딸들과 고자들보다 더 나은 이름을 받을 이들은 누구일까? 틀림없이 구약의 제도에서 혼배의 결합을 지키며 계명을 준수함으로써 마땅히 하느님 자녀가 될 수 있었던 사람들이다. 그리고 최고의 상급처럼 고자들에게 약속된 위대한 이름은 우리가 불리게 되는 그리스도의 이름이 아니겠는가? 그 이름에 대하여 같은 예언자가 다른 곳에서 이렇게 말한다. "그분의 종들에게는 다른 이름이 주어지리라. 땅에서 자신을 위하여 복을 비는 이는 신실하신 하느님께 복을 받고 땅에서 맹세하는 자는 신실하신 하느님을 두고 맹세하리라"(이사 65,15-16). 또 다른 데에서는 "너는 주님께서 친히 지어 주실 새로운 이름으로 불리리라"(이사 62,2)고 한다. 독신자들은 마음과 몸의 순결 때문에 뛰어나고 독특한 행복을 누리게 되어 다른 성인들이 부르지 못하고 어린양이 가는 곳이면 어디든지 따라다니는 사람들만이 부를 수 있는 노래를 끊임없이 부르게 된다. "그들은 여자들과 섞여 몸을 더럽힌 일이 없는 이들, 과연 동정인들입니다"(묵시 14,4).[5]

---

4 라틴어 원문이 약간 애매해 카시아누스가 뜻을 잘못 해석했다. 본래 뜻은 착한 고자들이 받을 기념비(영광)가 (그들이 낳을 수 없는) 자식보다 나을 것이라는 의미이다.

5 요한 묵시록 14장에서는 동정성을 은유로 생각해야 한다. 우상들과 간음하지 않고 그리스도를 위하여 정조를 지킨 신자들에 관한 말이다.

그러니 동정의 그 고귀한 영광에 이르고 싶으면 온 힘을 다해 정신과 영혼의 온전함을 가꾸자. 그래야만 우리는 동정성의 공로를 받지 못한 저 미련한 처녀들의 몫을 면하게 된다. 그들은 육체관계만 피해서 동정녀라고 불렸지만, 그들의 그릇에 내적 순결의 기름이 없기 때문에 육체적 동정의 광채가 꺼지고 만다. 내적 순결로써 정결을 보살피고 육성해야 외적으로도 영구한 온전함이 가능하다. 그래서 미련한 처녀들은 지혜로운 처녀들과 함께 영광스러운 신랑의 방에 들어갈 자격이 없다. 이와 달리 지혜로운 처녀들은 영과 영혼과 몸을 흠 없이 온전하게 우리 주 예수 그리스도의 날을 위하여 보존했다(1 테살 5,23 참조). 그래서 음란을 두려워하거나 싫어하는 것으로도 부족하고 성욕을 억제하는 것으로도 부족하다. 그리스도의 참되고 깨끗한 동정녀들, 또는 이사야가 말한 칭찬받을 훌륭한 고자들은 가장 사소한 마음의 자극과 가장 가벼운 충동도 극복한 사람들이다. 말하자면 그들은 육체의 감각을 대단히 약화시켜서 그런 움직임으로 쾌감을 느끼지 않고 지극히 미소한 충동도 겪지 않는다.

7. 그러나 여기서 우리는 우리 마음을 지극한 겸손으로 둘러싸야 한다. 다시 말하면 우리는 그만한 순결의 공적을 절대로 자기 스스로는 쌓을 수 없다는 것을 언제나 굳게 확신해야 한다. 우리가 앞에서 말한 내적 순결은 하느님의 은총으로 얻었다고 해도 성체를 모시기에 합당치 않다고 믿어야 한다. 그 이유는 다음과 같다. 첫째, 저 천상의 만나는 너무 위엄하여 이 흙과 같은 육체 안에 있는 사람은 아무도 이 음식을 주님께서 거저 주시는 선물로가 아니라면 자기 공덕으로 영할 수 없다. 둘째, 이 지상의 싸움터에서는 적어도 드물게나 가볍게라도 죄의 화살로

상처를 입지 않을 정도로 주의 깊은 사람은 아무도 없다. 무지나 부주의로, 갑작스러운 기습으로, 생각이나 망각으로, 그리고 강제를 당하거나 잠을 자다가 죄를 짓지 않을 수 없다. 사도와 함께 "내가 여러분에게 심판을 받든지 세상 법정에서 심판을 받든지, 나에게는 조금도 문제가 되지 않습니다. 나도 나 자신을 심판하지 않습니다. 사실 나는 양심에 거리낄 것이 없습니다"(1코린 4,3-4)라고 사실대로 외칠 수 있을 정도로 빛나는 덕행의 절정에 올랐다고 해도 죄가 없을 수 없다는 것을 알아야 한다. 같은 스승께서 "그렇다고 내가 무죄 선고를 받았다는 것은 아닙니다"(1코린 4,4)라고 쓸데없이 덧붙이는 것이 아니다. 다시 말해 내가 나 자신이 의롭다고 생각할 때 즉시 의로움의 영광을 받은 것도 아니고 내 양심에 전혀 죄의 가책이 없어도 그것으로 아무 때도 묻지 않은 것도 아니다. 사실 내 양심이 알 수 없는 것이 많다. 그것들은 나에게는 감추어진 것과 어두운 것이지만 하느님께는 환하게 드러난다. 그래서 사도는 이렇게 덧붙인다. "나를 심판하시는 분은 주님이십니다"(1코린 4,4). 그러니 마음의 비밀을 모두 알고 계시는 분만이 나에 대한 옳은 판결을 내리신다.

8. 게르마누스: 압바께서는 조금 전에 성인들만이 천상 성사를 모실 수 있다고 말씀하셨습니다. 그리고 지금은 사람이 죄 없이 살 수 없다고 하십니다. 그런데 죄 없는 사람이 아무도 없다면 성인도 없습니다. 성인이 아무도 없다면 성덕이 없고, 아무도 그리스도의 성사에 참여하지 못하며, 주님께서 성인들에게만 약속하신 하늘 나라에 대한 소망도 가질 수 없겠습니다.

9. 테오나스: 거룩하고 의로운 사람이 많다는 것을 부인할 수 없다. 하지만 거룩하다는 것과 전혀 잘못이 없다는 것에는 큰 차이가 있다. 우선 거룩하다는 것은 경신례를 위해 축성되었다는 뜻이다. 그래서 거룩하다는 말은 사람들에게만 해당되는 것이 아니다. 성경에는 장소들과 성전의 그릇들도 거룩하다고 한다. 그러나 죄 없다는 것은 다른 것이다. 그것은 유일하게 우리 주 예수 그리스도의 위엄에 속한 것이다. 사도도 "그분은 죄를 범하지 않았다"(1베드 2,22)라고 하며 그것이 그리스도의 뛰어난 특권이라는 사실을 선언한다. 만일 우리도 죄에 전혀 물들지 않는 생활을 할 수 있다면, 사도가 그리스도께 대하여 그분 영광에 부당하고 값싼 찬사를 비교할 수 없을 신神다운 것인 양 선포한 셈이 된다. 사도는 다시 히브리인들에게 이렇게 말한다. "우리에게는 우리의 연약함을 동정하지 못하는 대사제가 아니라, 모든 면에서 우리와 똑같이 유혹을 받으셨습니다"(히브 4,15). 그런데 만일 우리도 죄지음 없이 유혹을 받는다면 땅에 속한 우리의 비천한 존재가 저 가장 높고 하느님 자체이신 대사제와 같아지지 않겠는가? 그렇다면 어째서 사도가 그리스도를 모든 인간과 크게 구별하여 무죄함을 그분만의 특유한 공덕으로 경탄할까? 그분께서 우리 모든 이와 구별되는 것은 오직 이것 하나뿐이다. 우리는 죄 없이 유혹을 받지 않지만, 그분은 죄 없이 유혹을 받으셨다. 아무리 씩씩하고 싸움을 잘하는 사람이라도 가끔 적들의 화살을 맞지 않는 사람이 어디 있으며, 꿰뚫을 수 없는 살에 싸여서 위험 없이 무수한 전투에 참여할 수 있는 사람이 어디 있느냐? 그분만이 홀로 "어떤 사람보다 수려하신"(시편 45,3) 분이시니 죽을 인간 육체의 모든 연약함을 취하시고서도 때 묻은 일은 한 번도 없었다.

10. 예수님께서는 우선 우리처럼 식욕의 유혹을 받으셨다. 저 약삭빠른 뱀은 옛 사람을 유인한 순서로 음식에 대한 욕구를 통해 허기지신 예수님을 시험하며 "당신이 하느님의 아들이라면 이 돌들이 빵이 되라고 해 보시오"(마태 4,3)라고 말했다. 그런데 예수님께서는 그런 권능이 충분히 있었지만, 그 유혹은 그분을 죄짓게 할 수 없었다. 기만의 전문가가 권하는 음식을 사양하시며 "사람은 빵만으로 살지 않고 하느님의 입에서 나오는 모든 말씀으로 산다"(마태 4,4)고 하셨다. 그다음 우리와 마찬가지로 허영의 유혹도 받으셨다. 악마는 그분에게 "하느님의 아들이라면 밑으로 몸을 던져 보시오"(마태 4,6)라고 했다. 그러나 그분은 교활한 악마의 꼬임에 넘어가지 않으시고 지극히 허풍스러운 유혹자를 다시 성경 말씀으로 뿌리치신다. "주 너의 하느님을 시험하지 마라"(마태 4,7)고 하셨다. 또 우리와 비슷하게 예수님께서도 교만의 유혹을 당하셨다. 악마는 그분에게 이 세상 모든 나라와 그 영광을 약속했다. 그러나 그분은 유혹자의 허풍을 비웃으시며 "사탄아, 물러가라. 주 너의 하느님께 경배하고 그분만을 섬겨라"(마태 4,10)고 하셨다. 이런 증언으로 우리 역시 성경 말씀을 기억함으로써 원수의 기만적인 권유를 뿌리쳐야 한다는 것을 배우게 된다.

그리고 예수님께서 우리와 비슷하게 두 번째로 교만의 유혹을 받으셨다. 저 간계의 전문가는 자기가 전에 직접 제공했을 때 예수님께서 거부하신 왕권을 이제 사람들을 통해 다시 제안했다. 그러나 그분은 죄를 짓지 않고 유혹자의 음모를 비웃으셨다. "예수님께서는 그들이 와서 당신을 억지로 모셔다가 임금으로 삼으려 한다는 것을 아시고, 혼자서 다시 산으로 물러가셨다"(요한 6,15). 또 다음과 같이 우리와 비슷하게 유혹을 당하셨다. 그것은 채찍질을 당하고 뺨을 맞으며 지겨운 침 뱉음을 당할 때, 그리고 십자가의 엄청난 고통을 받을 때이다. 그러나 그분은 어떤 능욕이나 고통으로도 전혀 분노나 불쾌감을 느끼지 않으셨다. 오히려 십자가에 달려서도 자비로운 마음으로 "아버지, 저들을 용서해 주십시오. 저들은 자기들이 무슨 일을 하는지 모릅니다"(루카 23,34)라고 외치셨다.

11. 이제 우리도 전혀 죄에 물들지 않을 육신[6]을 가질 수 있다면, 그분이 죄에 속한 육의 모습으로 오셨다는 말씀을 어떻게 이해해야 하겠나? 사도는 홀로 죄짓지 않은 그분의 특징으로 "하느님께서 당신의 친아드님을 죄에 속한 육의 모습으로 보내셨습니다"(로마 8,3)고 강조하고 있다. 그리스도께서는 참되고 본질적인 인간 육신을 취하셨지만 그 안에서는 죄 자체가 아니라 죄의 모습만 취했다고 믿어야 한다. 모습이라는 말은 어떤 이단자들의 주장과는 달리 육신에 해당되는 것이 아니라 죄에 해당된다. 그분에게는 육신이 있었지만, 그것은 다만 죄가 없는, 죄인과 유사한 육신이었다. 전자는 인간 본성에 속하지만 후자는 악습과 윤리에 관계된다. 그분이 사정을 모르고 음식에 대해 염려하는 사람처럼 "빵이 몇 개나 있느냐?"(마르 6,38)고 물으셨을 때, 그분은 죄에 속한 육의 모습을 지니셨다. 그러나 그분의 육신이 죄에 연루되지 않았듯이 그분의 영혼은 무지에도 연루되지 않았다. 그래서 복음사가는 즉시 "이렇게 말씀하는 것은 그를 떠보려는 것이었고 그분께서는 당신이 하

6 '육신'을 뜻하는 라틴어 '카로'caro는 간단히 인간 육체를 의미할 수도 있지만, 바오로 사도는 하느님과 구별되는 약하고 죄 많은 인간 전체를 '육'이라고 부른다. 여기서는 문맥에 따라 '육신'이나 '육'으로 번역했다.

시려는 일을 이미 잘 알고 계셨다"(요한 6,6)고 덧붙인다.[7] 또 목이 말라 사마리아 여자에게 마실 것을 청하셨을 때 죄인과 유사한 육신을 지니고 계셨다. 하지만 죄에 물들지 않았으니, 여인이 도리어 그분에게 생명수를 청했다. 그 물을 마시면 다시 목마르지 않으며, 그 물은 사람 안에서 샘이 되고 거기서 물이 솟아 나와 영원한 생명을 주게 되어 있다(요한 4,7-14 참조). 또 예수님께서 배에서 주무실 때도 그분은 참으로 육신이셨다. 그러나 함께 배에 있던 사람들이 죄의 모습으로 인해 착각하지 않게 하려고 그분께서 일어나 "바람과 호수를 꾸짖으시자 아주 고요해졌다"(마태 8,26). 그다음에 사람들이 당신께 대하여 "저 사람이 예언자라면, 자기에게 손을 대는 여자가 누구이며 어떤 사람인지, 곧 죄인인 줄 알 터인데"(루카 7,39)라고 말했을 때, 당신도 모든 사람의 공통된 처지대로 죄에 예속된 듯 보이셨다. 그러나 예수님께서 죄의 본질과 관계없다는 것이 즉시 드러났다. 그분은 바리사이의 모독적인 생각을 반박하며 여인의 죄를 용서하셨다. 또 그분이 인간으로서 무서운 죽음을 앞두었을 때 다른 사람들처럼 죄에 속한 육신을 지닌 것처럼 보였다. 그때 예수님께서는 다가올 수난에 대해 공포에 시달려 이렇게 기도하셨다. "아버지, 하실 수만 있으시면 이 잔이 저를 비켜 가게 해 주십시오." 그리고 "내 영혼이 너무 괴로워 죽을 지경이다"(마태 26,38-39). 하지만 그분의 슬픔은 죄와 관련이 없었다. 생명의 창조자께서 죽음을 무서워하셨을 리가 없었던 것이다. 그분은 과연 이렇게 말씀하셨다. "아무도 나에

7 카시아누스는 마르코 복음서와 요한 복음서가 서로 다른 문학적 성격을 가지고 있다는 사실을 무시한다. 역사적으로 따진다면 예수께서 떠보시기 위해 질문하셨다고는 보기 어렵다. 인간의 '육'을 취하셨으니 인간의 본질적 조건인 무지를 배제할 수 없다. 요한 복음서의 말씀은 흔히 역사를 초월하는 것이다.

게서 목숨을 빼앗지 못한다. 내가 스스로 그것을 내놓는 것이다. 나는 목숨을 내놓을 권한도 있고 그것을 다시 얻을 권한도 있다"(요한 10,18).

12. 동정녀에게서 태어나신 그분은 남녀의 결합으로 태어나는 모든 이와 큰 차이가 있다. 우리 모두는 우리 육신 안에 죄의 모습이 아니라 죄의 본질을 지니고 있다. 반면 그분은 육신의 본질을 취하셨지만 죄의 본질이 아니라 모습만 받아들이셨다. 사실 이사야 예언서에도 "그분은 죄를 저지르지도 않았고 그의 입에는 아무런 거짓도 없었다"(이사 53,9; 1베드 2,22)라는 말씀이 있다. 바리사이들도 이것을 환히 기억해야 했었지만, 그들은 육신에 속한 죄의 모습 때문에 착각하여 "보라, 저자는 먹보요 술꾼이며 세리와 죄인들의 친구다"(마태 11,19)라고 했고, 다시 빛을 보게 된 눈먼 이에게는 "하느님께 영광을 드리시오. 우리는 그자가 죄인임을 알고 있소"(요한 9,24)라고 말했으며, 빌라도에게는 "이자가 범죄자가 아니라면 우리가 넘기지 않았을 것이오"(요한 18,30)라고 말했다. 그러면 죄가 없다고 감히 주장하는 사람은 누구나 그분에게만 유일하게 해당되는 특권과 동등함을 차지하려는 모독적인 교만의 죄를 범하게 된다. 그런 주장은 죄에 속한 육신의 모습만 지니고 죄의 사실은 없다고 말하는 것과 같기 때문이다.

13. 성경은 의인과 성인들이 죄에서 자유롭지 않다는 것을 명백히 밝히고 있다. "의인은 일곱 번 쓰러져도 일어난다"(잠언 24,16)는 말씀이 있다. 쓰러진다는 말은 죄를 범한다는 말이 아닐까? 그런데 일곱 번 쓰러졌다 해도 그를 의인이라고 하는 것이다. 인간의 연약함으로 떨어져도 그것으로 그의 의로움이 훼손되지 않는다. 성인이 떨어지는 것과 죄인

이 떨어지는 것은 크게 다르다. 죽을죄를 범하는 것은 큰일이다. 그러나 죄가 전혀 없지 않은 어떤 생각이 뜻하지 않았는데 떠오르는 것, 몰랐거나 잊어버려서 또는 가볍게 나오는 쓸데없는 말로 실수하는 것, 마음속으로 신앙에 대하여 약간 의심하는 것, 가볍게나마 허영을 느끼는 것, 인간의 본성 때문에 약간이라도 완덕에서 떨어지는 것 등은 문제가 되지 않는다. 그런 것들은 성인도 종종 떨어지는 일곱 가지 종류의 실족이다. 그는 거기에 떨어져도 의인이다. 하지만 가볍고 사소한 것으로 보이는 그런 것들 때문이라도 그가 죄 없는 사람이 될 수는 없다. 성인도 매일 참회하고 참으로 용서를 청해야 하며, "저희 죄를 용서하소서"(마태 6,12)라고 하면서 끊임없이 자기 죄에 대해 기도해야 한다.

어떤 성인들이 잘못을 범했어도 의로움에서 떠나지 않았다는 것을 다음 몇 가지 예를 들어 증명하겠다. 사도들의 으뜸인 복된 베드로는 반드시 성인이라고 믿어야 되지 않겠는가? 그는 특별히 주님께 이런 말씀을 들은 사람이니 말이다. "요나의 아들 시몬, 너는 행복하다! 살과 피가 아니라 하늘에 계신 내 아버지께서 그것을 너에게 알려 주셨으니 … 하늘 나라의 열쇠를 주겠다. 그러니 네가 무엇이든지 땅에서 매면 하늘에서도 매일 것이고, 네가 무엇이든지 땅에서 풀면 하늘에서도 풀릴 것이다"(마태 16,17.19). 주님의 이 칭찬보다 더 빛나는 칭찬이 어디 있으며 이 권한과 행복보다 더 고귀한 것이 어디 있겠나? 그래도 베드로는 잠시 후에 있을 수난의 신비를 몰라 인류에 그렇게 유익할 일에 반대하며 "맙소사, 주님! 그런 일은 결코 일어나지 않을 것입니다"라고 말했다. 그래서 "사탄아, 내게서 물러가라. 너는 나에게 걸림돌이다. 너는 하느님의 일은 생각하지 않고 사람의 일만 생각하는구나!"(마태 16,22-23)라는 말씀을 들어야 했다. 이것이 무엇을 의미하겠는가? 공정 자체이신 분께서 그를 이런 식으로 꾸짖으셨으니 베드로가 한 번도 떨어지지 않았다고 생각할 수 있는가? 아니면 성덕과 의덕을 잃어버렸다고 생각해야 하는가? 또 박해자들에 대한 두려움 때문에 세 번이나 주님을 모른다고 하였을 때 그가 명백히 쓰러졌다는 것을 부인할 수 있느냐? 하지만 그는 즉시 회개하여 쓰라린 눈물로 그 큰 죄과의 때를 씻었으니 성덕과 의로움의 공덕을 잃지 않았다.

그분이나 그와 비슷한 성인들에 대하여 우리는 다윗이 노래한 것을 받아들여야 한다. 곧 "주님께서는 사람의 발걸음을 굳건히 하시며 그의 길을 마음에 들어 하시리라. 그는 비틀거려도 쓰러지지 않으리니 주님께서 그의 손을 잡아 주시기 때문이다"(시편 37,23-24). 주님께서 발걸음을 가누어 주는 사람이 의인이 아니면 누구이겠나? 그렇지만 '비틀거려도' 쓰러지지 않는다고 한다. 비틀거린다는 것은 어떤 죄에 떨어진다는 것이 아닌가? 그래도 쓰러지지 않는다고 한다. 다시 말하면 의인은 죄의 습격에 오래도록 눌리지 않을 것이고, 현재로는 쓰러지는 것 같지만 그가 청하는 하느님의 도움으로 다시 일어나 빨리 부활하여 의덕의 굳건함을 잃지 않는다. 또한 현재 그가 육의 연약함으로 의덕을 잃었다고 해도 주님께서 그의 손을 잡아 회복하게 된다는 것이다. 자기 행업을 믿어서는 의로워질 수 없다는 것을 알고 오직 주님의 은총으로만 죄의 무수한 사슬에서 해방될 수 있다는 것을 믿어 사도와 함께 "나는 비참한 인간입니다. 누가 이 죽음의 몸에서 나를 구해 내겠습니까? 그것은 우리 주님 예수 그리스도를 통하여 얻은 하느님의 은총입니다"(로마 8,24-25)라고 말하는 사람은 죄에 떨어져도 계속 성인이다.

14. 바오로 사도는 인간이 뒤끓는 생각들 때문에 헤아릴 수 없는 순결

의 심연을 뚫고 들어갈 수 없음을 알고 깊은 바다에 던져지는 것같이 느껴 이렇게 말했었다. "선을 바라면서도 하지 못하고, 악을 바라지 않으면서도 그것을 하고 맙니다. 그래서 내가 바라지 않는 것을 하면, 그 일을 하는 것은 더 이상 내가 아니라 내 안에 자리 잡은 죄입니다. … 나의 내적 인간은 하느님의 법을 두고 기뻐합니다. 그러나 내 지체 안에는 다른 법이 있어 내 이성의 법과 대결하고 있음을 나는 봅니다. 그 다른 법이 나를 내 지체 안에 있는 죄의 법에 사로잡히게 합니다"(로마 7,19-23). 이와 같이 바오로는 자신의 연약함과 인간 본성의 연약함을 깨달아 무한히 깊은 그 광활함에 놀라서 주님의 도움이라는 가장 안전한 항구에 피신하였다. 그는 죽음의 운명 때문에 빠지기 쉬운 자기 배의 허약함에 대한 절망에서 불가능한 일이 없는 그분께 파선에서 구해 달라고 청하며 이렇게 비참하게 소리를 질렀다. "나는 과연 비참한 인간입니다. 누가 이 죽음에 빠진 몸에서 나를 구해 줄 수 있습니까?"(로마 7,24). 그리고 즉시 본성의 허약함에서 바랄 수 없던 해방을 하느님의 인자하심에서 받을 수 있음을 전제하고 큰 신뢰로 "우리 주 예수 그리스도를 통하여 얻은 하느님의 은총입니다"(로마 7,25) 하고 덧붙였다.

15. 게르마누스: 많은 사람이 사도의 말씀을 이렇게 이해해야 한다고 합니다. 사도는 이 말씀을 자기로서가 아니라 죄인들의 입장에서 했다고 합니다. 그들은 육신의 유혹과 쾌감을 피하려고 해도 과거의 악습과 욕정에 묶여 자기 자신을 다스리지 못하고 뿌리 깊은 악습이 거친 폭군처럼 자기를 내리누르기 때문에 자유로운 정결의 공기를 마시지 못하는 사람들입니다. 그런데 틀림없이 완덕의 최정상에 도달했을 복된 사도에게 다음 말씀이 어떻게 들어맞을 수 있겠습니까? "선을 바라면서

도 하지 못하고, 악을 바라지 않으면서도 그것을 하고 맙니다." 그리고 다음 말씀도 마찬가지다. "그래서 내가 바라지 않는 것을 하면, 그 일을 하는 것은 더 이상 내가 아니라 내 안에 자리 잡은 죄입니다." 그리고 "나의 내적 인간은 하느님의 법을 두고 기뻐합니다. 그러나 내 지체 안에는 다른 법이 있어 내 이성의 법과 대결하고 있음을 나는 봅니다. 그 다른 법이 나를 내 지체 안에 있는 죄의 법에 사로잡히게 합니다"(로마 7,17-23). 이런 말씀이 어떻게 사도에게 해당될 수 있습니까? 그가 행하지 못하는 선은 무엇이며, 반대로 그가 원하지 않고 오히려 싫어하는데 본성이 시켜서 마지못해 행하는 악은 무엇입니까? 주 그리스도의 목소리가 되어 말하는 "선택한 그릇"(사도 9,15)이 어떤 죄의 법에 사로잡힐 수 있었단 말입니까? 그는 모든 불순종과 "하느님을 거슬러 자기를 높이는 모든 오만을"(2코린 10,5) 사로잡았기에 자기에 대해 자신 있게 이렇게 외쳤습니다. "나는 훌륭히 싸웠고 달릴 길을 다 달렸으며 믿음을 지켰습니다. 이제는 의로움의 화관이 나를 위하여 마련되어 있습니다. 의로운 심판관이신 주님께서 그날에 그것을 나에게 주실 것입니다"(2티모 4,7-8).

16. 테오나스: 나는 침묵의 안전한 항구에 들어가려고 했는데, 그대들은 너무 깊고 넓은 문제의 바다로 나를 다시 부르려 하는구나. 하지만 이번 담화를 통해 이미 긴 여행을 했으니 안전한 정박지를 맞은 기회를 이용하여 우선 침묵의 닻을 내리자. 그 대신 내일 폭풍의 방해만 받지 않으면 순풍을 맞아 담화의 돛을 펴도록 하자.

제23담화
• 테오나스 압바의 셋째 담화 •

무죄함에 관하여

1. 날이 새어 우리가 원로에게 사도의 말씀에 관한 문제를 깊이 탐구해 달라고 간청했더니, 그는 우리의 강한 요청을 이기지 못하여 이렇게 말했다:

문제는 바오로의 다음 말씀이다. “내 안에, 곧 내 육 안에 선이 자리 잡고 있지 않음을 나는 압니다. 나에게 원의가 있기는 하지만 그 좋은 것을 하지는 못합니다. … 내가 바라지 않는 것을 하면, 그 일을 하는 것은 더 이상 내가 아니라 내 안에 자리 잡은 죄입니다. … 나의 내적 인간은 하느님의 법을 두고 기뻐합니다. 그러나 내 지체 안에는 다른 법이 있어 내 이성의 법과 대결하고 있음을 나는 봅니다. 그 다른 법이 나를 내 지체 안에 있는 죄의 법에 사로잡히게 합니다”(로마 7,18.20.22-23).

그대들은 여기서 바오로 사도가 자신의 경우가 아니라 죄인들의 상황을 말했다는 것을 증명하려고 한다.[1] 하지만 그와 반대로 이 말은 죄인에게 전혀 맞지 않는 것이 명백하다. 이 담론은 오히려 완전한 사람들에게만 해당된다. 그 내용은 사도들의 덕행을 본받는 사람들의 정결

1 참조: 제22담화.

에만 들어맞는다.[2] "선을 바라면서도 하지 못하고, 악을 바라지 않으면서도 그것을 하고 맙니다"(로마 7,19)는 말이 어떻게 죄인들에게 들어맞을 수 있겠나? 그리고 "내가 바라지 않는 것을 하면, 그 일을 하는 것은 더 이상 내가 아니라 내 안에 자리 잡은 죄입니다"(로마 7,20)라는 말도 마찬가지다.[3] 바라지는 않으면서 간통과 음행을 저지르는 죄인이 어디 있겠는가? 마지못해 이웃에게 음모를 꾸미는 사람이 어디 있겠나? 누가 강제를 당해 거짓 증언으로 이웃을 억압하거나 도둑으로 해치거나 남의 소유를 탐내거나 피를 흘리겠나? 오히려 성경 말씀대로 "사람의 마음은 어려서부터 악한 뜻을 품기 마련"(창세 8,21)이다. 모두 악행에 대한 사랑에 불타 얼마나 욕구들을 채우려고 하는가? 심지어 너무 늦게 욕심을 채울까 걱정하여 노리는 범죄의 기회를 놓치지 않으려고 밤을 새운다. 그들을 비난하는 사도의 말마따나 자기 치욕과 쌓아 놓은 죄를 자랑하면서 수치에 대한 칭찬을 들으려고 하는 것 같다(필리 3,19 참조). 예레미야 예언자도 그런 사람들은 그저 기꺼이 마음과 육체의 불편 없이 죄악을 범하는 정도가 아니라고 주장한다. 그에 따르면 그들은 성공하려고 그렇듯 고생하는 것이다. 아무리 모진 어려움을 만나도 그들은 범죄에 대한 치명적 욕구를 포기하지 않는다는 뜻으로 "악을 행하기 위하여 수고했다"(예레 9,5 불가타)고 했다. 또 누가 "이렇게 나 자신이 이

2 여기서부터 테오나스가 펴는 해석은 받아들이기 어렵고 오히려 제자 게르마누스의 견해가 옳은 것 같다. 그는 앞의 담화에서 이렇게 말했다. "많은 사람이 사도의 말씀을 이렇게 이해해야 한다고 합니다. 사도는 이 말씀을 자기로서가 아니라 죄인들의 입장에서 했다고 합니다. 그들은 육신의 유혹과 쾌감을 피하려고 해도 과거의 악습과 욕정에 묶여 자기 자신을 다스리지 못하고 뿌리 깊은 악습이 거친 폭군처럼 자기를 내리누르기 때문에 자유로운 정결의 공기를 마시지 못하는 사람들입니다"(제22담화). 현대 성경학자들도 바오로의 이 난해한 말씀을 모두 일률적으로 해석하지 않는다. 로마서 주석을 참조하기 바란다.

3 죄인에게는 맞지 않다는 뜻이다.

성으로는 하느님의 법을 섬기지만, 육으로는 죄의 법을 섬깁니다"(로마 7,25)라는 말씀이 죄인들에게 맞는다고 하겠는가? 그들이 이성으로도 육으로도 하느님을 섬기지 않는다는 것이 명백하지 않은가? 육으로 죄를 짓는 사람들이 어떻게 이성으로 하느님을 섬기겠는가? 육체는 마음으로부터 악의 자극을 받는다. 마음과 육체를 창조하신 분께서는 죄의 원천이 마음에 있다고 하셨다. "마음에서 나쁜 생각들, 살인, 간음, 불륜, 도둑질, 거짓 증언, 중상이 나온다"(마태 15,19). 따라서 이 말씀은 어떤 식으로라도 죄인들에 대한 말로 이해할 수 없다는 것이 분명히 드러난다. 죄인들은 악을 미워하지 않을 뿐 아니라 오히려 사랑한다. 그들은 정신으로도 육으로도 하느님을 섬기지 않고 오히려 육체보다 먼저 마음으로 죄를 범하며 몸의 쾌락을 좇기 전에 이미 마음과 생각에서 죄에게 제압당한다.

2. 이제 그 말씀의 참뜻을 알아내기 위하여 말하는 이의 깊은 의도를 생각해야 한다. 복된 사도가 선이라고 부르는 것과 그와 비교해서 악이라고 부르는 것이 무엇인지 깨달으려면 단어의 뜻만 생각해서는 안 된다. 우리는 사도와 같은 입장을 취해야 한다. 그분의 생각을 이해하려면 그분의 위치와 공로를 감안해야 한다. 하느님의 감도로 주장하는 말씀을 그분의 의도에 맞게 알아들으려면, 그 말씀을 하는 이의 위치와 공로를 평가해야 하며, 말만이 아니라 실제로 그와 같은 마음을 지닐 줄 알아야 한다. 누구나 그 마음에 따라 모든 일을 파악하고 표현하는 것이 틀림없다.

그러니 사도가 원의가 있으면서도 실천하지 못했던 선이 우선적으로 무엇인지 상세하게 찾아내자. 복된 사도와 그와 같은 공덕이 있는 분들이 본성적으로 지녔고 은총으로 얻었던 선한 것들이 많다는 것을 우리는 부인할 수 없다. 예를 들어 정결도 좋은 것이고, 금욕은 찬양할 만하다. 그리고 지혜는 감탄할 만하고, 넓은 관대함도 좋은 것이다. 신중하고 겸손한 자제력도 좋고, 경건한 자비와 거룩한 정의도 좋은 것이다. 바오로 사도와 그분의 동료들이 이 모든 것을 충분하고 완벽하게 가졌다는 것을 의심할 수 없으니, 그들은 말보다도 덕행으로써 종교를 가르쳤던 것이다. 모든 교회에 대한 끊임없는 걱정과 쉴 새 없이 마음을 쓰는 일에 대하여 무엇이라고 말해야 되겠나? 걸려 넘어지는 사람들 때문에 상심하고 약한 이들과 함께 약해지는 일은 얼마나 큰 자비와 완덕이겠는가? 사도가 그런 선들을 가득히 지니고 있었다면 그가 지니지 못한 선이란 과연 무엇이겠나? 만일 우리가 그분이 하신 말씀에 담겨 있는 마음가짐에 이르지 못하면 우리는 그것을 알 길이 없다. 앞에서 말한 그 모든 공덕은 빛나고 값진 보석임에 틀림없다. 그러나 복음서에 나오는 장사꾼이 자기가 가진 모든 것을 팔아서라도 사고 싶어 한 지극히 찬란하고 고귀한 보석에 비하면 그것들은 가치 없고 하찮아 보인다. 그래서 지체하지 말고 그것을 버리고 그 한 가지만 손에 넣으면, 수없이 많은 좋은 것들을 파는 그 사람은 부자가 된다는 것이다.

3. 그렇다면 앞에서 말한 크고 무수한 선들조차 비교할 수 없을 만큼 선하며 모든 것을 무시하고 버리더라도 손에 넣어야 할 그 한 가지는 무엇이겠나? 그것은 예의가 요구하는 접대 의무를 버리고 마리아가 선택한 위대하고 영원한 몫이다. 주님께서는 다음과 같이 밝히셨다. "마르타야, 마르타야! 너는 많은 일을 염려하고 걱정하는구나. 그러나 필요한 것은 한 가지뿐이다. 마리아는 좋은 몫을 선택하였다. 그리고 그

것을 빼앗기지 않을 것이다"(루카 10,41-42). 그러니 '테오리아'theoria, 곧 하느님을 관상하는 것이야말로 그 한 가지다. 그 가치는 모든 착한 행실, 모든 덕행의 공덕보다 크다. 앞에서 말한 대로, 바오로 사도를 빛나게 한 그 모든 덕행은 좋고 유익할 뿐 아니라 위대하고 뛰어난 것들이다. 그러나 이렇게 예를 들어 보자. 곧, 유용하고 가치 있어 보이는 주석朱錫으로 된 물건은 은銀과 비교하면 값싸 보이며, 또 은도 황금에 비하면 가치가 떨어지고 보석에 비하면 황금도 무시를 당한다. 그리고 훌륭한 많은 보석도 빛나는 진주 하나만 못할 수 있다. 이와 같이 저 성덕의 모든 공로가 현세에서 좋고 유익할 뿐 아니라 영원한 상급을 얻게 해준다고 해도 하느님께 대한 관상에 비해서는 가치가 떨어진다. 말하자면 팔아도 좋은 것이 되어 버린다.

이런 비교를 성경 말씀으로 뒷받침할 수 있다. 성경에서는 하느님께서 창조하신 모든 것에 대하여 "하느님께서 만드신 모든 것이 참 좋았다"(창세 1,31)고 했으며, "하느님께서 제때에 만드신 모든 것은 훌륭하다"(집회 39,16 칠십인역)고 했다. 그저 좋다고 한 것이 아니라 참 좋고 훌륭하다고 했다. 사실 이것들은 이 세상에 사는 우리가 먹고 살기 위해서나 치료하기 위해서, 또는 아직 잘 모르는 목적을 위해서 사용할 수 있도록 마련된 것들이다. 또는 창세 이래 그것들을 통하여, 곧 피조물을 통하여 하느님의 보이지 않는 것들을 이성의 눈으로 볼 수 있게 되니 그것들은 참으로 좋다. 그만큼 크게 짜임새 있는 우주와 그 안에 있는 모든 것을 통해 우리는 그분의 영원한 권능과 신성을 알아보게 된다는 것이다(로마 1,20 참조). 그러나 선한 것들이 변질되거나 참된 행복이 훼손될 염려를 전혀 할 필요 없는 저 내세에 견준다면 그 모든 것은 선이라고 부를 수 없다. 저 세상의 행복은 이렇게 묘사된다. "달빛은 햇빛처럼 되고 햇빛은 일곱 배나 밝아지리라"(이사 30,26). 이처럼 지금 보기에 위대하고 뛰어나고 놀라운 것들이 신앙이 약속한 미래의 것들에 비하면 즉시 공허해 보인다. 과연 다윗의 말대로다. "그것들은 다 옷처럼 닳아 없어집니다. 당신께서 그것들을 옷가지처럼 바꾸시니 그것들은 지나가 버립니다. 그러나 당신은 언제나 같으신 분 당신의 햇수는 끝이 없습니다"(시편 101,27-28). 그 자체로 항구하고 변함없는 것은 아무것도 없으니 하느님 한 분만이 실제로 선하다. 영원하고 변함없는 행복을 얻고자 하는 모든 피조물은 그것을 자기 본성을 통해서는 차지할 수 없고 오직 창조주의 권능과 은총에 참여함으로 얻을 수 있으니 창조주에 비하면 선하다고 말할 수는 없다.

4. 이 견해를 더욱 명백한 증거로 뒷받침할 수 있다. 복음서에서는 많은 것을 좋거나 선하다고 표현한다. 좋은 나무, 좋은 보물, 선한 사람, 착한 종이라는 말들이 있다. "좋은 나무는 나쁜 열매를 맺을 수 없다"(마태 7,18). "선한 사람은 자기 마음의 선한 곳간에서 선한 것을 꺼낸다"(마태 12,35). "잘하였다, 착하고 성실한 종아!"(마태 25,21). 이런 것들은 모두 나름대로 선하다는 것을 의심할 수 없다. 그러나 하느님의 선함을 바라보면 그 어느 것도 선하다고 표현할 수 없게 된다. 주님께서는 "하느님 한 분 외에는 아무도 선하지 않다"(루카 18,19)라고 말씀하셨다. 그분의 눈에는 선택을 받아서 일반 인간의 선함을 여러 가지로 뛰어넘는 사도들도 악하게 보인다는 것을 다음과 같이 표현하셨다. "너희가 악해도 자녀들에게는 좋은 것을 줄 줄 알거든, 하늘에 계신 너희 아버지께서야 당신께 청하는 이들에게 좋은 것을 얼마나 더 많이 주시겠느냐?"(마태 7,11).

그리고 천상의 선함을 바라볼 때 우리의 선함이 악한 것으로 변하듯이 우리의 의덕도 하느님의 의덕에 비하면 개짐과 같다고 이사야 예언자는 말한다. "저희의 모든 의로움은 개짐과 같습니다"(이사 64,5). 내가 더욱 명백한 증거를 들겠다. 사도에 따르면 생명을 주는 율법의 계명이 "천사들을 통하여 중개자의 손을 거쳐 공포되었습니다"(갈라 3,19), "율법은 거룩합니다. 계명도 거룩하고 의롭고 선한 것입니다"(로마 7,12)이다. 그러나 복음의 완성과 견주면 이것들을 좋지 않은 것이라고 하느님의 신탁은 선언한다. "나는 그들에게 좋지 않은 규정들과 지켜도 살지 못하는 법규들을 주었다"(에제 20,25)고 말씀하신 것이다. 사도도 율법의 영광이 신약의 빛으로써 어두워진다고 주장하면서, 복음의 광채와 견줄 때 영광이라고 할 수 없다고 이렇게 선언하고 있다. "사실 이 경우, 영광으로 빛나던 것이 더 뛰어난 영광 때문에 빛을 잃게 되었습니다"(2코린 3,10).

성경은 죄의 처벌에 대하여 말할 때도 이와 비슷한 식으로 표현한다. 적게 죄짓는 사람들을 악한 이들과 비교하면 그들은 의인이라고 한다. "너에 비해 소돔은 의롭게 되었다." 또는 "네 동생 소돔이 무슨 죄를 지었나?"(에제 16,52.49 불가타), 또는 "배반자 이스라엘이 배신자 유다보다는 의롭다"(예레 3,11). 이와 같이 지금까지 말한 모든 공덕은 그 자체로 선하고 고귀해도 관상의 빛에 비해서는 모두 어두워진다. 아무리 선행들이라 하더라도 지상의 일들에 관심 갖고 노력하는 성인들은 그 때문에 최상의 선을 관상하는 데에 상당한 방해를 받는다.

5. "가난한 이를 그보다 힘센 자에게서, 가난한 이와 불쌍한 이를 약탈자에게서 구해 주는"(시편 35,10) 사람, "불의한 자의 이를 부수고 그 입에

서 약탈물을 내뱉게 하는"(욥 29,17) 사람이 이렇게 개입하고 있는 동안에 고요한 마음으로 하느님의 엄위하신 영광을 바라볼 수 있겠나? 또 가난한 이들에게 자선을 베풀거나 몰려오는 사람들의 무리를 다정하게 접대하는 사람은, 열심히 형제들의 아쉬움을 푸는 일에 정신을 집중하고 있는 그 시간에 한없이 넓은 천상 행복을 바라다볼 수 있겠나? 현세의 근심과 고뇌에 시달리고 있는 동안 사람이 속된 것을 초월하여 마음으로 내세의 상태를 내다볼 수 있겠나? 그래서 다윗은 끊임없이 하느님께 가까이 있기를 바라는 것만이 사람들에게 좋다고 확신하였다. "하느님께 가까이 있음이 저에게는 좋습니다. 이 몸 둘 곳 주님, 저는 좋습니다"(시편 73,28). 그리고 집회서에서는 성인들 가운데서 아무도 이것을 불평 없이 완수할 수 없다고 이렇게 표현했다. "죄짓지 않고 선을 행하는 의인은 세상에 없다"(집회 7,21 불가타). 모든 의인과 성인들 가운데 가장 위대한 사람이라도 지상의 생각들 때문에 하느님께 대한 관상을 중단하고 잠시라도 유일하게 선한 분을 떠나는 일이 없을 정도로 저 최상의 선을 지킬 수 있다고 생각할 수 있겠나? 다시 말해 음식에 대해서나 의복에 대해서나 다른 현실적인 것을 염려하지 않는 사람, 형제들을 접대하거나 장소를 옮기거나 집을 짓는 일을 생각할 필요가 없는 사람이 있겠는가? 또 다른 사람들의 도움을 바라거나 궁핍에 시달려 다음과 같은 주님의 충고를 들을 필요가 없는 사람이 어디 있겠나? "목숨을 부지하려고 무엇을 먹을까, 또 몸을 보호하려고 무엇을 입을까 걱정하지 마라"(마태 6,25).

그 어떤 성인보다 많이 수고하고 더 많은 고통을 받았던 바오로 사도조차도 그렇게는 할 수 없었다. 우리가 자신 있게 이렇게 주장할 수 있는 이유는 사도행전에서 그 자신이 제자들에게 친히 이렇게 증언하기 때문이다. "나와 내 일행에게 필요한 것을 이 두 손으로 장만하였다는 사실을 여러분 자신이 잘 알고 있습니다"(사도 20,34). 또 테살로니카 신자들에게 보낸 서간에서는 "수고와 고생을 하며 밤낮으로 일했다"(2테살 3,8)고 진술하고 있다. 이런 일로 바오로는 많은 공덕을 마련하지 않을 수 없었다. 그렇지만 그의 정신이 대단히 거룩하고 숭고해도 때로는 지상의 일을 생각해야 하므로 천상적 관상을 중단하지 않을 수 없었다. 이와 같이 바오로는 자신이 활동으로 얻은 많은 결실로 부유해지는 것을 보면서도 마음속으로는 관상의 가치를 그것과 비교해 보았다. 그는 이 두 가지를 마치 저울에 올려놓듯 한편에는 큰 수고의 성과, 또 한편에는 하느님께 대한 관상의 즐거움을 놓고 오랫동안 고민했다. 한편으론 자기가 수고하여 받을 엄청난 상급을 기쁘게 생각하지만, 다른 한편으론 그리스도와의 일치와 갈라질 수 없는 그분과의 결합에 대한 열망 때문에 그는 육체를 떠나고 싶어 할 정도로 고민하면서 이렇게 외치고 있다. "어느 쪽을 선택해야 할지 모르겠습니다. 나는 이 둘 사이에 끼여 있습니다. 나의 바람은 이 세상을 떠나 그리스도와 함께 있는 것입니다. 그편이 훨씬 낫습니다. 그러나 내가 이 육신 속에 머물러 있는 것이 여러분에게는 더 필요합니다"(필리 1,22-24). 이처럼 바오로는 관상의 그 뛰어난 선을 복음 선포의 성과보다도 훨씬 더 높이 평가하고 있다. 그렇지만 아무도 사랑 없이 주님을 뵐 수 없다는 사실을 생각하고 그는 양보한다. 그래서 복음이라는 젖을 유모처럼 먹여야 하는 사람들 때문에 그는 그리스도와 떨어지는 것을 거부하지 않는다. 자기에게는 불리해도 저 사람들에게 필요하다고 보았기 때문이다. 이런 선택을 하게 된 것은 그의 지극한 자비의 힘을 이기지 못한 탓이다. 그런 자비 때문에 그는 동족들의 구원을 위하여 가능하다면 최고의 악인 저주 선언이라도 받고 싶다고 한다. "사실 육으로는 내 혈족인 동포 형제들을 위해서라면, 나 자신이 저주를 받아 그리스도에게서 떨어져 나가기라도 했으면 하는 심정입니다. 그들은 이스라엘 사람입니다"(로마 9,3-4). 이 말은 할 수만 있다면 모든 사람을 그리스도와 결합시키려고 자기는 현세뿐 아니라 영원한 처벌이라도 받겠다는 뜻이다. 그리스도께나 자기에게나 모든 이의 구원이 자기 혼자만의 구원보다 더 유익하다고 확신하기 때문이다.

사실 사도는 이 최고의 선, 곧 하느님을 바라보고 영구히 그리스도께 매달리기 위하여 육체를 떠나기를 원한다. 사실 덧없는 이 육체는 연약해서 필요한 많은 일에 시달려 그리스도와의 결합에서 가끔 떨어질 수밖에 없다. 우리 마음도 자주 일어나는 걱정과 각종 괴로운 고뇌에 많은 방해를 받아 항상 하느님만 바라볼 수는 없다. 성인들이 꾸준히 노력하고 가장 고귀한 결심을 하더라도 교활한 저 원수가 전혀 기만하지 못할 사람이 어디 있겠나? 또 더없이 철저하게 고독을 추구하여 사람들과 전혀 사귀지 않더라도 한 번도 쓸데없는 분심을 하지 않을 사람이 어디 있겠으며, 현세의 일들을 바라보거나 행함으로써 유일하게 선하신 하느님께 대한 관상을 중단하지 않는 사람이 어디 있겠는가? 또 때때로 생각들이 미끄럼을 타서 기도의 지향을 떠나 천상에서 지상으로 떨어지는 일이 한 번도 없을 정도로 언제나 마음의 열성을 지킬 수 있는 사람이 어디 있겠나? 마음이 방황하는 다른 시간을 생각하지 않더라도 우리가 하느님께 간청하면서 정신을 숭고한 곳으로 올리는 그 순간에도 마음이 무감각한 상태에 빠질 때가 있어, 고의는 아니지만 잘못을 용서받기 바랐던 바로 그 일로 죄를 짓게 되는 경우가 있지 않겠는가? 하느님께 시편을 노래할 때 마음이 한 번도 성경 말씀에서 이탈하지 않을 정도로 훈련되고 깨어 있는 사람이 있겠는가? 아주 친밀하게 하느님과 결합되더라도 끊임없이 기도하라는(1 테살 5,17 참조) 사도의 명령을 하루라도 실천했다고 자랑할 수 있는 사람이 있겠는가? 앞의 이 모든 것을 큰 악습 속에 사는 사람들은 죄도 아닌 사소한 일로 여길지 모르지만, 완덕의 가치를 아는 이들은 지극히 작은 문제들조차도 몹시 위중하게 느낀다.

6. 어떤 큰 집에 많은 보따리와 도구, 그릇이 쌓여 있다고 상상해 보자. 이제 두 사람이 그 집에 같이 들어갔는데, 한 사람은 눈이 성하고 시력이 좋고, 다른 사람은 눈이 침침하여 잘 보이지 않는다고 하자. 이때 후자는 흐린 눈 때문에 모든 것을 볼 수 없으니 그 자리에 옷장, 침대, 의자, 구유 같은 것, 곧 눈에 보이는 것보다 손에 만져지는 것밖에 없다고 할 것이다. 그러나 전자는 맑은 눈으로 어두운 곳에 있는 것도 다 보니 그 집에 아주 많이 있는 작은 것들, 헤아리기 어려울 만큼 많은 것이 있다고 주장할 것이다. 그리고 그것들은 후자가 만져 본 그 큰 물건만큼 많거나 그보다 더 많을 수도 있다.

이와 같이, 눈 뜬 사람이라고 할 수 있는 성인들은 완덕의 정상에 나아가려고 애를 쓰는 이들이니, 그들은 우리가 마음의 눈이 어두워서 보지 못하는 것들을 자기 안에서는 치밀하게 알아내고 엄격하게 단죄한다. 심지어 부주의한 우리 눈에는 그들의 몸이 작디작은 죄의 얼룩조차 없이 눈 같이 하얘 보여도 그들 자신은 자기 몸이 많은 죄로 더러워졌다고 본다는 것이다. 내가 말하는 것은 악하고 헛된 생각이 머리에 들어오는 정도가 아니라 무릎 꿇고 기도하는 시간에 외워야 할 시편이 갑자기 생각나서 분심이 되는 경우를 포함한다. 그들은 이렇게 말한다.

곧, 우리는 어떤 높은 사람에게 우리 목숨과 안전을 위한 정도가 아니라 어떤 재정 문제로 간구할 때조차도 몸과 정신을 그에게 완전히 집중하여 간청하고 떨면서 그의 의사에 기대를 건다는 것이다. 그리고 서툴거나 부적절한 말로 듣는 이의 자비를 놓치지 않을까 크게 염려한다. 또 우리가 세속 법관들의 재판정에 설 때, 맞은편에 적수가 선다고 하자. 이때 우리가 그 싸움과 논쟁 중에 기침하거나 가래를 뱉거나 웃거나 하품하거나 존다면, 우리를 몹시 미워하는 적수는 똑똑히 깨어서 재판관을 일깨워 더욱 엄격한 선고로 우리를 망하게 할 것이다. 그렇다면 우리가 다가온 영원한 죽음의 위험을 면해 주시도록 감추어진 모든 것을 아시는 분께 간청할 때, 맞은편에 교활하게 유혹하는 동시에 우리를 고발하는 자가 서 있으니 더욱 정신을 차려 열심히 재판관의 자애를 구해야 할 것이다.

사실 누가 하느님께 기도를 올리다가 눈먼 이나 귀먹은 이에게 하듯이 갑자기 그 면전에서 떠나 마땅하지 않은 헛된 생각을 따라간다면, 그것은 가벼운 실수가 아니라 불경한 무거운 죄로 보는 것이 마땅하다. 그런데 자기 마음의 눈을 악습의 두꺼운 가리개로 덮으며 구원자의 말씀대로 "보아도 보지 못하고 들어도 듣지 못하며 깨닫지 못하는"(마태 13,13) 사람들의 경우는 또 다르다. 그들은 크고 극악한 죄들도 마음 한 구석에 얼핏 바라볼 뿐이다. 더구나 마음이 깨끗하지 않아서 그들은 잠시 스쳐 가는 분심과 가볍고 미묘하게 정신을 찌르는 위험하고 어두운 충동이나 마음이 묶여 있는 사슬을 알아차리지 못한다. 그들은 언제나 불경스러운 생각으로 방황하여 한 가지만 바라보는 관상에서 멀어져도 그것을 아파하지 않는다. 그것을 잃었다고 섭섭해할 줄도 모른다. 그들은 제멋대로 떠오르는 생각들에 정신을 맡겨 버리니 우선적으로 매달리고 싶거나 열망하는 바가 전혀 없다.

7. 우리가 이런 오류에 빠지는 이유는 우리가 '아나마르테티'anamarteti, 곧 무죄함이 무엇인지 전혀 모르는 탓이다. 그래서 우리 생각이 무익하고 위험하게 돌아다녀도 그것이 전혀 죄가 아니라고 생각한다. 태만으로 무뎌지고 눈이 멀게 된 사람처럼 우리는 우리 안에서 대죄밖에 생각하지 않고 세속의 법조문에 따라 처벌되는 것만 어느 정도 피하면 벌써 우리 안에 죄라는 것이 없다고 믿는다. 따라서 우리는 볼 줄 아는 사람의 무리에 속하지 않는다. 다시 말해 우리 안에 쌓인 수많은 작은 때를 보지 못한다. 그래서 분노하는 병이 우리 정신을 집어삼켜도 우리는 유익한 통회를 하지 못한다. 그리고 우리가 스스로 자랑하려는 충동을 받는 것을 아파할 줄 모른다. 또 기도를 미루거나 열성 없이 바쳐도 우리는 눈물을 흘리지 않는다. 시편을 외우거나 기도하는 동안에 그 시편이나 기도와 관계없는 것들을 생각하더라도 우리는 그것을 죄로 여기지 않는다. 하느님께서 우리 마음을 환히 보고 계시다는 것을 알면서도 우리는 사람들 앞에서라면 말하거나 행하기를 부끄러워하는 많은 것을 두려움 없이 잠시라도 마음속에 두는 것을 부끄러워하지 않는다. 추잡한 꿈들이 우리를 더럽혀도 우리는 그것을 많은 눈물을 흘려 씻을 줄 모른다. 형제들에게 필요한 것을 해결해 주거나 가난한 이들에게 양식을 전달하는 자선 행위를 하는 중에도 탐욕 때문에 약간 망설인 나머지 베푸는 기쁨이 흐려져도 우리는 근심하지 않는다. 하느님을 잊고 일시적이며 부패하는 것들에 대하여 생각하면서도 아무것도 잃지 않을 줄 안다. 그래서 솔로몬의 이 말이 우리에게 딱 들어맞는다. "사람들이 날 때려도 난 아프지 않아. 사람들이 날 쳐도 난 아무렇지 않아"(잠언 23,35).

8. 이와 달리 모든 기쁨과 행복을 송두리째 하느님의 것과 영적인 것을 관상하는 데 두는 이들은 자기를 휩쓰는 생각들 때문에 본의 아니게 잠시라도 그 관상을 떠났다면 그것을 모독죄처럼 생각해서 즉시 자신을 단죄하고 보속을 한다. 그들은 정신의 시선이 저속한 피조물 쪽으로 빗나가면 그것을 창조주보다 앞세웠다고 해서 슬픔에 빠지고 스스로 불경죄를 지은 것처럼 생각한다. 그들은 즉시 마음의 눈을 하느님 영광의 빛을 향하여 재빠르게 돌리지만, 육적인 생각이라는 어둠을 잠시도 견디지 못하며 정신의 눈이 저 참된 빛을 보는 데 방해가 되는 모든 것을 저주한다. 복된 요한 사도는 이런 마음가짐을 모든 사람에게 권하면서 이렇게 말했다. "세상도 또 세상 안에 있는 것들도 사랑하지 마십시오. 누가 세상을 사랑하면, 그 사람 안에는 아버지 사랑이 없습니다. 세상에 있는 모든 것, 곧 육의 욕망과 눈의 욕망과 살림살이에 대한 자만은 아버지에게서 온 것이 아니라 세상에서 온 것입니다. 세상은 지나가고 세상의 욕망도 지나갑니다. 그러나 하느님의 뜻을 실천하는 사람은 영원히 남습니다"(1요한 2,15-17).

그래서 성인들은 이 세상의 모든 것을 경멸한다. 그러나 생각들이 잠시나마 그쪽으로 끌려가지 않을 수는 없다. 우리 주님과 구원자를 제외하고는 어떤 인간도 절로 방황하는 정신을 잘 다스려 한 번도 세상 것에 대한 사랑으로 죄짓지 않을 정도로 항상 하느님 관상에만 머물 수는 없다. 성경에도 "별들도 그분 눈에는 맑지 않다"(욥 25,5)는 말씀이 있고, "그분께서는 당신의 거룩한 이들도 믿지 않으시고 하늘도 그분 눈에는 순결하지 못하다"(욥 15,15)는 말씀도 있다.

9. 이와 같이 꾸준히 하느님에 대한 생각을 지키는 성인들은 줄타기하

는 사람들과 비슷하다 하겠다. 그들은 공중 높이 쳐진 매우 가는 그 밧줄에 자기 몸과 목숨을 온전히 맡긴다. 그들은 발이 약간이라도 비틀거리거나 방향을 조금이라도 잘못 잡으면 의심할 여지 없이 즉시 처참하게 죽으리라는 것을 안다. 경이로운 솜씨로 텅 빈 허공에서 발걸음을 옮기는 이 사람들은 발바닥보다 좁은 그 오솔길을 매우 조심스럽고 아주 정확하게 가야 한다. 그렇지 않으면 모든 이에게 자연스러운 바탕인 땅바닥이 그들에게는 멸망이 되고 만다. 땅은 가장 든든하고 안전한 모든 것의 바탕이지만 그들에게는 즉각적 멸망의 원인이 된다. 그것은 땅의 성질이 달라져서가 아니라 그들이 육신의 무게로 땅에 떨어지기 때문이다. 그와 마찬가지로 하느님의 지칠 줄 모르는 선하심과 변함없는 본성은 아무도 해치지 않는다. 하지만 우리가 높은 데서 떨어져 밑바닥으로 향한다면 스스로 죽음을 택하는 것이다. 그 떨어짐 자체가 떨어지는 이에게 죽음이 된다. 그래서 이렇게 쓰여 있다. "그들은 불행하여라, 나에게서 도망쳤으니, 그들은 망하리라, 나에게 거역하였으니"(호세 7,13). "내가 그들에게서 떠날 때 그들은 진정 불행하게 되리라"(호세 9,12). "네 악행이 너를 벌하고 네 배반이 너를 징계할 것이다. 주 너의 하느님을 저버린 것이 얼마나 나쁘고 쓰라린지 보고 깨달아라"(예레 2,19). "악인은 제 악행에 붙잡히고 제 죄의 밧줄에 얽매인다"(잠언 5,22). 그런 사람들을 주님께서는 마땅히 이렇게 꾸짖으신다. "스스로 불을 피우고 불화살에 불을 당기는 너희는 모두 자기가 피운 불 속으로 자기가 댕긴 불화살 속으로 들어가거라"(이사 50,11). 그리고 "악을 불 피우는 사람은 그 속에 멸망한다"(잠언 19,9 불가타).

10. 성인들도 매일 세속적인 생각들의 무게에 눌려 고귀한 정신에서

떨어지는 것을 경험한다. 본의 아니게 또는 자기도 모르게 죄와 죽음의 법에 걸리는 것이다. 그들은 앞에서 언급한 속되지만 선하고 마땅한 일들에 관여하지 않을 수 없다. 그런데 그것이 하느님을 관상하는 일을 방해하니, 성인들에게는 언제나 주님을 향해 탄식할 일이 생길 수밖에 없다. 그래서 그들은 진정으로 비천함을 느끼고 통회하여 말만이 아니라 깊은 감정으로 자신들을 죄인으로 고백하고 육신의 연약함을 못 이겨 매일 저지르는 모든 일에 대하여 늘 주님의 은총으로 용서해 주실 것을 청하면서 끊임없이 보속의 참눈물을 쏟아 낸다. 그들은 계속 아파하는 일 자체도 생애 마지막 순간까지 자신들을 괴롭힐 것을 예상하여 그 애원도 불안한 생각 없이 바치지 못한다. 그들은 육신의 짐 때문에 원하는 목표에 인간의 힘으로 도달할 수 없다는 것과 마음에 지닌 갈망대로 가장 중대하고 고귀한 최고선에 결합될 수 없으며, 관상에서 떨어져 포로처럼 세속 일에 끌려가는 것을 경험한다. 그래서 "불경한 자를 의롭게 하는"(로마 4,5) 하느님의 은총을 향해 가면서 사도(바오로)와 함께 이렇게 고백한다. "나는 과연 비참한 인간입니다. 누가 이 죽음에 빠진 몸에서 나를 구해 줄 수 있습니까? 우리 주 예수 그리스도를 통하여 나를 구해 주신 하느님께 감사드립니다"(로마 7,24-25). 그들은 자기가 선을 원하지만 행하지 못하고 자기가 원하지 않고 오히려 미워하는 악, 곧 온갖 분심과 세속적 관심에 늘 기운다는 것을 느끼기에 이렇게 말하는 것이다.

11. 그들은 볼 수 있는 모든 것을 초월하여 언제나 하느님께 결합하려고 하는 "내적 인간으로는 하느님의 법을 두고 기뻐하지만"(로마 7,22) "자기 지체 안에서는 다른 법을 나는 본다"(로마 7,23). 인간의 본성에 들

어 있는 이 법은 "이성의 법과 대결하며"(로마 7,23) 죄악의 격렬한 법에 따라 그들의 정신을 사로잡아서 최고선을 버리고 지상의 것들을 생각하게 만든다. 종교가 요구하는 어떤 일 때문에 그런 생각들이 필요하고 유익할 수도 있지만, 모든 성인이 즐겨 바라보는 관상의 대상에 비하면 나쁘고 피해야 할 것으로 보인다. 그런 생각들은 어떤 모양으로든 잠시라도 그들을 저 완전한 행복의 기쁨을 느끼지 못하게 하기 때문이다.

사실 인류는 첫 조상의 범행으로 참으로 죄의 법에 걸렸다. 다시 말해 그의 잘못을 보고 지극히 정의로운 판관께서 다음 선고를 내리신 것이다. "땅은 너 때문에 저주를 받으리라. … 땅은 네 앞에 가시덤불과 엉겅퀴를 돋게 하고 너는 얼굴에 땀을 흘려야 양식을 먹을 수 있으리라"(창세 3,17-19). 내가 말하는 바는 이것이 모든 인간의 지체 안에 박혀 있는 법, 우리 이성의 법과 대결하여 하느님의 얼굴을 바라보지 못하게 하는 법이라는 것이다. 그 법에 따라 인간이 선과 악을 알고 난 뒤에 저주받은 땅은 우리 생각들 가운데에 가시덤불과 엉겅퀴를 싹트게 한다.[4] 그 나쁜 싹들의 가시들이 덕행들의 자연스러운 씨앗을 숨 막히게 하여 우리는 "하늘에서 내려와"(요한 6,33) "인간의 마음에 생기를 돋우는"(시편 104,15) 우리의 빵을 얼굴에 땀을 흘려야만 먹을 수 있게 되었다. 그러니 온 인류는 예외 없이 이 보편적 법칙의 지배를 받는다. 앞에서 말한 빵은 아무리 거룩한 사람이라도 얼굴에 땀을 흘리고 마음의 정성을 다하지 않고서는 먹을 수 없다. 그런데 일상적 빵이라면 많은 부자들이 얼굴에 땀을 전혀 흘리지 않고 그것을 먹고 있다는 것을 우리는 볼 수 있다.

---

4 여기서부터 테오나스가 성경을 우의寓意적으로 해석하는 것에 주목하기 바란다. 가시덤불과 엉겅퀴는 잡다한 생각으로, 빵은 성체로 이해한다.

12. 사도(바오로)는 이 법도 영적이라고 주장한다. "우리가 알고 있듯이 율법은 영적인 것입니다. 그러나 나는 육적인 존재, 죄의 종으로 팔린 몸입니다"(로마 7,14). 사실 "하늘에서 내려온" 그 참된 빵을 얼굴에 땀을 흘리고 먹으라고 우리에게 명하는 법은 영적인 것이다. 그러나 우리는 죄에 팔려서 육적인 몸이 된다. 그 죄는 어떤 죄이고 누구의 죄일까? 틀림없이 그것은 아담의 죄로, 이를테면 그의 타락과 손해 보는 거래와 속임 당한 거짓 장사로 말미암아 우리가 팔린 것이다. 그는 뱀의 약삭빠른 말에 넘어가 금지된 열매를 따 먹음으로써 자신의 모든 후손을 영원한 노예의 멍에에 넘겼다. 파는 이와 사는 이 사이의 관례는 과연 이렇다. 남의 소유가 되겠다는 사람은 자기를 사는 이에게 자기 자유를 포기하고 영구적 종노릇을 받아들이는 대가를 받게 되어 있다. 아담과 뱀 사이에도 이 거래가 이루어졌다는 것을 명백히 알 수 있다. 아담은 금지된 나무의 열매를 따 먹음으로써 자기 자유에 대한 대가를 받고 타고난 자유를 포기했다. 금지된 열매라는 치명적 대가를 준 자의 영원한 노예가 되기로 한 것이다. 그는 이제부터 노예의 신분이 되어서 그 뒤에 생기는 모든 후손도 당연히 자기가 섬기게 된 자의 종이 되게 했다. 노예의 혼인이 노예 말고 다른 무엇을 낳을 수 있겠나?

이제 어떻게 되겠는가? 교활하고 약삭빠른 저 구매자가 합법적 참주인에게서 소유권을 빼앗았겠나? 아니다. 악마는 한 번의 간교한 사기로 하느님의 소유를 침범했지만 참된 주인이 주권을 잃을 정도로 다 빼앗을 수는 없었다. 사실 구매자 자신도 도망가고 배반했지만 하느님께서는 그를 영원한 종살이로 누르고 계신다. 그러나 창조주께서는 이성 있는 모든 피조물에게 자유의지를 주셨으니, 그분은 천명天命을 거슬러 식욕에 자신을 팔아넘긴 자들을 억지로 다시 본디의 자유로 부르실 필요는 없었다. 정의와 관대함의 원천이신 하느님께서는 선함과 공정함에 반대되는 모든 것을 싫어하신다. 만일 그분께서 허락한 자유를 취소하셨다면, 그것은 선하지 않은 것이었을 테고, 또 자유를 지닌 사람을 권세로 억누르고 받아 놓은 자유의 권한을 실행하지 못하게 하셨다면, 그것은 정의롭지 않았을 것이다. 하느님께서는 인간의 구원을 장차 올 시대를 위해 따로 남겨 두어 합당한 순서에 따라 완성의 시기를 정하셨다. 아담의 후예들은 첫째 주인이 자기 피의 대가로 얻은 은총을 통해 본디의 사슬을 벗어나게 하고 옛 자유의 신분을 복구할 때까지 조상의 형편 안에 머물러야 했다. 주님께서는 그들을 당장 구원하실 수도 있었다. 하지만 그렇게 하시려 하지 않았다. 그분은 형평衡平상 당신이 정하셨던 처벌 규정을 깨뜨리실 수 없었다.

무엇 때문에 팔렸는지 알고 싶은가? 이사야 예언자를 통해 똑똑히 선언하시는 그대 구원자의 말씀을 들어라. "내가 너희 어미를 쫓아내며 써 준 이혼 증서가 어디 있기라도 하더냐? 네 빚쟁이들 가운데 누구에게 내가 너희를 팔아넘겼던 말이냐? 바로 너희 죄 때문에 너희가 팔려 갔고 너희 죄악 때문에 너희 어미가 쫓겨 갔다"(이사 50,1). 또 노예의 멍에에 걸린 그대를 주님께서 왜 당신 권세로 구원하시려 하지 않았는지 똑똑히 알고 싶은가? 위와 같이 자원해서 팔려 간 종들에게 그 원인에 대해 꾸짖으시는 말씀에 덧붙이는 말씀을 들어 보라. "내 손이 너무 짧아 구해 낼 수가 없다는 말이냐? 아니면 내가 힘이 없어 구원할 수가 없다는 말이냐?"(이사 50,2). 그런데 주님의 지극히 강력한 자비에 방해가 되는 것이 무엇인지 같은 예언자가 다음과 같이 보여 준다. "보라, 주님의 손이 짧아 구해 내지 못하시는 것도 아니고 그분의 귀가 어두워 듣지 못하시는 것도 아니다. 오히려 너희 죄악이 너희와 너희 하느님

사이를 갈라놓았고 너희의 죄가 너희에게서 그분의 얼굴을 가리어 그분께서 듣지 않으신 것이다”(이사 59,1-2).

13. 하느님의 첫 번째 저주는 우리를 육적 존재로 만들어 가시와 엉겅퀴로 처벌했다는 것과 우리 조상이 악한 거래로 우리를 팔아넘겨 우리가 원하는 선을 행하지 못하게 되었다는 것이다. 그래서 우리는 지극히 위대하신 하느님께 대한 생각에서 떨어져 나와 인간의 나약함에 속한 일에 마음을 쓸 수밖에 없다. 우리 안에 순결에 대한 사랑이 불타고 있어도 우리가 알고 싶지 않은 본성상의 자극들이 본의 아니게 우리를 괴롭히니 “우리 육 안에 선이 자리 잡고 있지 않음을 압니다”(로마 7,18). 다시 말해서, 앞서 말한 대로 우리는 언제나 계속해서 관상과 순결 안에 조용히 머물 수 없다는 것이다. 그 대신에 우리 안에는 악하고 슬픈 분열이 생겼다. 이성으로 우리는 하느님의 광채에서 시선을 돌리지 않고 하느님의 법을 지키려고 한다. 그러나 우리는 육의 어둠에 에워싸여 있기에 죄의 법칙이 우리가 아는 선으로부터 우리를 강제로 떼어 놓는다. 첫 번째 죄인이 하느님에게서 마땅히 받은 판결이 죄의 법이 되어서 우리를 드높은 정신의 상태에서 세속에 대한 관심과 걱정으로 떨어뜨렸기 때문이다.

그래서 복된 사도는 자신을 비롯해 모든 성인이 피할 수 없는 그런 죄의 강요를 받지만 그로 인해 그들 가운데 누구도 단죄받지 않는다고 이렇게 대담하게 선언하고 있다. “이제 그리스도 예수님 안에 있는 이들은 단죄를 받을 일이 없습니다. 그리스도 예수님 안에서 생명을 주시는 성령의 법이 나를 죄와 죽음의 법에서 해방시켜 주었기 때문입니다”(로마 8,1-2). 다시 말해, 매일 받는 그리스도의 은총은 잘못에 대해 용서를 비는 그분의 성인들을 본의 아니게 계속 떨어질 수밖에 없는 죄와 죽음의 법에서 풀어 준다. 그래서 복된 사도는 죄인들의 이름으로가 아니라 거룩하고 완덕에 이른 사람들의 이름으로 이렇게 말했다. "선을 바라면서도 하지 못하고, 악을 바라지 않으면서도 그것을 하고 맙니다"(로마 7,19). 또 "지체 안에는 다른 법이 있어 내 이성의 법과 대결하고 있음을 나는 봅니다. 그 다른 법이 나를 내 지체 안에 있는 죄의 법에 사로잡히게 합니다"(로마 7,23).

14. 게르마누스: 저희 생각에 이 말씀은 대죄를 짓는 사람에게 사도나 그분과 같은 수준의 사람들에게도 들어맞지 않습니다. 오히려 하느님의 은총을 받은 뒤 진리는 인정하여 육의 악습을 피하려고 하지만 지체가 자연 법칙처럼 옛 습관에 깊이 사로잡힌 나머지 오랫동안 뿌리박힌 욕정에 끌려가는 사람들에 대한 말씀으로 이해해야 된다고 봅니다. 사람이 습관적으로 자주 죄를 범하면 그것이 자연법과 같은 것이 됩니다. 그것이 나약한 인간의 지체 속에서 작용하여 아직도 덕행의 훈련을 충분히 받지 못하고 순결의 초보적 단계에 머물고 있는 사람의 마음을 악습으로 끌고 갑니다. 그래서 그런 사람들은 옛 죽음의 법에 지배를 받아 죄의 멍에를 지게 되므로 그들이 사랑하는 선하고 깨끗한 일에 도달하지 못하고 오히려 미워하는 악을 행하고야 맙니다.

15. 테오나스: 그대들의 생각이 상당히 발전했다. (로마서의 말씀이) 철저한 죄인인 사람들에게는 전혀 해당되지 않고 육의 악습을 멀리하려고 노력하는 사람들에게 해당된다는 것을 그대들도 이제 인식하기 시작했다. 그대들이 그런 사람들을 죄인들과 구별하게 되었으니, 그들

을 점차 신앙인과 성인들의 대열에 넣어야 할 것이다. 세례의 은총을 받은 다음에 죄를 지어도 매일 받게 되는 그리스도의 은총으로 해방되는 사람들은 어떤 종류의 죄를 범할 수 있다고 생각하는가? 또 사도가 "누가 이 죽음에 빠진 몸에서 나를 구해 줄 수 있습니까? 우리 주 예수 그리스도를 통하여 나를 구해 주신 하느님께 감사드립니다"(로마 7,24-25)라고 말할 때 어떤 죽음의 몸을 가리킨다고 생각해야 되겠나? 그대들도 진리대로 시인하지 않을 수 없었듯이 여기서 말하는 것은 영원한 죽음의 벌을 받아야 할 대죄들을 범하는 몸, 살인, 불륜, 간음, 술주정, 도둑질, 강도 같은 죄를 범하는 몸이 아니다. 사도가 가리키는 것은 그리스도의 은총이 매일 도움을 주는 몸이다. 만일 누가 세례를 받고 하느님을 알고 난 다음에 저 죽음에 빠진 몸[5]에 떨어진다면, 그는 일상에서 우리가 받는 그리스도의 은총, 우리가 기도하면 우리 주님께서 우리 잘못들에 대해 매 순간마다 우리에게 쉽게 베푸시는 용서를 통해 다시 깨끗해질 수 없다. 오랫동안 고행을 하고 속죄의 고통으로 그 죄를 씻어야 한다. 그렇지 않으면 그는 앞으로 영원한 불의 벌을 받아야 한다. 이에 대해 사도도 다음과 같이 주장한다. "착각하지 마십시오. 음행을 저지르는 자도 간음하는 자도 남창도 비역하는 자도, 도둑도 탐욕을 부리는 자도 주정꾼도 중상꾼도 강도도 하느님의 나라를 차지하지 못합니다"(1코린 6,9-10).

이제 우리 이성의 법을 거슬러 우리 지체들 안에서 싸움으로써 우리의 저항에도 불구하고 죄와 죽음의 법으로 우리를 사로잡고, 육으로는 노예로 만들면서도 이성으로는 하느님의 법을 섬기도록 허용하는 법

5 앞에서 말한 대죄. 테오나스의 입장은 너무 엄격하다는 것을 십자가에서 즉시 예수님의 용서를 받은 죄수를 보고 알 수 있을 것 같다.

은 무엇이겠나? 나는 여기서 말하는 죄의 법이 악습을 가리키거나 앞에서 열거한 큰 죄악으로 이해할 수 있다고 생각하지 않는다. 그런 죄를 저지르는 사람은 이성으로 하느님의 법을 섬기지 않는다. 이미 마음으로 그 법을 이탈하지 않으면 육으로 저런 죄를 범하지 않는다. 죄의 법을 섬기는 것이 죄가 명하는 것을 실행하는 것 아니고 무엇이겠나? 그것은 지극히 거룩하고 완전한 사람도 자기를 사로잡는다고 느끼는 법이 아니겠는가? 사도는 동시에 그리스도의 은총으로 그것에서 해방될 것을 확신하여 이렇게 말하고 있다. "나는 과연 비참한 인간입니다. 누가 이 죽음에 빠진 몸에서 나를 구해 줄 수 있습니까? 우리 주 예수 그리스도를 통하여 나를 구해 주신 하느님께 감사드립니다"(로마 7,24-25). 우리 지체들 안에 있는 그 법은 우리를 하느님의 법에서 떠나게 하여 죄의 법에 사로잡아 우리를 그저 죄 있는 정도가 아니라 불행하게 만든다. 그래서 우리는 그로 인하여 영벌永罰을 받게 된 것보다 오직 복된 기쁨이 중단된 것을 탄식하며 그 기쁨으로 우리를 다시 끌어 주실 분을 찾으면서 사도와 함께 이렇게 외친다. "나는 과연 비참한 인간입니다. 누가 이 죽음에 빠진 몸에서 나를 구해 줄 수 있습니까?"(로마 7,24). 죄의 법에 사로잡힌다는 것이 죄의 결과와 행동에 머문다는 것 아니고 무엇이겠나? 그리고 앞에서 말한 것처럼 성인들이 완수하지 못하는 가장 훌륭한 선은 무엇이겠나? 그 선과 비교하면 다른 모든 선은 선하지도 않다. 사실 우리는 이 세상에 많은 선한 것들이 있다는 것을 알고 있다. 그 가운데 특히 순결과 자제, 절제, 겸손, 정의, 자비, 중용, 효도 같은 것이 중요하다. 하지만 이 모든 것이 저 가장 훌륭한 선과 같을 수는 없다. 그리고 그 선들은 사도만이 아니라 평범한 사람도 실행할 수 있는 것들이다. 그런 선을 수행하지 않는 사람은 영벌을 받거나 앞에서 말한 큰 보속을 치러야 한다. 그리스도의 일상 은총으로써 자신의 해방을 기대해서는 안 된다.

따라서 사도의 그 견해는 오직 성인들에게만 해당된다고 보아야 한다. 성인들은 큰 악행의 법 말고 우리가 말한 죄의 법에 매일 걸려도 자기 구원에 대하여 확신을 가지고 있다. 그들은 큰 죄악에 빠지지는 않고 다만 자주 말한 대로 하느님을 관상하다가 비참하게도 육적인 생각에 떨어져 저 참된 행복의 선을 자주 잃곤 한다. 만일 그들이 자기 지체의 법으로 인해 매일 대죄를 범한다고 생각했다면 그들은 행복을 잃는다고 걱정하기보다 결백을 잃는다고 걱정했을 것이다. 그런 것이었다면 바오로는 "비참한 인간"(로마 7,24)이라고 하지 않고 "불결한 인간", "사악한 인간"이라고 했을 것이고, 죽어야 할 조건을 가리키는 죽음에 빠진 몸이 아니라 이 육체의 죄악에서 해방되기를 원했을 것이다. 하지만 나약한 인간 조건의 포로가 되어 죄와 죽음의 법이 일으키는 육체적 관심과 걱정에 빠지곤 하는 바오로는 본의 아니게 걸리는 죄의 법에 대해 탄식하면서 바로 그리스도께 달려가 그분의 은총에 의하여 즉시 구원을 받는다. 이와 같이 자연히 세속적 생각과 걱정이라는 가시덤불과 엉겅퀴를 자라게 하는 저 죄의 법이 사도의 가슴에 싹트게 하는 모든 걱정은 이 은총의 법으로 곧 뽑힌다. "그리스도 예수님 안에서 생명을 주시는 영의 법이 그대를 죄와 죽음의 법에서 해방시켜 주었기"(로마 8,2) 때문이다.

16. 피할 도리가 없는 죽음에 빠진 몸이란 이런 것이다. "주님께서 얼마나 좋으신지"(시편 34,9) 맛본 완전한 자들도 매일 거기에 걸려서 예언자와 함께 "자신의 주 하느님을 저버린 것이 얼마나 나쁘고 쓰라린지"(예

레 2,19 불가타)를 느낀다. 이 죽음에 빠진 몸은 천상을 바라보는 상태에서 그들을 물러서게 하여 지상의 것으로 끌고 가며, 시편을 노래하며 엎드려 기도하고 있는 가운데서도 인간의 영상이나 말, 또는 불필요한 거래나 행동을 생각하게 한다. 천사들의 성덕을 모방하고 끊임없이 주님께 붙어 있으려 해도 죽음에 빠진 몸이 방해가 되어 그 선을 완전히 누리지 못하고 그들은 원하지 않는 악을 행한다. 다시 말하면 그들의 정신이 덕행의 발전과 완성에 속하지 않는 것을 생각하게 된다는 것이다.

사도는 여기서 거룩하고 완전하고 자기와 닮은 사람들에 대하여 말하고 있다는 것을 똑똑하게 보여 주기 위하여 자신을 손가락으로 가리키고 있다. 곧, "이렇게 나 자신"(로마 7,25)이라고 하면서 남이 아니고 자기 양심의 숨겨진 것을 밝히고 있다는 것을 보여 준다. 사도는 다른 데서도 흔히 이런 식으로 표현한다. 예를 들어, "나 바오로가 그리스도의 온유와 관용에 힘입어 여러분에게 직접 권고합니다"(2코린 10,1), "나 자신이 여러분에게 폐를 끼치지 않았다는 것만 제외하고 말입니다"(2코린 12,13), "나 자신은 여러분에게 짐이 되지 않았습니다"(2코린 12,16), "나 바오로가 여러분에게 말합니다. 만일 여러분이 할례를 받는다면 그리스도는 여러분에게 아무 소용이 없을 것입니다"(갈라 5,2). 또 로마 신자들에게는 "사실 육으로는 내 혈족인 동포들을 위해서라면, 나 자신이 저주를 받고 싶은 심정입니다"(로마 9,3)라고 한다. 그런데 여기서 바오로가 일부러 "그러므로 나 자신"이라는 것을 특별히 강조했는지도 모른다. 다시 말해서 이 말씀을 이렇게 이해할 수 있다. 곧, '여러분이 그리스도의 사도로 알고 있는 그 사람, 여러분이 탄복하고 여러분이 지극히 높고 완전하다고 보는 이 사람, 그리스도의 말씀을 전하는 사람으로 인정하는 이 사람이지만 나도 이성으로 하느님의 법을 섬겨도 육으로는 죄의 법을 섬긴다는 사실을 시인합니다. 인간의 애매한 조건 때문에 천상에서 가끔 지상으로 떨어지고 이성의 높은 위치에서 낮은 것들에 대한 관심에 빠집니다. 나는 순간마다 죄의 법에 사로잡혀 있음을 느낍니다. 그래서 하느님의 법에 대한 열망을 꾸준하게 간직하고 있지만 구원자의 은총에 계속 의탁하지 않고서는 저 종살이의 세력을 도저히 벗어날 수 없다는 것을 경험합니다.'

17. 그래서 모든 성인은 본성의 나약함을 뼈저리게 느껴 날마다 탄식하며 잡다한 생각과 양심의 비밀스럽고 숨겨져 있는 곳을 뒤지면서 큰 소리로 이렇게 애원한다. "당신의 종과 함께 법정으로 들지 마소서. 산 이는 누구도 당신 앞에서 의로울 수 없습니다"(시편 143,2). "'나는 내 마음을 깨끗이 보존하여 죄 없이 결백하다'고 누가 말하랴?"(잠언 20,9). "선을 행하고 죄를 짓지 않는 의로운 사람은 세상에 없다"(집회 7,21 칠십인역). "허물을 누가 알겠습니까?"(시편 19,13). 이처럼 그들은 인간의 의로움이 약하고 불완전하며 언제나 하느님의 자비가 필요하다고 여겼다.

하느님께서 제단에서부터 보낸 불타는 말씀의 숯 덩어리로 한 사람의 불의와 죄를 씻으셨다. 그 사람은 신비롭게 하느님을 관조하고 숭고한 사랍을 바라보며 천상 성사들의 계시를 받고는 이렇게 말했다. "큰일 났구나. 나는 이제 망했다. 나는 입술이 더러운 사람이다. 입술이 더러운 백성 가운데 살고 있다"(이사 6,5). 내 생각에는 그가 하느님을 관조함으로 완전하고 온전한 참깨끗함을 인식하게 되지 않았다면 자기 입술의 더러움을 감지하지 못했을 것이다. 하느님을 관상함으로써 그는 이전에 몰랐던 자기의 더러움을 갑자기 깨닫게 되었다. 그가 "큰일 났구나. 나는 입술이 더러운 사람이다"라고 할 때, 그는 백성의 더러움이 아니라 자기 입술의 더러움을 고백한다.

"입술이 더러운 백성 가운데 살고 있다"는 그다음 말에 잘 드러나는데, 그는 기도할 때 보편적이라고 할 수 있는 모든 죄인들의 부정함을 고백한다. 불의한 자들만 생각하지 않고 의인들의 무리를 포함시켜 보편적으로 이렇게 간구한다. "당신께서 진노하셨고 저희는 죄를 지었습니다. 늘 그 안에 있어도 구원을 받았지만 이제 저희는 모두 부정한 자처럼 되었고 저희의 의로운 행동이라는 것들도 모두 개짐과 같습니다"(이사 64,4-5 불가타).[6] 이보다 더 명백한 표현이 있을 수 있을까? 예언자는 특정한 의로운 행위가 아니라 우리의 모든 의로운 행위를 다 포함해 말한다. 그리고 몸서리치게 하는 부정한 모든 것을 두루 보면서 인간 생활에 개짐보다 더 더럽고 부정한 것을 찾지 못해 우리 의로움을 개짐에 비유한다.

그러니 환하게 드러난 진리에 반대되는 까다로운 논증을 들어도 소용이 없다. 다시 말해 그대들이 조금 전에 말한 것, 곧 '죄 없는 사람이 아무도 없다면 성인도 없다. 성인이 아무도 없다면 아무도 구원을 받을 수 없다'[7]는 그 논증은 효력이 없다는 것이다. 예언자의 고백은 이 문제의 매듭을 풀어 준다. 그는 "당신께서 진노하셨고 저희는 죄를 지었습니다"(이사 64,4)라고 했다. 그 뜻은 이렇다. 곧, 당신께서 우리 마음의 자만심과 우리 태만 때문에 당신 도움을 거두시니 우리가 당장 죄악들의 소용돌이에 휘말렸다는 것이다. 그것은 누가 화려하게 빛나는 태양에게 "네가 지니 우리가 즉시 깜깜한 어둠에 덮였다"고 하는 것과 같다.

---

6 테오나스가 뒤에서 펴는 논증은 이 잘못된 라틴어 본문을 전제한다.

7 참조: 『담화집』 22,8.

그렇지만 예언자는 여기서 성인들이 죄를 지었고, 죄를 지은 것만이 아니라 늘 죄 안에 머물러도 구원에 대한 희망을 절대로 버리지 않는다는 뜻으로 "늘 그 안에 있어도 구원을 받는다"(이사 64,4)고 덧붙였다.

그래서 나는 "당신께서 진노하셨고 저희는 죄를 지었습니다"(이사 64,4)라는 예언자의 말은 "나는 과연 비참한 인간입니다. 누가 이 죽음에 빠진 몸에서 나를 구해 줄 수 있습니까?"(로마 7,24)라고 하는 사도의 말과 비슷하다고 본다. 마찬가지로 "늘 그 안에 있어도 구원을 받는다"는 예언자의 말은 "우리 주 예수 그리스도의 은총을 통하여 나를 구원해 주시는 하느님"(로마 7,25)이라는 사도의 말씀과 통한다. 마찬가지로 "큰일 났구나. 나는 입술이 더러운 사람이다. 입술이 더러운 백성 가운데 산다"(이사 6,5)는 예언자의 말은 앞에서 인용한 "나는 과연 비참한 인간입니다. 누가 이 죽음에 빠진 몸에서 나를 구해 줄 수 있습니까?"(로마 7,24)라는 말과 비슷하다. 또 이어서 나온 예언자의 말씀, 곧 "사랍들 가운데 하나가 제단에서 타는 숯을 부집게로 집어 손에 들고 나에게 날라와, 그것을 내 입에 대고 말하였다. '자, 이것이 너의 입술에 닿았으니 너의 죄는 없어지고 너의 죄악은 사라졌다'"(이사 6,6-7)라는 말씀은 "우리 주 예수 그리스도의 은총을 통하여 나를 구원해 주시는 하느님"(로마 7,25)이라는 바오로의 말과 똑같지 않은가? 그대들이 보다시피 모든 성인은 대중의 이름으로가 아니라 자기 자신의 이름으로 스스로 죄인이라고 참으로 고백한다. 그래도 그들은 자기 구원에 대하여 의심하지는 않는다. 인간의 나약함으로 얻을 수 없다고 생각하는 완전한 의화를 주님의 은총과 자비로 얻게 되리라고 확신한다.

18. 아무리 거룩해도 이승에서 죄에 걸려들지 않는 사람은 아무도 없

다는 것을 구원자의 가르침에서도 알 수 있다. 주님께서 제자들에게 완전한 기도문을 전하실 때, 그것은 거룩하고 완전한 사람들에게만 해당되는 고귀하고 성스러운 계명이었다. 따라서 그 내용은 악하고 믿음 없는 사람들에게 맞지 않는다. 그래도 주님께서 그 가운데 "저희에게 잘못한 이를 저희도 용서하였듯이 저희 잘못을 용서하소서"(마태 6,12)라는 말을 넣으라고 하셨다. 그러니 우리가 의심 없이 믿어야 할 바대로 성인들이 이 기도를 진정으로 바친다면, 죄가 없다고 주장할 정도로 완고하고 당돌한 사람이 있을 수 있겠나? 그 정도로 악마 같은 교만으로 부풀어 오른 사람이 있다면 그는 스스로 사도들보다 더 위대한 사람으로 자처하는 것일 뿐 아니라 구원자마저도 무식하거나 어리석은 사람으로 여기는 것이다. 다시 말하면 그는 구원자께서 죄에 걸리지 않는 사람이 없다는 것을 모르셨거나 아니면 이 기도의 약이 필요 없다고 생각하는 사람들을 공연히 가르치셨다고 주장하는 셈이다. 그런데 모든 성인이 빠짐없이 자기 임금의 계명을 지키면서 매일 "저희 죄를 용서하소서"라고 기도하니, 그들의 말이 옳다면 죄 없는 사람이 없는 것이고, 그들이 헛말을 한다면 그들은 마찬가지로 거짓말하는 죄를 범하는 것이다. 그래서 지극히 지혜로운 설교자도 인간의 모든 활동과 관심사를 마음으로 두루 살피다가 예외 없이 "죄를 짓지 않고 선만을 행하는 의로운 인간이란 이 세상에 없다"(코헬 7,20)고 주장한다. 다시 말해 이 세상에서 누가 아무리 거룩하고 부지런하고 정성스러워도 참되고 유일한 선과 끊임없이 결합되어 있을 수 있는 사람은 옛날도 없었고 앞으로도 없다는 것이다. 누구나 날마다 거기서 멀어지고 잘못한다는 말이다. 그러나 죄가 없을 수 없다고 해도 자신이 의롭다는 것을 부정하지는 않는다.

19. 그러므로 인간의 본성이 죄를 피할 수 있다고 주장하려면 말로만 논쟁을 하지 말고 자기 양심을 증거로 내세우기 바란다. 저 가장 고귀한 선에서 갈라지는 일을 경험하는 일이 없을 때에만 죄 없다고 주장하라. 달리 말할 것도 없이, 자기 양심을 보고 예배 한 번 드리는 동안만이라도 말이나 행동이나 생각에 전혀 분심을 느끼지 않고 거행했을 때에 죄 없다고 주장하라. 그러나 우리는 쉽게 방황하는 인간의 정신이 쓸데없고 불필요한 것들을 만날 수밖에 없다는 것을 고백하지 않을 수 없으니, 우리는 진실하게 죄가 없을 수 없다는 결론을 내려야 한다. 우리가 우리 마음을 지키려고 아무리 주의를 기울여도 육의 본성이 장애물이 되어서 영이 원하는 대로 지킬 수 없다.

사람의 정신이 앞으로 나아가면서 더욱 깨끗한 관상에 이르게 되면 그 깨끗함이 거울의 역할을 하여 사람은 자기를 더욱 불결한 자로 보게 된다. 영혼이 더욱 숭고한 것을 내다보고 지금 하고 있는 것보다 멀리 보이는 더 큰 것을 갈망하면 현재의 상태를 비참하고 가치 없는 것으로 생각하고 멸시할 수밖에 없다. 우리가 순수한 눈으로 더 많은 것을 분간하게 되며 티 없는 생활을 하면 통회의 고통을 더 크게 느낀다. 그리고 품행을 고치고 덕행을 닦으려 노력하면 할수록 우리는 더욱 탄식하고 신음하게 된다. 사실 아무도 자기가 도달해 있는 현 단계로 만족할 수 없다. 마음이 깨끗할수록 사람이 자기를 더럽게 보며 자만심보다 겸손해질 이유를 더 많이 발견하게 된다. 높은 데로 신속히 올라갈수록 목적지까지 남은 거리가 더 멀어 보인다.

예수님이 사랑하시던 제자, 예수님의 품에 기댔던(요한 13,22 참조) 그 탁월한 제자도 주님의 가슴에서 나오는 것 같은 이런 말을 했다. "우리가 죄 없다고 말한다면, 우리는 자신을 속이는 것이며 우리 안에 진리가 없는 것입니다”(1요한 1,8). 따라서 우리가 만일 죄 없다고 말한다면 우리 안에 진리, 곧 그리스도가 없다는 것이다. 따라서 이런 주장 자체로 우리 자신을 죄인들 가운데서도 흉악하고 불경스러운 자로 선언하는 것일 뿐이다.

20. 끝으로, 인간 본성으로 죄 없이 살 수 있는지 하는 문제를 본격적으로 탐구하려면 그것을 누구에게서 가장 명확하게 배울 수 있을까? “육을 그 욕정과 욕망과 함께 십자가에 못 박은 사람”(갈라 5,24), 또는 세상을 십자가에 못 박은(갈라 6,14 참조) 사람들이 아니겠나? 그들은 자기 마음에서 모든 악습을 뿌리째 뽑았을 뿐 아니라 죄에 대한 생각과 기억도 배제하려고 애를 쓰는 이들이지만 그런 이들조차 한시라도 죄의 얼룩 없이 지낼 수 없다는 것을 솔직하게 고백한다.

21. 스스로 죄인임을 시인한다고 해도 성체를 받아 모시는 것을 그만두어서는 안 된다. 오히려 영혼의 치료와 정신의 정화를 위하여 우리는 더욱 큰 열망으로 성체를 모시러 달려가야 한다. 다시 말해, 그렇게 큰 은총을 영하기에 합당하지 않다고 생각하면서 겸손한 마음과 믿음으로 우리의 상처를 치유할 것을 찾아 나서야 한다. 그렇게 생각하지 않으면 일 년에 한 번이라도 성체를 영할 자격이 없다. 사실 수도원에 사는 사람 중에 그런 사람들이 있다. 그런 자들은 천상 성사의 품위와 거룩함과 가치를 따져 보면 거룩하고 흠 없는 사람만이 감히 성체를 영할 수 있다고 생각하는데, 성사가 오히려 그것을 영하는 사람을 거룩하고 깨끗하게 만든다는 사실을 모른다. 이렇게 그들은 오만을 피한다고 생각하지만 오히려 주제넘은 죄를 더 크게 범한다. 그들은 성체를 모실

때 자기가 자격이 있다고 생각하기 때문이다. 이보다는 우리가 이 거룩한 성사를 모시기에 전혀 자격이 없다는 것을 믿고 고백하면서 주일마다 겸손한 마음으로 성사를 우리 병들을 고치는 약으로 받아들이는 것이 더 합당하다. 어리석은 생각으로 부풀어 올랐다가 한 해의 끝에 가서는 자기가 성체를 모실 자격이 있다고 생각하는 것보다 훨씬 낫다는 말이다.

이런 것들을 이해하고 효과적으로 지키며 실천에 옮길 수 있도록 주님의 자비를 더욱 열심히 간구하자. 인간의 다른 기술은 우선 말로써 배울 수 있지만 이런 것들은 오히려 먼저 실천과 체험으로 알게 된다. 그리고 여기에 대하여 우리는 영성 깊은 사람들의 담화를 자주 듣고 연구하며 심화할 뿐 아니라 계속 공부하고 매일의 경험으로 철저하게 연마해야 한다. 그렇지 않으면 관심이 없어지며 이것을 계속 게을리하다가 결국 잊어버리게 될 것이다.

제24담화

• 아브라함 압바의 담화 •

극기에 관하여

1. 이제 그리스도의 은혜를 입어 스물네 번째 담화, 곧 아브라함 압바의 담화를 기록하면 모든 원로의 전통과 규정을 다 전달하게 될 것입니다. 귀하의 기도 도움으로 이 일을 완성하면, 그 숫자는 묵시록에서 금관을 어린양에게 바치는 스물네 원로들(묵시 4,10 참조)의 수와도 신비스럽게 어울리게 되며, 저희가 약속으로 빚진 것을 그로써 모두 갚았다고 봐야 할 것입니다. 그러므로 우리의 스물네 분 원로들이[1] 그 좋은 가르침 덕분에 영광의 관을 쓰게 되었다면 그들은 고개를 숙이고 세상의 구원을 위하여 희생된 그 어린양에게 다시 그 관을 바칠 것입니다. 과연 어린 양이야말로 그 이름의 영광을 위하여 이 원로들에게 그처럼 탁월한 이해를 주셨고, 저희에게는 그처럼 깊은 가르침을 기술할 얼마간의 말재주를 주셨습니다. 자기 재능에 의한 공로가 있다면, 그것은 반드시 모든 선의 근원이신 분께 돌려야 합니다.

저희는 아브라함 압바에게 우리를 공격하는 생각들, 곧 저희 지방[2]

1 카시아누스는 24권의 담화를 갈리아 남부에 사는 몇 명의 지도급 수도승들에게 바쳤다. 담화에서 등장하는 원로들은 15명뿐이지만 카시아누스는 묵시록의 24원로들과 연결시키기 위하여 스물네 분이라고 말한다.

2 ‘지방’(provincia): 카시아누스의 경우는 갈리아.

으로 돌아가서 저희 부모를 다시 뵈어야 한다고 저희를 날마다 충동질하던 생각들을 불안한 마음으로 고백했습니다. 이런 욕구를 느끼게 된 것은, 저희 부모가 깊은 신앙과 영성을 지니고 있다는 기억이 나서 그들이 저희의 결심[3]을 절대로 방해하지 않으리라고 여겼기 때문입니다. 그래서 저희 머릿속에는 늘 이런 생각이 자리 잡았습니다. 곧, 저희 부모가 저희를 정성껏 도와주면 저희가 더 크게 발전할 수 있고, 그렇게 되면 저희는 육신에 필요한 것들에 대한 걱정과 양식을 준비하는 일에 마음 쓰는 것에서 벗어날 수 있을 것이란 생각이었습니다. 다시 말해, 저희에게 필요한 모든 것을 저희 부모는 기쁜 마음으로 충분히 채워 줄 것이라고 생각했던 것입니다. 그뿐만 아니라 저희는 헛된 기쁨에 대한 희망을 마음에 품고 있었습니다. 저희의 표양과 훈계로 구원의 길을 택할 많은 사람의 회개를 통해 저희는 큰 결실을 걷을 줄 믿었던 것입니다. 그다음에는 저희 집안 대대로 내려오는 소유지가 있는 고장과 그 지방의 아름다운 경치가 저희 눈앞에 그려졌습니다. 거기서는 적당히 고독을 누릴 수 있는 넓은 공간도 찾을 수 있고, 수도승이 숲 속에 잘 은신할 수 있을 뿐만 아니라 생활에 필요한 양식도 충분히 찾을 수 있을 것 같았습니다.

이런 모든 것을 저희는 앞에서 말한 원로에게 저희 양심대로 솔직하게 말씀드렸습니다. 그분이 주실 처방을 통하여 하느님의 은총이 저희를 도와주지 않는다면, 저희는 그처럼 심한 충동의 공격을 더 이상 견디지 못하겠다고 눈물로써 고백한 것입니다. 그분은 오랫동안 가만히 계시더니 마침내 깊은 한숨을 쉬시고는 다음과 같이 말씀하셨습니다.

---

3 '결심'(propositum): 수도승생활을 의미한다.

2. 아브라함: 그대들은 아직도 세속 욕망을 포기하지 않고 예전의 욕정을 죽이지 못했다. 그것은 그대들의 병든 생각으로 알 수 있다. 떠도는 그대들의 욕망이 마음의 나태를 드러내듯이 마음으로 받아들여야 할 이 타향살이와 부모와의 이별을 그대들은 몸으로만 참고 있다. 만일 그대들이 이 포기 생활을 택한 뜻과 우리가 고독 속에서 사는 주된 이유를 깨달았다면 저 모든 것은 벌써 묻혔을 것이고, 그것이 그대들의 마음에서 완전히 뽑혀 나갔을 것이다. 따라서 그대들은 잠언이 다음과 같이 표현하고 있는 게으름의 병을 앓고 있는 것으로 생각된다. 곧, "게으름뱅이의 갈망은 헛되고"(잠언 13,4) "게으름뱅이의 욕심은 그를 죽인다"(잠언 21,25).

그대들이 언급한 세속적 이익을 주는 조건들을 생각해 보면, 우리도 그러한 편함을 택할 수 있었을 것이다. 곧, 만일 그것들이 우리의 의도에 알맞은 것이라 여겼고 또 그 쾌적함을 누리면서 이 거친 지역과 육신의 고행에서 얻은 것과 똑같은 결실을 얻을 수 있다고 생각했다면 말이다. 그리고 우리 또한 부모의 도움을 전혀 받을 수 없는 것이 아니니, 재산으로 우리를 기쁘게 부양할 사람이 전혀 없지 않다. 하지만 우리는 육신을 보살피는 것을 모두 배제하라는 구원자의 말씀, 곧 "아버지와 어머니, 자녀와 형제를 버리거나 미워하지 않는 사람은 내 제자가 될 수 없다"(루카 14,26)는 말씀을 기억해야 한다. 그리고 부모의 도움을 전혀 받을 수 없더라도 이 세상의 힘 있는 사람들의 관대가 없지 않다. 그들은 즉시 지극히 너그럽게 깊이 감사하면서 우리에게 필요한 것을 기쁘게 마련해 줄 것이니, 그들의 아낌없는 뒷받침으로 우리는 양식을 장만해야 할 걱정에서 벗어날 수 있을 것이다. 그렇지만 예언자의 다음 저주 말씀이 그런 일을 무섭게 금지하고 있다. 바로 "사람에게 의지하는 자는 저주를 받으리라"(예레 17,5), 또 "제후들을 믿지 마라"(시편 146,3)는 말씀이다. 그리고 우리는 사천 걸음이나 되는 거리로 어깨에 물을 짊어지고 가는 수고 대신에 나일강 언덕에 암자들을 지어 문 앞에서 물을 길어 사용할 수도 있었다. 그렇지만 복된 사도는 우리가 지치지 않도록, 또 그런 고생을 참으라고 늘 이런 말씀으로 우리를 북돋운다. "저마다 수고한 만큼 자기 삯을 받을 뿐입니다"(1코린 3,8). 또 우리 지방에도 경치가 좋은 조용한 곳들이 있다. 그곳에는 많은 과일과 아름답고 풍요로운 정원이 있어서 우리 양식에 필요한 것을 별다른 육체노동 없이 얻을 수 있다는 것을 알고 있다. 그러나 우리는 복음서에서 부자에게 힐책하시는 말씀, 곧 "너는 살아 있는 동안에 좋은 것들을 받았다"(루카 16,25)라는 말씀을 들을까 두렵다.

우리는 이 모든 것을 이 세상의 쾌락과 함께 무시하고 업신여겼다. 그 대신에 우리는 이 지역의 거칠음을 즐기고 모든 쾌락보다 이 무서운 사막을 더 좋아한다. 우리에게는 이 황량한 사막에 비하면 비옥한 땅도 가치가 없다. 우리는 일시적 육체의 이익이 아니라 영원한 영의 이득을 추구하기 때문이다. 수도승은 한 번 포기한 것만으로는 부족하다. 현세적인 것을 매일 꾸준히 포기하지 않는다면 회개의 시작에 그렇게 했다는 것만으로는 부족한 것이다. 우리는 이곳에서 일생을 마칠 때까지 예언자와 함께 이렇게 말해야 하겠다. "당신께서는 제가 사람의 날을 원하지 않은 줄을 당신은 아십니다"(예레 17,16 불가타). 그래서 주님께서도 복음에서 "누구든지 내 뒤를 따라오려면, 자신을 버리고 날마다 제 십자가를 지고 나를 따라야 한다"(루카 9,23)고 말씀하셨다.

3. 그래서 내적 인간의 결백을 추구하는 일에 언제나 깨어 있는 사람

은 너무나 풍요롭고 비옥해서 경작해야 되겠다는 분심을 일으키지 않는 지역을 찾아야 한다. 다시 말해 가만히 방 안에 틀어박혀 있지 않고 바깥에서 일하도록 자극하는 곳을 피해야 한다. 그렇지 않으면 생각들이 밖으로 쏟아지게 되며, 마음은 방향을 잃고, 목표에 대한 섬세한 시선이 전부 흐트러질 수밖에 없다. 몸과 마음을 끊임없이 담벼락 안에 가두지 않으면 아무리 열심히 자기 자신을 감시하더라도 그런 산란함을 피하거나 알아차리지 못한다. 그런 사람은 뛰어난 낚시꾼처럼 사도들의 기술로 자기 양식을 찾아야 한다. 깊이 주의하고 조금도 움직이지 않으며 자기 마음의 고요한 밑바닥에서 헤엄치는 생각들의 무리를 잡아 보라. 솟아오른 바위에 서서 주의를 기울이며 깊은 곳을 바라보고 어떤 것을 유익한 것으로 여겨 자기에게로 낚아 당겨야 하는지, 또 어떤 것을 나쁘고 해로운 물고기로 여겨 무시하고 뿌리쳐야 할 것인지 예리한 분별로 판단하라.

4. 이와 같이 자기 자신을 끊임없이 살핀다면 누구나 하바쿡 예언자가 절묘히 표현한 일을 효과적으로 수행할 수 있을 것이다. 그는 "나는 내 초소에 서서, 성벽 위에 자리 잡고서 살펴보리라. 그분께서 나에게 무어라 말씀하시는지, 내 하소연에 어떻게 대답하시는지 보리라"(하바 2,1)라고 했다. 그 일이 얼마나 수고스럽고 어려움이 많은지 이른바 칼라무스나 포르피리온이라고 하는 사막에 사는 이들의 경험이 분명하게 입증한다. 그들을 모든 마을과 사람들이 사는 집에서 멀리 떨어지게 한 그 거리는 스케티스 사막의 경우보다 더 멀다. 칠팔 일 넘게 광장히 넓은 황무지를 통과해야만 그들은 자기 암자들이 있는 외딴 곳에 닿는다. 그런데 그들은 봉쇄 속에 머물지 않고 거기서 농사를 짓는다. 그래서

그들은 우리가 지내고 있는 거친 지역이나 스케티스에 오면 끓어오르는 복잡한 생각들과 불안한 마음에 시달리니, 고독의 훈련일랑 조금도 하지 않은 미숙한 사람처럼 암자에 머무르는 것과 침묵의 고요함을 참지 못하고 즉시 거기에서 뛰쳐나와 아무것도 모르는 초보자처럼 혼란에 빠진다. 그들은 항상 정신을 차리고 항구히 주의를 기울임으로써 인간의 내적 동요를 가라앉히고 생각의 폭풍들을 통제하는 일을 배우지 못한 것이다. 그들이 매일 온종일 밖에서 고생하니, 텅 빈 하늘 아래 몸뿐만 아니라 마음도 육신과 함께 움직여 그들의 생각들은 사방으로 흩어진다. 그래서 그들은 자기 영혼의 변덕스런 허영심을 알아차리지 못하고 떠도는 위험한 생각들을 다스리지도 못한다. 계속되는 통회의 노고를 견디지 못해 그들은 침묵 자체를 참을 수 없는 것으로 본다. 힘든 농업에는 지치지 않던 이 사람들이 한가함에는 패배하며 오래 쉬면 힘이 빠진다.

5. 독방에 앉아 있으면 생각들이 아주 좁은 공간에 갇혀 있듯 한곳에 모여 사람을 숨 막히게 하고 많은 불안을 느끼게 하는 것은 이상한 일이 아니다. 이제 밖으로 나가게 되면 생각들은 그 사람과 함께 방에서 뛰쳐나와 고삐 풀린 말처럼 즉시 사방으로 날뛰게 된다. 이렇게 우선 생각들이 자기 마구간 밖으로 나가서 돌아다니면, 사람은 즉시 짧고 슬픈 위안[4]을 느낄 수 있다. 그러다 다시 자기 방으로 돌아가면 온갖 생각들의 무리는 제자리로 뛰어 돌아와 오랜 방종의 습관 탓에 더욱 심한 충동을 일으키게 된다. 아직도 자기 욕구들이 일으키는 충동과 싸울 줄

4 '슬픈 위안': 가짜 위안이라는 뜻.

모르는 사람들의 익숙하지 못한 마음이 아케디아의 공격을 당할 때, 독방 안에서는 불안을 느끼게 된다. 하지만 엄격한 법규를 늦춰 스스로에게 자주 자유롭게 밖으로 나가도록 허락하게 되면, 그들은 자기들이 약으로 생각했던 바로 그 일로 자신을 더욱 치열하게 공격하는 재난을 일으키는 것이다. 그것은 어떤 병자들의 경우와도 비슷하다. 그들은 아주 찬물을 마심으로써 열병의 힘을 끝낼 수 있다고 믿는다. 하지만 바로 그것으로 말미암아 열이 가라앉기는커녕 도리어 더욱 타오르게 된다. 순간적인 완화에는 훨씬 더 큰 괴로움이 따라오는 것이다.

6. 그러므로 수도승은 언제나 정신을 한 곳에 집중해야 한다. 일어나고 돌아가는 모든 생각을 끈질기게 같은 방향으로, 곧 하느님께 대한 의식으로 이끌어야 한다. 그것은 반구半球 모양의 천장을 올려놓는 사람과 같다. 그는 그 반구의 지극히 작은 중심을 확실한 기준으로 삼아 모든 선이 동등하게 돌아가도록 정확히 계산해야 한다. 누군가 그 복판이 되는 중심점을 생각하지 않고서 지극히 훌륭한 자기 기술과 재능만 믿어 그와 같은 건축을 시도한다면, 그는 틀림없이 그 동그라미의 균형을 지킬 수 없게 된다. 그저 눈으로만 판단해서는 그의 아름다운 원형이 어느 정도까지 이루어졌는지 알 수 없다. 진정한 정점定點을 계속 참작하여 건축물의 내적, 외적 둘레를 교정해 가며 높고 웅장한 건축을 그 한 가지 미묘한 점을 기준으로 삼아 완수해야 한다.

우리 마음도 이와 같다. 수도승은 반드시 주님의 사랑을 모든 일과 계획의 움직이지 않는 중심으로 삼아야 한다. 그 사랑을 안전한 나침반으로 삼아 자신의 모든 생각을 받아들일 것인지 아니면 배제할 것인지 판단해야 한다. 그렇지 않으면 바오로 사도가 건설한다고 말씀했던 저 영적 건물을 기술적으로 올릴 수 없고, 복된 다윗이 "주님, 저는 당신께서 계시는 집과 당신 영광이 깃드는 곳을 사랑합니다"(시편 26,8)라고 말하며 주님께 보여 드리고 싶어 했던 그 집의 아름다움을 지닐 수 없다. 오히려 어리석게도 자기 마음속에 성령의 거처로 마땅치 않은, 바로 무너질 보기 흉한 집을 만들 것이다. 그런 사람은 복된 거주자를 맞아들이는 영광을 입지 못하고 제가 짓던 집에 깔려 처참하게 망할 것이다.

7. 게르마누스: 암자에 머무르면서 할 수 있는 일을 하라는 교훈은 아주 유익하고 필요합니다. 사도들의 덕행을 본받는 압바의 표양뿐 아니라 우리 자신의 경험으로도 이러한 방식의 장점을 자주 확인할 수 있었습니다. 그러나 친척들과 가까이 사는 것을 어째서 그렇게 피해야 하는지는 잘 이해하지 못하겠습니다. 압바께서도 친척을 완전히 끊지는 않으셨습니다. 저희가 보니, 여러분은 모두 완덕의 길을 나무랄 데 없이 걷고 있는데 모두 자기 지방에 살고 있지 않습니까? 어떤 분들은 자기 동네에서 멀지 않은 곳에 살기도 합니다. 여러분에게는 해롭지 않은 것이 왜 우리에게는 해롭습니까?

8. 아브라함: 어떤 때 우리는 좋은 일들에서 나쁜 선례가 생기는 것을 본다. 누가 같은 심정과 같은 의도, 같은 덕을 지니지 않고도 다른 이들이 얻을 수 있는 영원한 생명의 열매를 거두는 일에 감히 손을 댄다면, 그는 틀림없이 착각과 죽음의 함정에 빠질 것이다. 만일 호전적인 거인과 싸우려고 했던 용감한 소년[5]이 성인 남성들에게 맞춰진 사울의 무

5 다윗을 말한다(1사무 17,31-54 참조).

장을 갖추고 싸움에 임했다면 그는 틀림없이 그러한 처참한 일을 당했을 것이다. 더 힘이 센 장년은 그 무기로 무수한 적의 무리를 쓰러뜨릴 수 있었겠지만, 어린 사람은 그것으로 망했을 것이 확실하다. 그러나 다윗은 지혜롭게 분별하여 자기 나이에 어울리는 무기를 선택하였다. 다른 사람들이 갖춘 갑옷과 방패가 아니라 자기가 잘 다룰 줄 아는 무릿매를 준비하여 저 흉측한 적대자에게 맞섰다(1사무 17,38-40 참조).

그래서 우리는 누구나 자기 힘이 얼마나 되는지 미리 꼼꼼하게 따져 보고 그에 따라 자신이 원하는 수행법을 택해야 한다. 여러 가지 수행법이 모두 유익하지만 모든 것이 누구에게나 적합하지는 않다. 독수도승생활이 좋다고 해서 그것이 모든 이에게 적합하다고 생각하지는 않는다. 많은 사람에게는 그것이 쓸모없을 뿐만 아니라 치명적인 것이 될 수도 있기 때문이다. 또 우리는 수도원의 제도와 형제들의 보살핌을 거룩하고 마땅하게 칭찬받을 것으로 여기고 있다. 그렇다고 해서 누구나 그것을 택해야 한다고 생각하진 않는다. 또 병원[6]을 운영하는 것도 많은 결실을 맺을 수 있겠지만 누구나 지극한 인내심 없이 그 일을 할 수는 없다.

그리고 그대들의 지방과 우리 지방의 제도를 비교해 볼 필요가 있다. 그다음엔 꾸준히 덕행을 실행한 사람의 능력과 계속 악습을 쌓은 사람의 능력을 양쪽 저울판에 올려놓고 재어 보아야 하다. 어떤 사람에게는 어렵거나 불가능한 일들이 다른 사람에게는 예로부터 해 오던 습관으로 체질이 되었을 수도 있다. 예를 들어 대단히 먼 거리에 떨어져 있는 어떤 민족은 몸을 전혀 덮지 않고도 큰 추위나 태양의 뜨거움을 참을

6 '병원'(lenodochium): 나그네와 병자를 영접하는 숙박소나 병원이나 요양원.

줄 안다. 그렇지만 그런 거친 기후를 경험하지 않은 민족은 아무리 체력이 좋아도 그것을 견디지 못한다. 그대들은 고향에서 적응된 체질로 이 지방에서 영혼과 육신의 힘을 다한 싸움을 시도하고 있다. 하지만 소문에 따르면 믿을 수 없을 정도로 극심하고 혹독한 추위를 앓고 있는 그대들의 지방에서 이 발가벗음과 같은 것을 견딜 수 있겠는지 똑똑히 헤아려 보라. 우리는 이 거룩한 생활을 오랫동안 해 왔기 때문에 우리가 택한 길을 자연스럽게 살아 나갈 힘을 받았다. 만일 그대들도 우리와 같은 항구심과 덕행을 지니고 있다고 생각한다면 그대들의 부모나 형제들과 가까이 있는 곳을 피하지 않아도 된다.

9. 그런데 얼마나 엄격하게 살 수 있는지 그대들의 힘을 정확하게 평가하는 데 도움이 될 한 가지 일화로, 아폴로 압바라는 한 원로의 이야기를 들려주겠다. 그대들 마음의 가장 깊숙한 곳을 들여다보아 그분의 결심과 덕행보다 못하다고 생각하지 않는다면, 그대들은 선택한 길에 대하여 손해를 입지 않을 것이다. 그리고 서약을 깨뜨릴 위험 없이 고향에 살며 친척과 가까운 곳에서 지내도 좋다. 그때에는 그대들이 결심하고 택했을 뿐 아니라 이 지방에 왔기 때문에 지키지 않을 수 없었던 엄격한 금욕생활이 친척에 대한 애정이나 아름다운 풍광 때문에 무너지지 않을 것이다.

어느 날 밤에 앞에서 말한 원로에게 동생이 갑자기 찾아와서 도움을 청했다. 그 동생은 원로에게 잠시 수도원 밖으로 나와서, 늪 속에 깊이 빠져 혼자서는 도저히 끌어낼 수 없는 소를 빼낼 수 있게 도와 달라고 눈물로 하소연했다. 그러나 아폴로 압바는 이렇게 끈질기게 간청하는 동생에게 "나보다 너에게 더 가까이 사는 작은 동생에게는 왜 청하지 않았느냐?"라고 했다. 그런데 동생은 그 작은 동생이 오래전에 죽어 묻힌 사실을 지나친 극기와 계속되는 고독의 결과로 정신이 약해진 형(아폴로 압바)이 잊어버렸다고 생각하면서 이렇게 말했다. "이미 15년 전에 죽은 이를 무덤에서 불러올 수 있습니까?" 그러자 아폴로 압바는 대답하길, "나도 이미 20년 전에 이 세상에 대해 죽었다는 것과 내가 이 암자라는 무덤에서는 현세 생활에 관하여 도움을 줄 수 없다는 것을 모르느냐? 네 소를 빼내기 위해서 내가 결심한 금욕생활을 약간이라도 늦추는 것을 그리스도께서는 허용하시지 않을 것이다. 그분께서 아버지의 장례를 치를 잠시의 여유도 주시지 않으신 것으로 알 수 있다(마태 8,21-22 참조). 그러한 일은 오히려 더 빨리, 더 적절히, 더 경건히 치러야 했을 일인데도 말이다."

그래서 이제 그대들은 마음을 깊이 살펴보고, 친척들과 가까이 지내도 그러한 엄격한 정신 자세를 꾸준히 간직할 수 있겠는지 지혜롭게 판단하라. 그대들이 극기에 있어서 그 원로와 같다고 생각된다면 그때는 부모와 형제들이 가까이 있어도 해롭지 않을 것이다. 그때는 가까이 있어도 그들은 그대들이 죽은 사람이라고 믿을 것이다. 그러니 친척들이 그대들의 도움을 받는 일도 또 그들에 대한 의무 때문에 그대들의 마음이 물러지는 일도 없을 것이다.

10. 게르마누스: 압바께서 이 문제를 더없이 명쾌히 정리해 주셨습니다. 친척들과 가까운 곳에 살면 저희는 여기서 입고 있는 천한 옷을 입을 수 없게 되고 언제나 맨발로 다닐 수도 없게 될 것입니다. 이곳에서는 3마일(5킬로미터) 거리에서 물을 길어 매일 어깨에 들쳐 메고 와야 하는데 그렇게 고생하며 필요한 양식을 구하지도 않을 것입니다. 친척들

앞에서 그런 일을 한다면, 저희나 그들이나 모두 부끄럽게 생각할 터이니 도저히 그렇게 할 수 없을 것입니다. 그런데 그들의 도움을 받고 저희가 양식을 구할 온갖 걱정에서 해방되어 성경읽기와 기도에만 몰두할 수 있다면, 그것이 저희가 선택한 길에 방해가 되는지요? 다시 말해 여기서 분심을 일으키고 있는 수고를 벗어나면 더욱 집중적으로 영적인 일에 열중할 수 있을 것 같다는 말입니다.

11. 아브라함: 그대들의 그 생각을 반박하기 위해서 나는 내 의견이 아니고 복된 안토니우스의 말씀을 인용하겠다. 어떤 형제가 그대들이 말하는 그러한 식으로 미지근해지고 힘이 빠졌을 때 안토니우스 압바가 그의 게으름을 막기 위하여 하신 말씀을 통해 그대들의 엉킨 매듭을 끊을 수 있을 것이다.

어느 날 어떤 사람이 안토니우스를 찾아와서 독수도승생활은 찬양할 것이 못된다고 주장했다. 그는 사막에서보다 사람들 가운데서 완덕을 추구하는 것이 더 큰 덕행이라고 했다. 그래서 안토니우스는 그에게 어디에 거주하느냐고 물어보았다. 그는 부모 가까이서 살며, 또 부모가 필요한 것을 제공하니 일상을 위하여 일하는 온갖 수고와 걱정에서 벗어나 언제나 분심 없이 성경읽기와 기도에 열중할 수 있다고 자랑하였다. 그래서 안토니우스가 다시 물어보았다. "형제여, 그대는 부모가 피해나 곤경을 당할 때 함께 슬픔을 느끼는지, 또는 그와 마찬가지로 그들의 일이 잘되는 것에 함께 기뻐하는지 말해 보게." 그는 두 경우에 다 그렇다고 자백했다. 그러자 안토니우스는 이렇게 말했다. "자네는 내세에서도 현세 생활에서의 선익과 피해, 기쁨과 슬픔을 나누었던 사람들과 같은 몫을 받으리라는 것을 알아야 하네."

복된 안토니우스는 이것으로 만족하지 않고 논의의 범위를 더 넓혀 계속해서 이렇게 말했다. "자네가 살고 있는 이런 나태 상태는 앞서 말한 손해만 끼치는 게 아니라네. 자네가 지금 그 손해를 느끼지 않는 것은 사실이지. 자네는 잠언에 나오는 대로 '사람들이 날 때려도 난 아프지 않아. 사람들이 날 쳐도 난 아무렇지 않아'(잠언 23,35), 또는 예언서에 나오는 대로 '제 힘을 낯선 자들이 먹어 치우는데도 에프라임은 깨닫지 못한다'(호세 7,9)고 하는 경우와 같네. 자네는 또 다음 두 가지 일로 피해를 본다네. 자네의 마음은 경우에 따라 날마다 달라지면서 끊임없이 땅에 떨어진다네. 그리고 자네는 손으로 하는 일의 결실이나 자신의 노동으로 얻는 대가를 놓치게 되는 거지. 부모의 도움을 받으며, 복된 사도의 지침대로 매일의 양식을 자네 손으로 마련하지 못한다네. 사도는 에페소 교회의 어른들에게 마지막 지시를 내릴 때 그 자신은 복음을 선포하는 거룩한 일에 전념하였어도 자기 양식뿐만 아니라 자신이 지닌 직분에 필요한 봉사로 인해 방해를 받던 사람들의 양식까지 마련했다고 했지. '나와 내 일행에게 필요한 것을 이 두 손으로 장만하였다는 사실을 여러분 자신이 잘 알고 있습니다'(사도 20,34). 우리에게 유익한 표양을 주기 위하여 그렇게 행했음을 보여 주려고 다른 곳에서는 이렇게 말한다네. '우리는 여러분과 함께 있을 때에 무질서하게 살지 않았고, 아무에게서도 양식을 거저 얻어먹지 않았으며, 오히려 여러분 가운데 누구에게도 폐를 끼치지 않으려고 수고와 고생을 하며 밤낮으로 일하였습니다. 우리에게 권리가 없어서가 아니라, 우리 스스로 여러분에게 모범을 보여 여러분이 우리를 본받게 하려는 것이었습니다'(2 테살 3,7-9).

12. 우리도 충분히 가족들의 뒷받침을 받을 수 있다네. 하지만 우리는

그 어떤 후원보다 이 발가벗음이 낫다고 생각하지. 가족들이 주는 안정적 도움에 의존하는 대신 우리는 육신을 위한 매일의 양식을 스스로 땀 흘려 마련하려고 한다네. 우리는 자네가 내세우는 성경에 대한 한가한 묵상과 성경읽기에 대한 결실 없는 열성보다 이런 고생과 결핍을 더 앞세운다네. 만일 자네가 말하는 생활 방식이 더 유익하다고 사도들이 모범으로 보여 주었거나 선배들이 가르쳤다면 틀림없이 우리도 그런 길을 선택했을 테지. 그러나 그렇게 산다면 앞서 말한 손해만큼 큰 손해를 당하게 된다는 것을 알아야 하네. 왜냐하면 자네는 신체가 건강하고 강한 사람인데도 연약한 사람만이 받을 권리가 있는 남의 자선(agape)으로 살고 있기 때문이지. 사실 사도의 지시에 따라 날마다 손노동으로 사는 저 수도승들을 제외한 대부분의 사람들은 남의 애덕과 자비를 기대한다네. 부모의 재산이나 하인들의 노동이나 자기 소유지의 생산물로 살 수 있다고 자랑하는 사람뿐만 아니라 이 세상의 임금들마저 애덕에 의한 자선으로 부양되고 있다고 봐야 하지. 또한 우리 선배들이 정한 것도 그러하다네. 그들은 일용할 양식에 필요한 것 가운데 우리 손으로 일해서 장만하지 않는 것은 자선에 의지한 것이라고 규정했네. 이것은 '일하기 싫어하는 자는 먹지도 말라'(2테살 3,10)고 하며 게으른 사람에게 남의 후원을 금지하였던 사도의 지시와 들어맞는 것이지."

복된 안토니우스는 그에게 이렇게 말함으로써 우리에게도 좋은 교훈을 주었다. 우리에게 음식과 편안한 거주지를 대 주는 모든 사람과 친척이라는 해로운 유혹물을 피하고 오히려 험하고 더러운 사막과 소금물이 범람하여 누구도 소유하려 하지 않는 지역을 이 세상의 모든 재산보다 더 낫게 여겨야 한다. 이처럼 길도 없는 외딴 곳에 살면 방문하는 사람이 많이 올 수 없을 뿐 아니라 좋은 토양을 보고 농사가 짓고 싶어지는 분심도 생기지 않을 것이다. 농사를 짓게 되면 마음은 생각들을 살피는 저 중요한 일을 소홀히 하게 되어 영적인 일에 필요한 힘을 잃게 된다.[7]

13. 그대들은 다른 사람들을 구원할 수 있다고 믿고 더 큰 이득을 바라면서 급히 고향으로 돌아가고 싶은 것 같다. 이 문제에 대하여 아주 흥미롭고 매우 적절한 마카리우스 압바의 이야기를 들어 보라. 그는 그대들과 비슷한 욕심에 찬 어떤 사람에게 잘 들어맞는 처방약으로 이 이야기를 해 주었다. 그는 이렇게 말했다. "어떤 읍에 매우 숙달된 이발사가 있었는데, 그는 한 사람을 이발하면 3전이라는 얼마 안 되는 값싼 품삯을 얻었고, 그것으로 매일 필요한 양식을 마련할 수 있었지. 그리고 육신을 유지하기 위한 지출을 다 하고도 매일 100전을 돈주머니에 넣을 수 있었다네. 꾸준히 이렇게 저축하던 그는 어떤 먼 도시에서 한 이발사의 이발비로 사람들이 금전 한 닢을 준다는 말을 듣게 되었지. 이 소식에 그는 '내가 언제까지 이런 거지같은 생활로 만족해야겠나? 저쪽에 가서 엄청나게 많은 금전을 모아 부자가 될 수 있는데 왜 굳이 수고스럽게 3전이라는 푼돈만을 벌어야 하겠는가?'라고 생각했네. 그는 곧 자기 도구들을 챙기고 오랫동안 저축했던 모든 것을 여비로 사용하여 큰 고생 끝에 돈벌이가 잘되는 그 도시로 갔다네. 과연 도착한 첫날부터 각 사람에게서 자기가 들었던 품삯을 벌 수 있었지. 저녁이 되자 그는 금전을 많이 벌어들인 것을 보고 기분 좋게 시장을 찾아가 필요한 양식을 사기 시작했네. 그런데 그곳에서는 모든 것을 금전으로 지불해

7 농사가 수도승생활에 해롭다는 견해는 베네딕도 성인의 견해와 다르다(『베네딕도 수도 규칙』 48,7-8 참조).

야 했지. 그래서 보잘것없는 식사에 그날 번 금전을 다 내고 나니 1전의 수익도 집으로 가져 올 수 없었네. 이런 식으로는 매일 번 돈을 지출하게 되어 저축할 수 없을 뿐 아니라 생필품을 겨우 충당할 수 있다는 사실에 스스로 반성하며 말했지. '내 읍으로 돌아가 다시 적게 벌며 살자. 거기서는 육신에 필요한 것을 다 사고서도 매일 남은 것으로 노년에 잘 살기 위한 것까지 마련할 수 있지. 그 수입은 매우 적어 보였지만 꾸준히 불어나서 적지 않은 액수가 될 거야. 그곳에서 벌던 수입은 거품뿐이었던 이곳 수입보다 더 풍요로웠지. 여기서는 저축할 것이 전혀 없고 일용할 양식에 필요한 것도 겨우 마련할 수 있을 뿐이니.'"

그러니 이 외딴 곳에서 얻을 수 있는 미소한 결실을 끊임없이 항구히 추구하는 것이 옳을 것이다. 여기서 우리는 속세의 걱정과 분심 없이 허영과 교만으로 해를 입지 않고 생필품 때문에 신경을 쓰지 않는다. 솔로몬의 말씀대로 "고생과 오만이 함께 가진 두 움큼보다 고요와 함께 가진 한 움큼이 낫다"(집회 4,6 칠십인역). 그렇지만 연약한 사람들은 모두 저런 환상과 착각에 걸리게 되어 있다. 그들은 자기 자신의 구원에 대한 확신이 서 있지도 않고 아직 남에게 배워야 하지만 악마의 기만에 충동질을 받아 남을 회개시키고 지도하려고 한다. 하지만 그들이 어떤 이들을 회개시켜 약간의 이득을 얻을 수 있다고 해도 그들은 인내가 부족하고 무질서하게 살아서 그것을 망쳐 놓게 된다. 그리하여 그들은 하까이 예언자가 서술한 일을 당한다. "품삯을 받아도 구멍 난 주머니에 넣는 꼴이다"(하까 1,6). 남의 회개로 얻는다고 보이는 것을 방종하고 매일의 방심 중에 지내는 마음으로 탕진하는 것이다. 이렇게 하여 그들은 남을 지도함으로써 더 풍부한 소득을 얻는다고 믿지만 자신을 바로잡을 기회는 놓치고 만다. "부자인 체하나 아무것도 없는 자가 있고 가난한 체하나 재물이 많은 자가 있다"(잠언 13,7). 또 "먹을거리가 없이 지내는 귀족보다 자신을 위해 종노릇을 하는 사람이 낫다"(잠언 12,9 칠십인역).

14. 게르마누스: 압바의 비유들은 저희를 기만하는 착각을 아주 적절하게 밝혀 주었습니다. 저희는 그러한 오류의 원인과 치료법을 알고 싶습니다. 청컨대, 저희가 왜 이렇게 기만에 빠졌는지 알려 주십시오. 병의 근원을 먼저 설명해 주시는 분이야말로 허약함에 필요한 약을 처방할 수 있는 것이 틀림없기 때문입니다.

15. 아브라함: 모든 악습의 원인과 근원은 같지만 마음속에 상한 부분이나 내가 지체라고 표현하고 싶은 것의 성질에 따라서 그 욕정이나 폐습의 이름은 달라진다. 육신의 병으로도 그것이 증명되니, 곧 원인은 같아도 병에 걸린 지체에 따라 병명을 구별하기 때문이다. 해로운 체액의 영향으로 육신의 맨 위인 머리가 공격당하면 그것은 두통이 되고, 귀나 눈에 들어오면 귓병이나 눈병이 된다. 사지와 손끝에 오면 관절염이요, 발끝으로 흘러내리면 통풍이라고 한다. 이처럼 해로운 체액으로 신체의 각 부분에 생기는 병의 이름은 다르다. 이제 우리가 볼 수 있는 것에서 볼 수 없는 것으로 넘어가도 위와 같은 식으로 우리 영혼의 부분이나 여러 지체에 각 악습의 힘이 미친다고 믿어야 한다.

현인들은 영혼에 세 가지 기능이 있다고 하는데, 그것은 이성부理性部(λογικόν)와 정념부情念部(θυμικόν), 욕망부慾望部(ἐπιθυμητικόν)다.[8] 이제 어떤 해로운 충동이 이 가운데 어느 부분에 일어나면, 그 결과로 생기는 죄

8 옛 수도승들의 심리학에 관해서는 참조: 에바그리우스 폰티쿠스 『프락티코스』 허성석 역주·해제, 분도출판사 2011, 34-36; 『수도 영성의 기원』 허성석 엮음, 분도출판사 2015, 147-149.

악도 그 기능에 따라 이름이 달라진다. 악습의 균이 이성에 들어오면 허영, 교만, 질투, 오만함, 싸움, 이단이라는 악이 나온다. 그런데 그것이 정념에 상처를 입히면 분노와 인내 부족, 슬픔, 권태, 소심함, 잔인함이 생긴다. 그리고 욕망이 그 병에 걸리게 되면 폭식, 간음, 돈에 대한 사랑, 탐욕, 해롭고 세속적인 욕심이 일어난다.

16. 이제 그대들이 지금 앓고 있는 병의 원천과 근원을 알고 싶다면 그대들 마음의 이성부가 병들었다는 것을 알아야 한다. 거기서부터 자만심과 허영의 악이 싹트게 마련이다. 그래서 무엇보다 마음의 첫 번째 지체라 할 이성부를 올바른 분별로 판단하고 겸손의 미덕으로 고쳐야 한다. 이성에 생긴 병 때문에 그대들은 이미 완덕의 정상에 올랐다고 생각할 뿐 아니라 남을 가르칠 수 있고 충분히 지도할 수 있다고 믿게 된 것이다. 그런데 내가 말한 대로 참된 분별과 겸손에 기초를 두면 그대들은 앞으로 그런 분심을 쉽게 잘라 낼 수 있다. 그러면 그대들은 깊이 통회하여 우리 모두 자기 영혼을 구하는 것이 얼마나 수고스럽고 어려운 일인지 배울 수 있을 것이며, 가르칠 자격이 전혀 없을 뿐 아니라 아직 스승의 도움이 필요하다는 것을 마음속 깊이 깨달을 것이다.

17. 그러니 우리가 말한 대로 특별히 상처를 입은 마음의 지체에 참겸손의 약을 사용하라. 그대들 마음에는 이 겸손의 덕이 다른 덕보다 더 약한 것 같으니 그것이 제일 먼저 악마의 습격을 당하는 것이다. 인간 육신의 경우도 이와 비슷하다. 지나친 노고나 오염된 공기로 인해 병이 난 경우 더 약한 부분이 먼저 병에 걸리고 병균이 거기에 자리 잡은 다음 성했던 부분도 병들기 시작한다. 영혼도 마찬가지다. 죄악의 병균이

있는 바람이 불면 우리 마음은 더 연약해서 원수의 세찬 충동에 강하게 저항하지 못한 부분에서 유혹을 당한다. 그 부분의 문을 잘 지키지 못하면 배신자가 쉽게 들어올 수 있어서 영혼이 사로잡힐 위험이 있다.

발라암도 이런 식으로 하느님의 백성을 속일 수 있다고 계산했다(참조: 민수 31,16; 묵시 2,14). 이스라엘 자손들의 약점이 어디 있는지 알고 그쪽으로 치명적 올가미를 씌우기로 했던 것이다. 그들의 영혼 가운데 욕망에 대한 부분이 병들었다는 것을 알고, 여자들을 많이 보내면 그들이 즉시 간음해서 망할 것을 의심하지 않았다. 교묘한 죄악의 영들은 우리 모두에게 이런 방식으로 유혹해 온다. 그들은 우선 병들었다고 파악한 영혼의 부분에 위험한 올가미를 놓는다. 예를 들어 그들은 우리 마음의 이성부가 훼손된 것을 보면 아합이 시리아 사람들에게 속아 넘어간 식으로 우리를 속이려고 할 것이다. 성경의 기록에 따르면, 그때 시리아 사람들이 아합에게 이렇게 말했다. "저희가 듣자 하니, 이스라엘 집안의 임금들은 자애롭다고 합니다. 저희가 허리에 자루옷을 걸치고 머리에 줄을 감고, 이스라엘 임금에게 나가게 해 주십시오. 혹시 그가 임금님의 목숨을 살려 줄지도 모릅니다." 이 말을 듣고 아합은 진정한 자애가 아니라 자비에 대한 칭찬에 넘어가 "그가 아직도 살아 있느냐? 그는 나의 형제이다"(1열왕 20,31-32)라고 했다. 이와 같이 악령들은 이성이라는 부분에 착각을 일으켜서 상급과 인자함에 대한 보수를 받을 줄 알았던 바로 그 일을 통해 하느님께 죄를 짓게 한다. 그러면 우리도 저 사람들과 비슷한 책망을 듣게 된다. 곧, "너는 나에게 온전히 바쳐야 할 자를 손에서 풀어 주었다. 그러니 그를 대신하여 네가 죽고, 그의 백성을 대신하여 너의 백성이 죽을 것이다"(1열왕 20,42)라는 말씀이다.

마찬가지로 더러운 영이 "제가 나가 아합의 모든 예언자의 입에서 거짓말하는 영이 되겠습니다"(1열왕 22,22)라고 했을 때, 그는 틀림없이 치명적 음모에 약하다고 생각했던 이성부에 올가미를 놓고 기만하기로 한 것이다. 같은 악령은 우리 주님에 대해서도 그와 비슷하게 가정하여 모든 사람이 잡힐 것으로 알고 있던 영혼의 세 가지 기능으로 유혹해 보았으나 그의 교묘한 흉계는 모두 헛된 것이 되었다. "이 돌들에게 빵이 되라고 해 보시오"(마태 4,3)라는 악마의 말은 욕망에 자극을 준 것이다. 그리고 현세의 권력과 이 세상의 왕국들을 차지하라고 부추겼을 때에는 정념을 건드렸다. 또 "당신이 하느님의 아들이라면 밑으로 몸을 던져 보시오"(마태 4,6)라고 했을 때에는 이성을 자극한 것이다. 그러나 악마는 이 모든 기만에 실패했다. 그 이유는 그의 잘못된 가정에 따른 추측과 달리 주님 안에서는 병든 것을 하나도 찾을 수 없었기 때문이다. 그래서 그분의 마음 어떤 부분도 유혹하는 원수의 음모에 동의하지 않았다. 그분은 "보라, 이 세상의 우두머리가 오고 있다. 그는 내 안에서 아무것도 찾을 수 없다"(요한 14,30)고 하셨다.

18. 게르마누스: 저희가 영적 이득에 대한 헛된 전망을 안고 고향으로 돌아가려고 한 것은 착각과 오류였다는 것을 복된 압바께서 날카로운 통찰력으로 보고 파악하셨습니다. 그런데 고향으로 떠나려 했던 이유 가운데 한 가지 중요한 것은, 가끔 저희를 방문하는 형제들 때문에 저희가 원하는 만큼 오랫동안 침묵을 지킬 수 없기 때문입니다. 그리고 형제들이 방문하면 저희가 몸을 길들이기 위해 끊이지 않게 유지하려고 하는 매일의 식사 시간과 양을 지키지 못하게 됩니다. 저희 고향에서라면 그러한 일은 틀림없이 없을 줄 압니다. 그곳에서는 저희처럼 수도승생활을 하는 이가 없거나 아주 드물게 저희를 찾아올 뿐입니다.

19. 아브라함: 방문자가 아무도 없다는 것은 비합리적이고 분별없는 엄격함, 아니 오히려 대단한 나태의 증거라고 할 수 있다. 자기가 택한 길에서 너무 천천히 걸어 예전처럼 산다면, 거룩한 사람뿐만 아니라 어떤 사람이라도 그를 찾아가지 않는 것이 마땅하다. 그러나 그대가 우리 주님을 온전하고 뜨거운 마음으로 사랑하고 사랑 자체이신 하느님을 완전한 영의 열성으로 추구한다면, 아무리 멀고 외딴 곳으로 물러가도 사람들이 그곳을 찾아오지 않을 수 없다. 그대들을 찾아가는 거룩한 형제들의 무리는 갈수록 많아질 것이다. 과연 주님의 말씀대로 산 위에 있는 도시는 숨겨질 수 없다(마태 5,14 참조). 주님은 "나를 영광스럽게 하는 이들은 나도 그들을 영광스럽게 하지만, 나를 업신여기는 자들은 멸시를 받을 것이다"(1사무 2,30)라고 하셨다.

그런데 그대들은 다음과 같은 악마의 특별하고 미묘한 술책, 조심성 없는 불쌍한 사람들을 떨어뜨리는 어두운 함정에 대해 알아야 한다. 악마들은 더 큰 것을 약속하면서 매일 얻게 되어 있는 열매를 빼앗아 간다. 그 녀석들은 사람들에게 더 감추어지고 더 넓은 외딴 지역을 찾으라고 꼬드기고, 그 환경이 지닌 묘하고 아름다운 모습을 그들 마음속에 그려 보게 만든다. 실제로는 아무도 모르고 아무 곳에도 존재하지 않는 그러한 곳을 마치 잘 알려진 듯이 잘 준비되어 우리가 별 어려움 없이 차지할 수 있을 것처럼 꾸며 댄다. 그리고 그러한 지방의 사람들이 선하고 구원의 길을 쉽게 따라갈 것이라고 거짓말을 한다. 이와 같이 악마는 그쪽에서 마음의 더 풍부한 결실을 얻을 수 있다고 약속한다. 그럼으로써 그러한 속임수를 통해 현재 얻을 수 있는 열매를 빼앗아 간다. 누가 이 헛된 희망으로 원로들의 공동체와 떨어지고 나면 공연히 자기 마음에다 그려 보았던 이 모든 것은 없는 것들이다. 그때 그는 깊은 잠에서 일어난 사람처럼 자기가 꿈꾸었던 것 가운데 아무것도 없다는 것을 발견할 것이다. 그 사람이 현세 생활에 필요한 것들이 많아지고 얽히고설킨 올가미에 걸리면 악마는 그가 본디 바랐던 것조차 누리지 못하게 한다. 이제 그는 예전에 피하려고 했던 영적 형제들의 드문 방문이 아니라 매일 쳐들어오는 세속인들의 방문 때문에 독수도승의 적당한 고요함과 규칙적인 생활로 아예 돌아갈 수 없게 된다.

20. 가끔 형제들이 찾아오면 우리는 고맙게도 기쁜 나눔과 휴식의 기회를 얻게 되는데, 그대들은 그것을 귀찮고 피해야 할 것으로 보지만 그것이 우리 몸과 마음에 얼마나 도움이 되는지 간단하게 설명할 테니 인내심을 갖고 들어 보라. 초심자와 약한 사람만이 아니라 경험이 많고 완전한 사람도 어떤 변화를 통해서 정신의 긴장과 통제를 완화하는 여유를 가지지 못하면 영혼이 나태해지거나 육신이 나쁜 병에 걸리는 경우가 적지 않다. 그래서 지혜롭고 완전한 사람들은 형제들이 자주 방문해도 그것을 인내로 참을 뿐 아니라 기꺼이 환영해야 한다. 첫째, 이런 일로 우리는 항상 더 열심히 고독을 열망하게 된다. 형제들의 방문은 어떤 식으로 우리의 경주를 방해하는 것 같지만 오히려 더 끈질기게 추진해 나아가게 만들어 준다. 달리는 중에 가끔 어떤 장애를 만나서 좀 뒤쳐지지 않는다면 우리는 지치지 않고 같은 활기로 끝에 이르지 못한다는 것이다. 그런 일은 둘째로 우리의 친절한 환대에 따른 결실과 더불어 우리 육신에 필요한 힘도 회복시켜 준다. 이 경우 수고스러운 극기로 얻을 수 있었을 공로보다 음식을 즐겁게 나눔으로써 얻는 것이 더 크다. 이 일에 대하여 옛날부터 널리 알려진 아주 적절한 비유를 하나 간단히 말해 주겠다.

21. 전승에 따르면 복된 복음사가 요한이 어느 날 자고새를 손으로 부드럽게 어루만지고 있다가, 사냥복을 입은 어떤 철학자가 갑자기 다가오는 것을 보았다고 한다. 그 철학자는 그렇게 이름난 사람이 이처럼 작고 보잘것없는 재미를 즐기는 것을 보고 놀라서 물었다. "당신은 널리 알려진 요한, 명성이 지극해서 나도 꼭 만나 뵙고 싶었던 요한 사도가 아닙니까? 그런데 왜 이렇게 저속한 오락을 즐기십니까?" 그러자 복된 요한은 "손에 든 물건이 무엇인가?"라고 반문했다. 그가 "활입니다"라고 했더니, 요한은 또 물었다. "당신은 어째서 어디서나 늘 활을 당긴 채로 다니지 않는가?" 그가 "그러면 안 됩니다. 활이 계속 당겨진 채로 굽어 있으면 탄력이 약해지다가 아예 없어질 수 있습니다. 그러면 화살로 맹수를 더욱 세게 쏘아야 할 때 계속되던 활의 긴장 때문에 힘이 약해진 탓으로 강하게 쏠 수 없을 것입니다"라고 대답했다. 이에 복된 요한은 "젊은이, 우리도 마음의 긴장을 조금이나마 잠시라도 풀고 있는 것을 이상하게 생각하지 말게. 때로는 경직된 마음을 이완시켜 잠시라도 부드러워지지 않으면, 끊임없는 긴장으로 오히려 약해진다네. 그러면 필요할 때 영적 힘을 발휘할 수 없게 되지."

22. 게르마누스: 압바께서는 저희의 모든 환상에 대해 약을 처방해 주시고 주님의 도우심에 힘입은 귀한 가르침으로 저희를 휘둘렀던 악마의 음모를 모조리 밝히셨습니다. 이제 압바께 "내 멍에는 편하고 내 짐은 가볍다"(마태 11,30)라는 복음 말씀의 뜻도 설명해 주십사 부탁드리고 싶습니다. 사실 이 말씀은 "당신 입술에서 나온 말씀 때문에 저는 고된 길을 지켰습니다"(시편 16,4 불가타)라는 예언자의 말씀과 상당히 반대되는 것 같습니다. 사도 또한 비슷하게 "사실 그리스도 예수님 안에서 경

건하게 살려는 이들은 모두 박해를 받을 것입니다"(2티모 3,12)라고 말했습니다만, 고되고 박해가 많은 생활이 가볍거나 편할 수는 없는 노릇입니다.

23. 아브라함: 우리 구원자 주님의 말씀이 틀림없고 진실하다는 것은 경험으로 쉽게 증명할 수 있다. 그 조건은 다만 그리스도의 뜻에 따라 그리스도의 길로 제대로 나아가는 것이다. 그러면 우리는 모든 욕망을 없애고 해로운 원의를 잘라 버림으로써 이 세상의 재물, 곧 악마가 우리를 원의대로 파괴하고 찢어 버릴 수 있기 위해 사용할 수 있는 재물 중 아무것도 남겨 두지 않을 뿐만 아니라 우리가 우리 자신의 주인이라고 자처하지도 않을 것이다. 그것은 "내가 사는 것이 아니라 그리스도께서 내 안에 사시는 것입니다"(갈라 2,20)라는 사도의 말씀을 실제로 이행하는 것이다.

그런데 온전한 마음으로 그리스도의 멍에를 받아들인 사람에게 무엇이 무겁고 고될 수 있겠느냐? 그런 사람은 참된 겸손에 기초를 두고 언제나 주님의 수난을 바라보면서 당하는 억울한 모든 일에 기뻐하며 "나는 그리스도를 위해서라면 약함도 모욕도 재난도 박해도 역경도 달갑게 여깁니다. 내가 약할 때에 오히려 강하기 때문입니다"(2코린 12,10) 라고 말할 것이다. 완전한 발가벗음을 자랑하면서 그리스도를 위해 자진하여 이 세상의 모든 호화로움을 뿌리치고, 그리스도를 얻기 위하여 모든 욕구를 쓰레기로 여기는 사람이 무엇을 잃는다고 안타까워하겠는가? 그는 복음에 나오는 다음 지침을 끊임없이 묵상하며 모든 소유를 잃을까 하는 걱정을 무시하고 배제한다. "사람이 온 세상을 얻고도 제 목숨을 잃으면 무슨 소용이 있겠느냐? 사람이 제 목숨을 무엇과 바꿀 수 있겠느냐?”(마태 16,26).

다른 이들이 빼앗아 갈 수 있는 모든 것은 자기 것이 아니라고 생각하여 “우리는 이 세상에 아무것도 가지고 오지 않았으며 이 세상에서 아무것도 가지고 갈 수 없습니다”(1티모 6,7)라고 용감하게 소리치는 사람이 무엇을 잃었다고 슬퍼하겠는가? 그리고 굳건하게 길을 떠날 때 여행 보따리를 메지 않고 허리띠에 돈도 챙겨 넣을 줄 모르는 사람은(마태 10,9-10 참조) 사도와 함께 “굶주림과 목마름, 잦은 결식, 추위와 헐벗음”(2코린 11,27)을 자랑하니, 무슨 결핍으로 용기를 잃겠는가? 자기 뜻이란 전혀 없고 명령받은 모든 것을 그저 인내와 기쁨으로 받아들이는 사람의 평화로운 마음을 산란케 할 수 있는 고생이나 힘에 부치는 원로의 지시가 어디에 있겠는가? 그런 사람은 우리 구원자의 표양에 따라 자기 뜻이 아니라 아버지의 뜻만 행하려고 자기도 아버지께 “그러나 제가 원하는 대로 하지 마시고 아버지께서 원하시는 대로 하십시오”(마태 26,39)라고 한다. 역경 가운데서도 사도들과 함께 기뻐하며 그리스도의 이름을 위해 모욕당할 만한 자격(사도 5,41 참조)을 얻고자 하는 사람이 무슨 억울한 일이나 박해를 두려워할 수 있겠는가? 그가 기쁘게 생각하지 않을 형벌이 어디 있겠는가?

24. 그와 반대로 그리스도의 멍에가 우리에게 편하지도 가볍지도 않게 보이는 것은 마땅히 우리의 완고함 탓으로 봐야 할 것이다. 의심과 불신 때문에 곤경에 빠지면 우리는 어리석게도 순서를 바꾸어 “네가 완전한 사람이 되려거든, 가서 너의 재산을 팔고 … 와서 나를 따라라”(마태 19,21) 하신 분의 명령이나 권고와는 반대로 세속의 재화를 보존한다. 이제 악마는 그 재화로 우리를 얽매고 결박한다. 그는 우리의 영적 기

뼘을 막고자 하니 재화가 줄어들게 하거나 없앰으로써 우리를 슬프게 만든다. 이와 같이 악마는 우리를 교묘하게 속여서 저 편한 멍에와 가벼운 짐이 우리의 그릇되고 비뚤어진 욕망 때문에 무겁게 느껴지게 하며, 우리가 우리의 휴식과 위안을 위하여 지켜 둔 바로 그 재화의 사슬에 잡히게 한다. 이처럼 악마는 우리를 항상 세속적 걱정이라는 채찍으로 괴롭히니 우리를 찌를 도구를 우리 자신에게서 끄집어내는 것이다. 과연 "악인은 제 악행에 붙잡히고 제 죄의 밧줄에 얽매인다"(잠언 5,22).

또 예언자는 이렇게 말한다. "스스로 불을 피우고 불화살에 불을 당기는 너희는 모두 자기가 피운 불 속으로, 자기가 댕긴 불화살 속으로 들어가거라"(이사 50,11). 사실 솔로몬이 증명했듯이, "사람이 죄를 지은 바로 그것들로 징벌도 받는다"(지혜 11,16). 우리가 쾌감을 느끼는 바로 그것들이 우리의 고통이 된다. 육체의 쾌락과 향락이 사형을 실행하는 망나니가 되어 우리에게 돌아온다. 과거의 재력에 의지하는 사람은 아직 마음의 온전한 겸손을 얻지 못하고 해로운 욕정을 완전히 죽이지 못한 것이 사실이기 때문이다. 그런데 이 덕행이 갖추어지면 우리는 현세 생활의 모든 궁색함과 원수가 끼칠 수 있는 온갖 손해를 철저한 인내와 더불어 큰 기쁨으로 견디게 된다. 하지만 그러한 덕행이 갖추어지지 못했다면 치명적 오만이 생겨나 가벼운 모욕만 당해도 화가 나서 죽음을 초래하는 상처를 입는다. 그러면 우리는 예레미야 예언자의 이런 말씀을 듣게 된다. "그런데도 네가 나일강 물을 마시러 이집트로 내려가다니 웬 말이냐? 유프라테스강 물을 마시러 아시리아로 올라가다니 웬 말이냐? 네 악행이 너를 벌하고 네 배반이 너를 징계할 것이다. 주 너의 하느님을 저버린 것이 얼마나 나쁘고 쓰라린지 보고 깨달아라. 나에 대한 두려움이 너에게 없구나"(예레 2,18-19).

그러니 주님의 멍에는 신비롭고 감미로운 것인데 우리가 그것을 쓰디쓴 것으로 느낀다면, 그것은 우리가 그것을 외면함으로써 그 맛을 변질시킨 탓이 아니냐? 그리고 하느님의 짐은 기쁘고 가벼운데 그것이 무겁게 느껴진다면, 그것은 우리가 그 짐을 함께 지고 가시는 분을 교만한 고집으로 무시하는 까닭이 아니겠냐? 성경도 분명하게 이렇게 증언하고 있다. "바른길을 걸었다면 정의의 길이 그들에게 편했을 것이다"(잠언 2,20 칠십인역). 그러니 분명히 말하지만, 바르고 편한 주님의 길을 바로 우리가 우리의 욕망이라는 삐죽하고 날카로운 돌들로 거칠게 만들고 있다. 우리는 사도들과 예언자들이 차돌로 탄탄하게 닦은, 모든 성인과 주님 친히 그 발자국으로 평탄하게 만든 왕다운 길을 미친 듯이 버려둔 채 엉뚱하게도 가시덤불이 우거진 길을 따라 다니고 있다. 현세의 쾌락에 미혹되어 눈이 먼 우리는 악습의 가시나무로 막힌 어두운 길을 기어 다니니, 다리에는 생채기가 나고 혼인 잔치의 예복들은 찢어진다. 거기서 우리는 가시덤불에 찔릴 뿐 아니라 그 안에 숨은 독사와 전갈에 쏘여 쓰러지게 되어 있다. "빗나간 자의 길에는 가시덤불과 덫이 있지만 주님을 두려워하는 자는 그것을 피한다"(잠언 22,5 칠십인역). 그런 사람들에 대하여 주님께서는 다른 곳에서 예언자를 통해 이렇게 말씀하신다. "내 백성은 나를 잊어버리고 거짓 신들에게 향을 피운다. 그들은 자기네 길에서, 예로부터 걸어온 길에서 비틀거리더니 닦이지도 않은 길, 샛길로 접어들었다"(예레 18,15). 그리고 솔로몬의 말씀에 따르면, "게으름뱅이의 길은 가시밭 같지만 올곧은 이들의 앞길은 잘 닦여 있다"(잠언 15,19).

이처럼 왕다운 길에서 벗어나게 된 이들은 우리가 절대로 빗나가지 말고 똑바로 향해야 할 저 거룩한 도시에 결코 도달할 수 없다. 집회서도 이에 대해 의미 있게 표현했다. "도시에 들어갈 줄 모르는 사람들은 어리석어서 고생을 한다"(집회 10,15 칠십인역). 그 도시란 "하늘에 있는 예루살렘"으로 "자유의 몸으로서 우리의 어머니이다"(갈라 4,26). 그러나 진실로 이 세상을 끊어 버리면서 그리스도의 멍에를 감당하며 매일 당하는 모욕으로 단련되어 그분에게서 "마음이 온유하고 겸손하다"(마태 11,29)는 것을 배운 사람은 저마다 모든 유혹 가운데에서도 언제까지나 흔들리지 않을 것이다. 그에게는 "모든 것이 함께 작용하여 선을 이루게"(로마 8,28) 되어 있다. 그것은 오바드야 예언자의 말대로 "바르게 걷는 이에게 그분의 말씀이 유익"(미카 2,7)[9] 하기 때문이다. 그리고 "주님의 길은 올곧아서 의인들은 그 길을 따라 걸어가고 죄인들은 그 길에서 비틀거리리라"(호세 14,10)고 하기 때문이다.

25. 구원자의 인자한 은총으로 우리가 싸울 필요가 전혀 없어졌을 때보다 우리가 유혹과 싸울 때 칭찬의 상賞은 더 크게 베풀어진다. 박해와 시련을 겪으면서 언제나 흔들리지 않고 하느님의 보호를 믿고 용감하게 버티는 것이 고귀하고 뛰어난 덕행이다. 인간적으로 공격을 당할 때, 지지 않는 덕행의 무기를 띠처럼 사용하여 인내의 영광스러운 승리를 얻는 것은 위대한 일이다. 그것은 연약함에서 힘을 얻는 것과 같은 것이다. 사실 능력은 "약한 데에서 완전히 드러나"(2코린 12,9)는 법이다. 또 주님께서는 이렇게 말씀하신다. "오늘 내가 너를 요새 성읍으로, 쇠기둥과 청동 벽으로 만들어 온 땅에 맞서게 하고, 유다의 임금들과 대신들과 사제들과 나라 백성에게 맞서게 하겠다. 그들이 너와 맞서 싸우

9 카시아누스가 예언자의 이름을 잘못 말했다.

겠지만 너를 당해 내지 못할 것이다. 내가 너를 구하려고 너와 함께 있기 때문이다”(예레 1,18-19).

따라서 주님의 분명한 가르침을 따라가는 왕다운 길이 어렵고 거칠게 느껴지더라도 실은 편하고 가벼운 것이다. 돈독하고 충실한 종들이 주님의 멍에를 받아들이고 그분에게서 부드럽고 겸손한 마음을 배울 때, 그들은 이미 세속적 욕정의 짐을 벗어서, 수고가 아니라 주님의 선물로 받은 영혼의 안식을 찾게 된다. 주님은 예레미야 예언자를 통해 그것을 이렇게 증언하셨다. “갈림길에 서서 살펴보고 옛길을 물어보아라. 좋은 길이 어디냐고 물어 그 길을 걷고 너희 영혼이 쉴 곳을 찾아라”(예레 6,16). 사실 그들에게는 즉시 “골짜기는 모두 메워지고 산과 언덕은 모두 낮아”(이사 40,4)지며, 그들은 “주님께서 얼마나 좋으신지”(시편 34,9) 맛보게 된다. 그들은 그리스도께서 복음에서 “고생하며 무거운 짐을 진 너희는 모두 나에게 오너라. 내가 너희에게 안식을 주겠다”(마태 11,28)라고 하신 말씀의 뜻을 깨닫는다.

그러니 그분의 법대로 산다면 주님의 길은 시원하게 트여 있다. 그러나 우리는 어지럽게 소란을 피움으로써 스스로 고민과 아픔을 만들어 낸다. 우리는 큰 위험과 어려움을 무릅쓰고서라도 차라리 이 세상의 비뚤어지고 그릇된 길을 따라가려고 한다. 이렇게 하여 주님의 멍에를 무겁고 고되게 만들어 놓고는 모독하는 마음으로 그 멍에 자체나 그것을 짊어지게 하신 그리스도의 거칠음과 날카로움에 대하여 불평한다. 그것은 “사람은 미련하여 길을 망치고서도 마음속으로는 도리어 주님께 화를 낸다”(잠언 19,3)는 말과 같다. 그러므로 하까이 예언자[10]의 말대로,

10 예언자의 이름을 잘못 말했다.

우리가 "주님의 길은 공평하지 않다"고 하면 주님께서 마땅히 "내 길이 공평하지 않다는 말이냐? 오히려 너희의 길이 공평하지 않은 것 아니냐?"(에제 18,25) 하실 것이다. 사실 우리가 상쾌한 향기로운 동정의 꽃과 정결의 부드러운 순결을 방종의 흉측하고 악취 나는 진창에 비교해 볼 때, 수도승들의 고요하고 안정된 생활을 이 세상 사람들이 겪는 위험과 고민에 견주어 볼 때, 그리고 우리 청빈의 평안을 생명의 위험 가운데 부자들이 밤낮으로 느끼는 큰 근심과 끊임없는 걱정에 비교해 볼 때, 그리스도의 멍에는 달고 그리스도의 짐은 대단히 가볍다는 사실을 아주 쉽게 확인할 수 있다.

26. 주님께서 완전한 포기를 하는 사람들에게는 현세에서 주시겠다고 약속하신, 백 배의 갚음에 대한 말씀, 곧 "내 이름 때문에 집이나 형제나 자매, 아버지나 어머니, 자녀나 토지를 버린 사람은 모두 지금 현세에서[11] 백 배로 받을 것이고, 영원한 생명을 받을 것이다"(마태 19,29)라고 하신 말씀도 그런 뜻으로 이해할 때 믿음의 혼란 없이 가장 참되게 받아들이게 된다. 사실 적지 않은 사람이 이 말씀을 그릇되게 이해한다. 그들은 '천 년의 시대'[12]에서 성인들이 그 갚음을 육체적으로 받는다고 하면서도, 그들이 부활 후에 있을 것이라고 말하는 그 시대가 지금의 현세라고 할 수는 없다고 시인한다. 우리의 이해는 그보다 훨씬 더 믿을 만하고 명백하다. 그리스도의 권고를 듣고 세속의 애정이나 재산을 무시하는 사람은 영적 유대로 연결된 동일한 생활을 하는 형제나

---

11 카시아누스는 마르코 복음서에 나오는 '지금 현세에서'를 마태오의 말에 삽입한다.

12 참조: 묵시록 20장. 이 환시의 뜻은 성경학계의 논쟁거리다.

동지들로부터 이 현세에서도 백 배 더 나은 사랑을 받게 된다. 사실 부모와 자녀와 형제 간에, 또 부부와 친척 간에 함께 지내는 것이나 혈연으로 생기는 사랑은 짧고 깨지기 쉬운 것이다. 또한 효도를 잘하던 자녀도 성인이 되면 가끔 부모의 집과 재산을 떠날 수밖에 없는 경우가 있고, 부부간의 일치 역시 정당한 이유로 깨지게 되는 경우도 있다. 또 형제들끼리 재산 싸움으로 갈라지는 경우도 있다. 수도승들만이 지속적으로 결합을 유지하며 모든 것을 공동으로 소유한다. 형제들의 것이 모두 자기 것, 자기 것이 모두 형제들의 것이라고 생각하기 때문이다. 그러니 육체적 인연으로 생기는 애정에 우리의 아름다운 사랑을 견주면 이 사랑이 백 배로 더 달고 고결한 것이 틀림없다. 부부도 금욕을 한다면 성관계로 느낄 수 있던 즐거움보다 백 배 큰 즐거움을 경험할 것이다.

그리고 농토와 집을 소유해서 느끼는 기쁨 대신에 하느님의 자녀가 되어 영원한 아버지의 모든 것을 자기 것으로 소유하는 사람은 백 배로 더 큰 재산과 기쁨을 누리면서 참아드님을 따라 "아버지께서 가지고 계신 것은 모두 나의 것이다"(요한 16,15)라고 확신으로 가득 차 외칠 것이다. 그는 지난날과 같은 불안과 걱정 없이 어디를 가도 안전하고 즐거운 마음으로 모든 것이 자기 것인 양 전진한다. 그러면서 매일 사도가 자기에게 외치는 이 말씀을 듣게 된다. "세상도 생명도 죽음도, 현재도 미래도 다 여러분의 것입니다"(1코린 3,22). 또 솔로몬으로부터 "세상의 모든 부귀는 충실한 사람의 것이다"(잠언 17,6 칠십인역)라는 말을 들을 것이다.

이와 같이 백 배의 보상이라는 것은 그 상급의 크기와 그 성질의 차이를 비교할 수 없음을 의미한다. 누가 청동이나 쇠나 다른 값싼 금속

류를 일정한 양을 받고 같은 양의 황금을 준다면, 그는 백 배 이상으로 돌려준 셈이다. 이와 마찬가지로 우리가 쾌락과 세속적 감정을 멸시하고, 대신 영적 기쁨과 귀한 사랑의 즐거움을 받으면, 숫자는 동일하더라도 후자가 백 배로 더 크고 빛나는 것이다. 이것을 더 분명하게 보여주기 위해 다시 말하겠다. 이전에는 내가 아내를 "격한 욕정으로"(1 테살 4,5) 사랑했지만 지금은 그녀를 그리스도의 참된 사랑과 거룩한 존경심을 가지고 만난다. 같은 아내지만 애덕의 공로는 백 배로 많아졌다. 그리고 분노의 혼란스러운 감정 대신 항구하고 온유한 인내, 걱정과 긴장과 불안 대신 고요한 안정, 벌을 무서워하던 쓸데없는 이 세상의 슬픔 대신 구원에 이르는 유익한 슬픔, 또 헛된 현세의 즐거움 대신 풍부한 영적 기쁨을 중시한다면 이 감정들의 변화에서 백 배의 보상을 돌려받게 되어 있다. 이렇게 각각의 악습이 지닌 짧고 불안한 재미에 반대되는 덕행의 가치를 견주어 보면, 이것이야말로 백 배 낫다는 것이 더 많아진 행복으로 입증된다. 100이라는 숫자는 왼손에서부터 오른손으로 넘어간다.[13] 보이는 손가락의 모습은 같지만 계산하는 양은 엄청나게 더 크다. 또 우리가 왼쪽에서 염소 노릇을 했지만 오른쪽으로 넘어가면 양의 가치를 얻게 된다(마태 25,33 참조).

이제 세속의 이득을 무시할 경우 그리스도께서 우리에게 현세에서 돌리시는 것들의 양量을 보도록 하자. 이에 대해 특별히 마르코 복음서에 이렇게 표현되어 있다. "내가 진실로 너희에게 말한다. 누구든지 나 때문에, 또 복음 때문에 집이나 형제나 자매, 어머니나 아버지, 자녀나 토지를 버린 사람은 현세에서 박해도 받겠지만 집과 형제와 자매와 어

13 고대인들은 왼 손가락으로 10단위를, 그리고 오른 손가락으로 100단위를 계산했다.

머니와 자녀와 토지를 백 배나 받을 것이고, 내세에서는 영원한 생명을 받을 것이다"(마르 10,29-30). 이와 같이 한 명의 아버지나 어머니나 아들을 그리스도의 사랑 때문에 무시하는 사람은 누구나 백 배의 형제나 부모를 얻게 된다. 그는 그리스도를 섬기는 모든 이의 순수한 사랑을 받아서 한 사람 대신 더욱 열렬한 정으로 자기에게 묶이는 부모와 형제들을 모시기 시작한다. 그는 또 더 많은 집과 토지를 누리게 된다. 그리스도의 사랑 때문에 집 한 채를 버리는 사람은 누구나 무수한 수도원들을 자기 것처럼 소유하게 되고 세상 어디서나 자기 집으로 삼을 수 있다.

과연 미덥지 않고 억지로 일하는 열 명이나 스무 명의 종들을 다스리던 사람이 그들에게 시키던 일들을 포기하고 그 대신에 자유롭고 신분이 높은 많은 사람의 자발적 봉사를 받게 되면, 그것이 백 배 또는 — 감히 주님의 말씀에 무언가 덧붙이는 것이 허락된다면 — 백 배보다 더 많은 것을 의미하지 않겠는가! 이 사실은 그대들의 경험으로도 입증된다. 그대들은 한 명의 아버지와 한 명의 어머니를 버리고 세상 어디를 가도 고민과 수고를 전혀 하지 않으면서 무수한 아버지와 어머니와 형제들을 만났다. 그리고 많은 집과 그대들을 자기 주인처럼 지극한 정성으로 받아들이고 껴안아 주며 아끼고 존경하는 충실한 종들을 얻었다.

그런데 다시 말하지만, 그러한 봉사를 확신을 갖고 마땅히 즐길 수 있는 성인들은 먼저 자기 자신과 자기들이 가지고 있던 모든 것을 자원해서 봉헌하여 형제들의 종이 된 사람들이다. 그들은 주님의 말씀대로, 자기가 남에게 준 대로 후하게 받을 것이다(마태 7,2 참조). 하지만 참된 겸손으로 먼저 동료들에게 봉사하지 않은 사람이 어떻게 남이 자기를 섬기는 것을 인내로이 허용하겠는가? 그는 섬기는 것보다 섬김 받는 것을 좋아하므로, 형제들의 봉사를 받는 것이 위로가 되기보다 짐이 된다는 것을 스스로 알 테니 말이다.

그런데 우리는 이 모든 것을 아무 긴장 없이 편안하게 즐길 것이 아니라 주님의 말씀대로 박해 중에(마르 10,30 참조) 누릴 것이다. 다시 말하면 박해 중에 이 세상의 환난과 여러 가지 고통을 당할 것이다. 저 지혜의 스승이 말씀하신 대로, "편하고 고통 없이 사는 사람은 궁핍해진다"(잠언 14,23 칠십인역). 사실 하늘 나라를 힘으로 차지하는 이들은 게으르고 느리거나 곱고 유약한 사람이 아니라 힘을 쓰는 사람들이다. 그렇다면 이 힘쓰는 사람들은 누구인가? 그들은 다른 사람들에게가 아니라 자기 영혼에 훌륭한 힘을 쓰는 이들이다. 이들은 칭찬받을 만한 강탈로써 현세의 모든 쾌락을 마음에서 빼앗아 주님의 말씀대로 위대한 탈취자가 되어 하늘 나라에 힘으로 쳐들어간다. 주님의 말씀대로 "하늘 나라는 폭행을 당하고 있다. 폭력을 쓰는 자들이 하늘 나라를 빼앗으려고 하기"(마태 11,12) 때문이다. 여기서 이러한 칭찬을 받을 폭력자들은 자기 멸망에 대항하여 힘쓰는 이들이다.

"고통 중에 있는 사람은 스스로 수고하여 멸망을 막는다"(잠언 16,26 칠십인역)는 말씀이 있다. 우리의 멸망은 현세의 향락이다. 더 분명하게 말한다면, 그것은 우리 욕망과 뜻을 실행하는 일이다. 그 뜻을 자기 영혼에서 빼앗아 극기를 행하는 것이야말로 자기 멸망에 대하여 영광스럽고 유익한 힘을 쓰는 일이다. 이렇게 해서 우리는 감미로운 우리의 뜻을 잘라 버린다. 하느님께서는 예언자를 통하여 그 뜻을 이렇게 고발하신다. "너희 안식일에 너희의 뜻이 발견된다. … 네가 안식일에 어디 나서지 않고 나의 거룩한 날에 네 뜻을 하지 않는다면, 네가 안식일을 존중하여 네 길을 떠나 네 뜻대로 하지 않으며 말하는 것을 삼간다면 …"(이사 58,3.13 불가타). 그리고 여기서 얼마나 큰 행복을 약속하시는지 예언자를 통해 즉시 덧붙이신다. "그때에 너는 주님 안에서 기쁨을 얻고 나는 네가 세상 높은 곳 위를 달리게 하며 네 조상 야곱의 상속 재산으로 먹게 해 주리라. 주님께서 친히 말씀하셨다"(이사 58,14). 그래서 우리 구원자 주님께서는 우리에게 우리 뜻을 잘라 버려야 한다는 것을 모범으로 보여 주시려고 "나는 내 뜻이 아니라 나를 보내신 분의 뜻을 실천하려고 하늘에서 내려왔다"(요한 6,38)고 하셨고, 또 "제가 원하는 대로 하시지 말고 아버지께서 원하시는 대로 하소서"(마태 26,39)라고 하셨다. 특히 수도원에 살면서 원로의 지시를 따르는 사람들이 이 덕행을 실천한다. 그들은 아무것도 자기 마음대로 하지 않는다. 그들의 뜻은 압바의 뜻에 달려 있다.

끝으로 이 담화를 마치면서 한 가지 물어보겠다. 충실히 그리스도를 섬기는 사람들이 그리스도의 이름 때문에 높은 제후들의 존경을 받는 것도 분명하게 백 배의 축복을 받는 것이 아닌가? 그들 자신은 인간의 명예를 찾지 않지만 박해의 곤경 가운데서도 모든 판관과 권력자들이 그들을 공경하게 된다. 그들이 계속 세속에 머물러 있었다면, 그들의 비천한 신분 때문에 비천한 출신이나 노예의 신분으로서 중간 계층의 사람들도 그들을 멸시했을지 모른다. 그러나 그들이 그리스도의 군대에 입대했기 때문에 아무도 그들의 계층에 대해 비방하거나 천한 출신임을 감히 입 밖으로 꺼내지 않는다. 오히려 다른 사람들에게는 창피와 망신거리가 되는 비천한 출신이라는 바로 그 조건 때문에 그리스도의 종들은 더욱 높은 명예를 얻게 된다. 이 사실은 리코라는 지방 근처의 사막에 사는 요한 압바의 경우가 잘 입증해 준다. 그는 아주 천한 출신이지만 그리스도의 이름 때문에 거의 모든 사람이 그를 경탄하고 있다. 이 세상과 제국을 다스리는 현세의 주인들도 그분을 모든 권력자와 임금들이 무서워하는 주인처럼 존경한다. 그들은 그분의 조언을 구하러 먼 지방에서 오고, 자기 통치권의 운명과 나라의 안전, 전쟁에서 행운을 얻기를 그분의 기도와 공덕에 맡긴다.

◇◇◇

이것이 복된 아브라함 압바가 우리 환상의 원인과 처방에 대하여 설명한 담화다. 그분은 우리 눈을 열어 악마가 주입시켜 놓은 우리 생각 속에 숨은 함정을 밝혀내었고, 동시에 우리 안에 참된 극기에 대한 열망의 불을 붙여 주었다.[14]

이 모든 것을 기록한 내 문체가 그다지 세련되지는 못했지만 많은 이에게 그 열망이 전파되기를 바랍니다. 이 이야기로써 우리는 활활 타는 위대한 사부들의 뜻을 미지근한 재로 덮었지만, 누가 말들의 잿더미를 걷어치워서 그 밑에 감추어진 생생한 의미를 다시 살려 낸다면, 많은 이의 냉기를 데울 수 있을 것입니다.

그런데 거룩한 형제들이여,[15] 주님께서 세상에 지르러 오셨고 타오르기를 열렬히 바라시는 그 불(루카 12,49 참조)을 여러분에게 보내 드리는바, 이는 독선적인 자부심에서 하는 행동이 아닙니다. 그것은 이미 열렬히 타오르고 있는 여러분의 지향을 더 뜨겁게 하려는 것이 아니라 여러분이 아들들에게 더 권위 있게 말할 수 있도록 도와드리기 위한 것

---

14 이 마지막 문안은 카시아누스의 『담화집』 전체를 끝맺는 말이다.

15 카시아누스는 약속한 담화를 마치며 갈리아 남부 수도승들의 지도자들에게 말을 건넨다.

입니다. 여러분이 가르치는 것들이 죽은 말소리가 아니라 살아 있는 표양이 되게 하려고 가장 위대하고 가장 오랜 전통을 지닌 사부들의 가르침으로 뒷받침되게 하려는 것입니다. 마지막으로 지금까지 지극히 위험한 폭풍으로 이리저리 휩쓸려 온 제가 안전한 침묵의 항구에 가고자 하니, 여러분의 기도라는 영적 강풍이 저를 그리 데려다주길 바랍니다.

주제어 색인

성경 색인

잠언